ANALECTA

76

STUDIUM BIBLICUM FRANCISCANUM

Per informazioni sulle opere pubblicate
e in programma rivolgersi a:

Edizioni Terra Santa
Via G. Gherardini 5 - 20145 Milano (Italy)
tel.: +39 02 34592679 fax: +39 02 31801980
http://www.edizioniterrasanta.it
e-mail: editrice@edizioniterrasanta.it

oppure a

Franciscan Printing Press
P.O.B. 14064 - 91140 Jerusalem (Israel)
tel.: +972-2-6266592/3 fax +972-2-6272274
http://www.custodia.org/fpp
e-mail: fpp@bezeqint.net

Enzo Cortese

IL TEMPO DELLA FINE

Messianismo ed escatologia nel messaggio profetico

Finito di stampare nel giugno 2010
da Corpo 16 s.n.c. - Bari
per conto di Edizioni Terra Santa s.r.l.
ISBN 978-88-6240-095-4

PREFAZIONE

Molteplici nel tempo i legami tra lo Studium Biblicum Franciscanum di Gerusalemme, ora Facoltà di Scienze Bibliche e Archeologia, e don Enzo Cortese.

Nel 1961 il cronista della casa registrava al 14 ottobre la sua prima venuta alla Flagellazione come studente per l'anno accademico 1961-62 e al 27 giugno 1962 la sua partenza. Dopo aver conseguito la Licenza in Sacra Scrittura al Pontificio Istituto Biblico don Enzo arrivava come studente ospite desideroso di accrescere la sua formazione biblica e studiare sui luoghi soprattutto geografia e archeologia biblica. Per quell'anno don Enzo ha sempre mostrato riconoscenza a padre Donato Baldi che lo accolse come Direttore.

Nei primi anni novanta don Enzo – dopo aver insegnato in diversi centri accademici in Italia e all'estero – riprende i contatti con lo Studium Biblicum Franciscanum per mezzo di Alviero Niccacci, allora Pro-decano, e inizia a collaborare alle pubblicazioni e all'insegnamento.

Il suo primo articolo compare infatti nel *LA* 41 (1991) e sarà seguito da molti altri e da numerose recensioni. Nell'anno accademico 1991-92 torna a Gerusalemme come docente invitato e vi trascorre tutto il secondo semestre dando un corso di esegesi sul Pentateuco. Si coinvolge in diverse attività dello Studium, tra le quali emerge l'organizzazione di tre Simposi (1993, 1995, 1997) sull'interpretazione dei testi della fede e della tradizione delle tre religioni monoteistiche. Nell'anno accademico 1994-95, in collaborazione con Pietro Kaswalder, offre un corso di esegesi sull'opera deuteronomistica. Negli anni seguenti si stabilisce a Gerusalemme e fino al 2000 in ambedue i semestri dà corsi di esegesi, introduzione e teologia biblica e dirige alcuni seminari sempre nel campo dell'Antico Testamento. Nel 1999 pubblica nella collana Analecta la monografia *Deuteronomistic Work*.

Vivamente sollecitato da noi, don Enzo torna di nuovo a Gerusalemme nel primo semestre degli anni accademici 2006-07, 2007-08 e 2008-09 per offrire corsi di esegesi e accompagnare alcuni studenti nel completamento della tesi. Chiude la sua docenza con il corso su Isaia 47-52, cui dedica anche un articolo sul *LA* 58 (2008), ma, come rivela la sua vasta bibliografia, i profeti e la letteratura profetica non sono mai stati fuori del suo orizzonte di ricerca.

In segno di gratitudine e amicizia, per il suo 75° compleanno (12 luglio

2010) lo Studium Biblicum Franciscanum vuole fare a don Enzo l'omaggio di questa raccolta di studi su profeti e profetismo che lui stesso ha pubblicato nel corso di vari decenni. Così desideriamo onorare un illustre docente invitato della nostra Facoltà e un collaboratore generoso e insieme offrire agli studiosi dei profeti il contributo di uno studioso autorevole per l'originalità delle sue ricerche e per l'impegno della sua vita.

Ringrazio il nostro docente invitato prof. Alberto Mello, monaco della Comunità di Bose, che ha riletto accuratamente il testo dei singoli studi in vista della pubblicazione e il confratello padre Abraham Sobkowski per l'aiuto prestatomi nella preparazione del testo per la stampa.

A don Enzo l'augurio: ad multos annos.

G. Claudio Bottini
Decano della Facoltà

SIGLE E ABBREVIAZIONI

AJBI	*Annual of the Japanese Biblical Institute*
Ant	*Antonianum*
ATD	Das Alte Testament Deutsch
BeO	*Bibbia e Oriente*
BETL	Bibliotheca Ephemeridum Theologicarum Lovaniensium
BEvTh	Beiträge zur evangelischen Theologie
Bib	*Biblica*
BN	*Biblische Notizen*
BTS	Biblisch-theologische Studien
BWANT	Beiträge zur Wissenschaft vom Alten und Neuen Testament
BZABR	Beihefte zur Zeitschrift für altorientalische und biblische Rechtsgeschichte
BZAW	Beihefte zur ZAW
DBS	*Dictionnaire de la Bible. Supplément*
EF	Erträge der Forschung
ETL	*Ephemerides theologicae Lovanienses*
EvTh	*Evangelische Theologie*
ExpT	*The Expository Times*
FAT	Forschungen zum Alten Testament
FRLANT	Forschungen zur Religion und Literatur des Alten und Neuen Testaments
HBS	Herders biblische Studien
HSM	Harvard Semitic Monographs
HTKAT	Herders Theologischer Kommentar zum Alten Testament
HTR	*Harvard Theological Review*
JBL	*Journal of Biblical Literature*
JSOT	*Journal for the Study of the New Testament*
JSOT SS	Journal for the Study of the New Testament. Supplement Series
JTS	*The Journal of Theological Studies*

LA	*Liber Annuus*
Lat	*Lateranum*
LD	Lectio Divina
LTS	*La Terra Santa*
NovT	*Novum Testamentum*
NRT	*Nouvelle Revue Théologique*
NTS	*New Testament Studies*
OBO	Orbis Biblicus et Orientalis
OTL	Old Testament Library
PSV	*Parola, spirito e vita*
PV	*Parole di vita*
RB	*Revue Biblique*
RevBíb	*Revista bíblica*
RGG	*Die Religion in Geschichte und Gegenwart*
RicStBi	*Ricerche storico bibliche*
RivBib	*Rivista Biblica*
RQ	*Revue de Qumran*
SBF	Studium Biblicum Franciscanum
SBL DS	Society of Biblical Literature. Dissertation Series
SBS	Stuttgarter Bibel-Studien
ScCatt	*La scuola cattolica*
SEÄ	*Svensk Exegetisk Årsbok*
ThB	Theologische Bücherei
ThLZ	*Theologische Literaturzeitung*
ThR	*Theologische Rundschau*
ThWAT	Theologisches Wörterbuch zum Alten Testament
TZ	*Theologische Zeitschrift*
VT	*Vetus Testamentum*
ZAW	*Zeitschrift für die alttestamentliche Wissenschaft*
ZThK	*Zeitschrift für Theologie und Kirche*

BIBLIOGRAFIA DI ENZO CORTESE

a cura di G. Claudio Bottini

Abbiamo suddiviso la presente bibliografia in tre sezioni: libri, articoli e recensioni. Vi abbiamo incluso anche i contributi di alta divulgazione che E. Cortese ha pubblicato su poligrafie, giornali e periodici perché, sia pure in modi differenti, in essi si ritrovano gli interessi e l'impegno propri dell'autore.

A. Libri

1 *La Terra di Canaan nella storia sacerdotale del Pentateuco* (Supplementi alla Rivista Biblica 5), Brescia 1972.

2 *Ezechiele* (Nuovissima Versione della Bibbia dai testi originali), Roma 1975.

3 *Levitico* (La Sacra Bibbia), Casale Monferrato 1982.

4 *Da Mosè a Esdra. I libri storici dell'antico Israele* (La Bibbia nella storia 2), Bologna 1985.

5 *Josua 13-21. Ein priesterschriftlicher Abschnitt im deuteronomistischen Geschichtswerk* (OBO 94), Freiburg 1990.

6 *Giosuè. Lotte per una nuova città* (Piccola biblioteca di teologia 14), Roma 1992.

7 *Levitico* (Nuova Bibbia PM), Casale Monferrato 1995.

8 *Vita di Davide* Milano 1995.

9 (con P. Kaswalder) *Il fascino del sacro. Alla riscoperta del libro del Levitico* (Narrare la Bibbia 3), Milano 1996.

10 *Tra escatologia e apocalittica: da Gioele a Daniele* (La Bibba nelle nostre mani 24), Cinisello Balsamo 1999.

11 *The Deuteronomistic Work* (SBF. Analecta 47), Jerusalem 1999.

12 *Le tradizioni storiche di Israele: da Mosè a Esdra*, Bologna 2001.

13 *La preghiera del re: formazione, redazione e teologia dei "Salmi di Davide"* (Supplementi alla Rivista Biblica 43), Bologna 2004.

B. Articoli

1 "L'anno giubilare: profezia della restaurazione?", *RivBib* 18 (1970) 395-409.

2 "La fede di Abramo", *PV* 16 (1971) 164-175.

3 "Commenti a brani di Esodo, Numeri, Levitico", in *Il dalogo che ci salva.*

Sussidi per l'Ufficio della Lettura: ascolto e contemplazione della Chiesa, I-II, Torino 1971-1972.

4 "Origine e natura delle leggi dell'Antico Testamento. Tentativo di sintesi degli ultimi risultati", in G. Ghiberti (a cura di), *Rivelazione e Morale*, Brescia 1973, 67-77.

5 "I Leviti e il sacerdozio cristiano. Per una teologia del ministero presbiterale alla luce dell'Antico Testamento", in Facolta teologica interregionale di Torino (a cura di), *Chiesa per il mondo. Miscellanea teologico-pastorale nel LXX del Card. Michele Pellegrino*. I: *Saggi storico-biblici* (Teologia biblica 19), Bologna 1974, 21-36.

6 "Lo schema deuteronomistico per i re di Giuda e d'Israele", *Bib* 56 (1975) 37-52.

7 "«Maledetto colui che è appeso al legno» (Gal 3,10-14)", in *La Sapienza della Croce oggi, Atti del Congresso Internazionale, Roma 13-18 ottobre 1975*. I: *La sapienza della croce nella rivelazione e nell'ecumenismo*, Leumann (Torino) 1976, 151-162.

8 "Le sventure annunciate dai profeti preesilici e l'escatologia dell'Antico Testamento", *Teologia* 2 (1977) 91-107.

9 "Sacerdotale (P)", in *Dizionario Teologico Interdisciplinare*, III, Torino 1977, 170-184.

10 "Dimensioni letterarie e elementi strutturali di P^g: per una teologia del Documento Sacerdotale", *RivBib* 25 (1977) 113-141.

11 "La teologia del Documento Sacerdotale", *RivBib* 26 (1978) 113-137.

12 "Levitico 19", in Associazione Biblica Italiana (a cura di), *Evangelizare pauperibus. Atti della XXIV Settimana Biblica*, Brescia 1978, 207-217.

13 "Problemi attuali dell'Opera Deuteronomistica", *RivBib* 26 (1978) 341-352.

14 "Le ricerche sulla concezione «sacerdotale» circa puro-impuro nell'ultimo decennio", *RivBib 27* (1979) 339-357.

15 "La sfera del Sacro attorno alla Gloria di Jahweh in P", in Associazione Biblica Italiana (a cura di), *Quaerere Deum. Atti della XXV Settimana Biblica*, Brescia 1980, 45-65.

16 "Num 33,50-56 e la teologia sacerdotale della terra", *RivBib* 28 (1980) 59-78.

17 "L'esegesi di H Lev 17-26", *RivBib* 29 (1981) 129-146.

18 "Il Pentateuco oggi. La teoria documentaria in crisi?", *ScCatt* 111 (1983) 11-19.

19 "I problemi di Esdra-Neemia e Cronache oggi", *BeO* 25 (1983) 405-410.

20 "Num 9,15-23 e la presenza divina nella Tenda di P", *RivBib* 31 (1983) 405-410.

21 "Gios 13-19 e l'antica geografia delle tribù", *RivBib* 33 (1985) 345-350.

22 "Gios 21 e Giud 1 (TM o LXX) e l'«abbottonatura» del «Tetrateuco» con «l'Opera Deuteronomistica»", *RivBib* 33 (1985) 375-394.

23 "Poveri e umili nei Salmi", *RivBib* 35 (1987) 299-306.

24 "Pobres y humildes en los Salmos: no confundir las cartas", *Teología* 24 (1987) 95-106.

25 "La città ideale dei profeti", *PV* 32 (1987) 30-38.

26 "Escatología del Antiguo Testamento y teología de la liberación", *RevBíb* 51 (1989) 129-141.

27 "La nudità in Lv 18 e 20", *PSV* 20 (1989) 53-62.

28 "Theories Concerning Dtr. A Possible Rapprochement", in C.H.W. Brekelmans - J. Lust (ed.), *Pentateuchal and Deuteronomistic Studies. Papers Read at the XIIIth IOSOT Congress Leuven 1989* (BETL 94), Leuven 1990, 179-190.

29 "La missione nell'AT", *PV* 35 (1990) 7-14.

30 "Salmo 72. Che Messia? Per quali poveri?", *LA* 41 (1991) 41-60.

31 "Pentateuco: La strada vecchia e la nuova", *LA* 43 (1993) 71-87.

32 "Abramo: Promessa della terra e morte fuori della terra: Gen 23", *PSV* 28 (1993) 11-24.

33 "Salmo 37: una interpretación en dialogo con el tercer mundo", *Estudios Bíblicos* 51 (1993) 31-40.

34 "Salmo 22. Dios abandona y salva al pobre", *Teología* 30 (1993) 157-185.

35 "Dio innalza il povero: dai Salmi al Magnificat", *Ant* 68 (1993) 3-23.

36 "Simposio sulle tre fedi", *LTS* (3/1993) 51-52.

37 "2 Sam 7 e 1 Cron 17: prospettive attuali dell'esegesi", *Ant* 69 (1994) 141-155.

38 "Patriarchal Genealogies: Literary, Historical and Theologico-political Criticism", in A. Niccacci (ed.), *Divine Promises to the Fathers in the three Monotheistic Religions* (SBF. Analecta 40), Jerusalem 1995, 11-27.

39 "Promises and Blessings for Jews and Arabs in the Pentateuch", *ibid.*, 28-46.

40 "Gen 22,1-19. History and Theology of the Narrative", in F. Manns (ed.), *The Sacrifice of Isaac in the three Monotheistic Religions* (SBF. Analecta 41), Jerusalem 1995, 11-23.

41 "C'è una Redazione «Nomistica» nell'Opera Deuteronomistica?", *LA* 45 (1995) 45-68.

42 "E se il Salmo 73 lo recitano i poveri?", *RivBib* 43 (1995) 55-76.

43 "La teologia dopo Wittgenstein 1992", *Filosofia e Teologia* 9/3 (1995) 666-669.

44 "L'assemblea di Sichem. Gios 24,1-27", *PV* 4 (1995) 17-21.

45 "La morte che viene dalla colpa", *PSV* 32 (1995) 77-93.

46 (con L. Pacomio) "Levitico", in *La Bibbia Piemme*, Casale Monferrato 1995, 263-308.

47 "Gerusalemme nel Piano di Dio dopo tremila anni", in G. Bissoli (a cura di), *Gerusalemme. Realtà, sogni, speranze*, Jerusalem 1996, 19-32.

48 "Riflessioni su Lev 13-14: la lebbra e l'AIDS", *L'Ancora nell'Unità di Salute* 11 (1996) 19-29.

49 "Come sbloccare l'attuale esegesi messianica", *LA* 46 (1996) 33-44.

50 "Riflessioni sulla sofferenza cristiana alla luce del Sal 22", *L'Ancora nell'Unità di Salute* 11 (1996) 515-524.

51 "Un Biblista pensa questa pace", *LTS* (3/1996) 31-34.

52 "Dall'albero del fico imparate", *LTS* (6/1996) 28-32.

53 "Gerusalemme luogo di preghiera per tutti i popoli", in *Atti del Meeting di Studio sui luoghi biblici a coesistenza privilegiata delle tre grandi religioni monoteiste (Ebraismo, Islamismo, Cristianesimo, Pisa 19 ottobre 1996*, Pisa 1997, 17-29.

54 "Tappe della formazione del sistema espiatorio «sacerdotale»", *RB* 104 (1997) 338-353.

55 "Per una teologia dello Spirito nel tardo Profetismo", *LA* 47 (1997) 9-32.

56 "L'omosessualità nell'Antico Testamento", in *Antropologia cristiana e omosessualità*, Città del Vaticano 1997, 25-37 (prima pubblicazione in *L'Osservatore Romano*).

57 "Dialogo interreligioso su Gerusalemme", *LTS* (3/1997) 21-24.

58 "È un evento teologico?", *LTS* (5/1997) 25-29.

59 "Introduction to 1 and 2 Chronicles, Ezra-Nehemiah", in *The International Biblical Commentary*, Collegeville MN 1998, 644-654.

60 "Blut", in *Religion in Geschichte und Gegenwart*, I, Tübingen 1998, 1648-1650.

61 "Nebo in Biblical Tradition", in M. Piccirillo - E. Alliata (ed.), *Mount Nebo. New Archaeological Excavations 1967-1997* (SBF. Collectio Maior 27), Jerusalem 1998, 53-64.

62 "La sofferenza espiatrice del Servo del Signore. Dal Secondo Isaia ad Auschwitz e da Edith Stein a S. Francesco", *L'Ancora nell'Unità di Salute* 13 (1998) 398-407.

63 "The Priestly Tent (Ex 25-31.35-40). Literary Criticism and Theology of P", *LA* 48 (1998) 9-30.

64 "Le conversioni", *LTS* 2/1998, 33-35.

65 "Sulle redazioni finali del Salterio", *RivBib* 106 (1999) 66-100.

66 "Su Levitico 25, trent'anni dopo", LA 49 (1999) 37-50.

67 "La 'città della pace' e la promessa a Israele", *Vita Pastorale* 87/3 (1999) 111-113.

68 (con A. Niccacci) "L'attesa dei poveri non sarà vana. Il Sal 9/10 attualizzato", in L Cagni (a cura di), *Biblica et semitica. Studi in memoria di Francesco Vattioni* (Istituto Universitario Orientale di Napoli. Dipartimento di studi asiatici. Series minor 59), Napoli 2000, 127-149.

69 "Levitico", in *La Bibbia. Genesi e gli altri libri del Pentateuco*, Milano 2000, 177-224.

70 "Davide tra storia e letteratura", *PSV* 46 (2001) 4-15.

71 "Dio rifiugio nella preghiera del re e la storia della formazione delle raccolte davidiche", *RB* 108 (2001) 481-502.

72 "Il «Servo di JHWH»", *RicStBi* 14 (2002) 81-98.

73 "Ger 18: con il vaso, va rimodellata anche l'esegesi", *Lat* 69 (2003) 433-441.

74 "Isaia oggi. Tappe della ricerca. Bilanci e teologia", *Lat* 70 (2004) 279-291.

75 "L'esegesi di Giosuè di fronte al dilemma: Tetrateuco o Esateuco", *RivBib* 52 (2004) 441-452.

76 "Esdras y Nehemias", in A. Levoratti (ed.), *Comentario Bíblico Latinoamericano*, Vol. I. Antiguo Testamento, Estella 2005, 789-819.

77 "I tentativi di una teologia (cristiana) dell'Antico Testamento", *LA* 66 (2006) 9-28.

78 "Il Salmo 72: autorità e dilatazione messianica", *RicStBi* 17 (2006) 105-116.

79 "Salmos 73-150", in A. Levoratti (ed.), *Comentario Bíblico Latinoamericano*, Vol. II. Libros Proféticos y Sapienciales, Estella 2007, 695-745.

80 "Una teologia dei salmi storica. Storia della fede e della preghiera d'Israele", *LA* 57 (2007) 29-81.

81 "Come leggere il DeuteroIsaia", *LA* 58 (2008) 9-29.

C. Recensioni

1 A. Cody, *A History of Old Testament Priesthood* (AnBib 35), Roma 1969: *RivBib* 19 (1971) 436-439.

2 P. Weimar - E. Zenger, *Exodus: Geschichten und Geschichte der Befreiung Israels* (SBS 75), Stuttgart 1975: *RivBib* 24 (1976) 433-435.

3 G. Bettenzoli, *Geist und Heiligkeit. Traditionsgeschichtliche Untersuchung des qds-Begriffes im Buch Ezechiel* (Quaderni di Semitistica 8), Firenze 1979: *RivBib* 29 (1981) 225-228.

4 A. Graffy, *A Prophet Confronts his People. The Disputation Speech in the Prophets* (AnBib 104), Roma 1984: *RivBib* 33 (1985) 125-126.

5 H. Irsigler, *Psalm 73. Monolog eines Weises. Text, Programm, Struktur* (ATSAT 20), St. Ottilien 1984: *RivBib* 35 (1987) 507-509.

6 A.H.J. Gunneweg, *Comprendere líAntico Testamento. Uníermeneutica,* Brescia 1986: *PV* 32 (1987) 159-160.

7 W. Soll, *Psalm 119: Matrix, Form, and Setting* (CBQ MS 23), Washington 1991: *LA* 41 (1991) 558-559.

8 J. Kegler - A. Matthias, *Synopse zum chronistischen Geschichtswerk* (BEATAJ 1), Frankfurt a.M. 1984: *LA* 41 (1991) 559-560.

9 U. von Arx, *Studien zur Geschichte des altetestamentlichen Zwölfsymbolismus.*

I: *Fragen im Horizont der Amphiktyoniehypothese von Martin Noth* (EH Reihe XXIII. Theologie 397), Frankfurt a.M. 1991: LA 41 (1991) 560-561.

10 (con A. Niccacci) R.J. Clifford - J.J. Collins (ed.), *Creation in the Biblical Traditions* (CBQ MS 24), Washington 1992: *LA* 43 (1993) 533-535.

11 J. Barr, *The Garden of Eden and the Hope of Immortality*, Minneapolis 1992: *LA* 43 (1993) 547-548.

12 S. Gelander, *David and his God. Religious Ideas as Reflected in Biblical Historiography and Literatur* (JBS 5), Jerusalem 1991: *LA* 43 (1993) 548-549.

13 M. Mulzer, *Jehu schlägt Joram. Text-, literar- und strukturkritische Untersuchung zu 2 Kön 8,25-10,36* (ATSAT 37), St. Ottilien 1992: *LA* 43 (1993) 549-550.

14 I. Kalimi, *The Book of Chronicles. A Classified Bibliography*, Jerusalem 1990: *LA* 43 (1993) 550-551.

15 *Naissance de la méthode critique. Colloque du centenaire de l'École Biblique et Archéologique Française de Jérusalem* (PC), Paris 1992: *LA* 43 (1993) 578-579.

16 M. Masson, *Elia. L'appello del silenzio*, Bologna 1993: *Ant* 69 (1994) 389-390.

17 R.J. Clifford, *Creation Account in the Ancient Near East and in the Bible (CBQ MS 26), Washington* 1994: *LA* 45 (1995) 580-584.

18 B. Marconcini (e Coll.), *Profeti e Apocalittici* (Logos 3), Leuman (Torino) 1995 e A. Spreafico, *I Profeti. Introduzione e saggi di lettura* (LPB 27), Bologna 1993: *LA* 45 (1995) 586-590.

19 M. Weigl, *Zefanja und das 'Israel der Armen'* (OBS 13), Klosterneuburg 1994: *LA* 45 (1995) 590-595.

20 G. Deiana, *Il Giorno dell'Espiazione. Il* kippur *nella tradizione biblica* (Supplementi a Rivista Biblica 30), Bologna 1994: *LA* 45 (1995) 595-598; anche in *Bib* 77 (1996) 111-113.

21 O. Eckart, *Theologische Ethik des Alten Testament* (ThW 3/2), Stuttgart etc. 1994: *LA* 45 (1995) 599-604.

22 W. Zwickel, *Der Tempelkult in Kanaan und Israel. Studien zur Kultgeschichte Palästinas von der Mittelbronzezeit bis zum Untergang Judas* (FAT 10), Tübingen 1994: *LA* 45 (1995) 607-611.

23 I. Knohl, *The Sanctuary of Silence. The Priestly Torah and the Holiness School,* Minneapolis MN 1995: *LA* 46 (1996) 442-448.

24 M.V. Fox *et alii* (ed.), *Texts, Temples, and Traditions. A Tribute to Menahen Haran, Indiana* 1996: *LA* 47 (1997) 570-571.

25 S. Bendor, *The Social Structure of Ancient Israel. The Institution of the Family (beit ab) from the Settlement to the End of Monarchy* (JBS 7), Jerusalem 1996: *LA* 47 (1997) 573-575.

26 Z. Talshir, *The Alternative Story of the Division of the Kingdom (3 Kingdom 12:24 a-z)* (JBS 6), Jerusalem 1996: *LA* 47 (1997) 575-576.

27 S. Dianich, *Il Messia sconfitto. L'enigma della morte di Gesù*, Casale Monferrato 1997: *LA* 47 (1997) 607-610.

28 *K.-J. Kuschel, La controversia su Abramo. Ciò che divide e ciò che unisce Ebrei, Cristiani e Musulmani*, Brescia 1996: *LA* 47 (1997) 630-633.

29 M. Adinolfi, *Miti e riti religiosi dell'antica Mesopotamia*, Montella (Avellino) 1998: *LA* 48 (1998) 568-569.

30 T. Pola, *Die ursprüngliche Priesterschrift. Beobachtungen zur Literarkritik und Traditionsgeschichte von P^g* (WMAT 70), Neukirchen-Vluyn 1995: *LA* 48 (1998) 569-573.

31 A. Mello, *L'arpa a dieci corde. Introduzione al Salterio, Magnano (*Biella) 1998: *LA* 48 (1998) 573-575.

32 *R. Meynet et alii, Rhétorique sémitique. Textes de la Bible et de la Tradition musulman: Patrimoines*, Paris 1998: *LA* 48 (1998) 590-591.

33 H.N. Rösel, *Von Josua bis Jojachin. Untersuchungen zu den deuteronomistichen Geschichtsbüchern des Alten Testaments* (SVT 75), Leiden etc. 1999: *LA* 49 (1999) 546-548.

34 J. Loza Vera, *Los Profetas de la Antigua Alianza un llamado a la comunión. Caracteristicas y mensaje*. I: *¿Que es un profeta? Los Profetas del siglo VIII*, México 1996 e A. Spreafico, *La voce di Dio. Per capire i profeti* (SB 33), Bologna 1998: *LA* 49 (199) 549-550.

35 S. Bazylinski, *I Salmi 20-21 nel contesto delle preghiere regali*, Roma 1998: *LA* 49 (1999) 550-553.

36 M. Tábet (a cura di), *La Sacra Scrittura anima della teologia. Atti del IV Simposio Internazionale della Facoltà di Teologia,* Città del Vaticano 1999: *LA* 49 (1999) 581-584.

37 G. Bader, *Psalterium affectuum palaestra. Prolegomena zu einer Theologie des Psalters* (HUTh 33), Tübingen 1996: *LA* 50 (2000) 511-512.

38 E. Gerstenberger, *Psalms. Part 2, and Lamentations* (FOTL 15), Grand Rapids MI - Cambridge U.K. 2001: *LA* 51 (2001) 414-416.

39 T. Römer (a cura di), *The Future of the Deuteronomistic History* (BETL 147), Leuven 2000: *RivBib* 50 (2002) 364-365.

40 S. Paganini, *Der Weg zur Frau Zion, Ziel unserer Hoffnung. Aufbau, Kontext, Sprache, Kommunikationsstruktur und theologische Motive in Jes 55,1-13 (SBB 49), Stuttgart* 2002: *RivBib* 51 (2003) 488-490.

41 B. Costacurta, *Il laccio spezzato. Studio del Salmo 124* (SB 39), Bologna 2001: *Lat* 70 (2004) 203-204.

42 P. Beauchamp, *Salmi giorno e notte, Assisi 2002: Lat* 70 (2004) 204-205.

43 L.D. Chrupcała, *The Kingdom of God. A Bibliography of 20th Century Research* (SBF. Analecta 69), Jerusalem 2007: *LA* 57 (2007) 753-754.

ELENCO DEGLI ARTICOLI RISTAMPATI

1 “Le sventure annunciate dai profeti preesilici e l’escatologia dell’Antico Testamento”, Teologia 2 (1977) 91-107.

2 “Escatologia dell’Antico Testamento e teologia della liberazione” / “Escatología del Antiguo Testamento y teología de la liberación”, *RevBíb* 51 (1989) 129-141.

3 “Come sbloccare l’attuale esegesi messianica”, *LA* 46 (1996) 33-44.

4 “Isaia oggi. Tappe della ricerca, bilanci e teologia”, *Lat* 70 (2004) 279-291.

5 “Come leggere il DeuteroIsaia”, *LA* 58 (2008) 9-29.

6 “Il ‘Servo di JHWH’ (SdJ)”, in R. Fabris (ed.), *La giustizia in conflitto*. XXXVI Settimana biblica nazionale (Roma, 11-15 settembre 2000) = *RicStBi* 14 (2002) 81-98.

7 “Geremia 18: con il vaso, va rimodellata anche l’esegesi”, *Lat* 69 (2003) 433-441.

8 “Per una teologia dello Spirito nel tardo profetismo”, *LA* 47 (1997) 9-32.

9 *Tra escatologia e apocalittica. Da Gioele a Daniele*, Cinisello Balsamo 1999, pp. 73.

10 “Gerusalemme nel piano di Dio dopo tre mila anni”, in G. Bissoli (ed.), *Gerusalemme. Realtà, Sogni, Speranze*, Jerusalem 1996, 19-32.

11 “Gerusalemme luogo di preghiera per tutti i popoli”, in *Atti del Meeting di Studio sui luoghi biblici a coesistenza privilegiata delle tre grandi religioni monoteiste (Ebraismo, Islamismo, Cristianesimo), Pisa 19 ottobre 1996*, Pisa 1997, 17-29.

INTRODUZIONE

Con molta gratitudine per il Decano della Facoltà di Scienze Bibliche e Archeologia a Gerusalemme (Studium Biblicum Franciscanum), padre Giovanni Claudio Bottini e il suo Istituto, introduco gli eventuali lettori ai miei studi sui profeti, studi che egli ha voluto benevolmente raccogliere e pubblicare tutti assieme per i miei 75 anni.

La mia prima pubblicazione sui profeti è stato il Commentario ad Ezechiele delle Paoline, nel 1973, un volume che, ovviamente, non poteva essere messo qui. Nei primi anni '70 avevo accettato l'incarico dall'editrice, perché Ezechiele è affine per stile, ambientazione e situazione storica al Documento Sacerdotale del Pentateuco, su cui avevo fatto la tesi dottorale al PIB, tesi allora in corso di pubblicazione. Gli studi successivi furono gradatamente stimolati dai miei corsi sui profeti, specialmente quelli alla Facoltà di Teologia di Torino e dell'Interregionale di Milano negli anni '70, proseguiti in America Latina negli anni '80 e là arricchiti dall'esperienza e dalle istanze della teologia della liberazione, e poi allo SBF a Gerusalemme negli anni '90, a Roma (Università Lateranense) agli inizi del 2000 e infine ancora allo SBF fino al 2008. Gli articoli iniziano nel 1977 e sono conclusi col presente corollario finale, scritto appositamente ora, nel 2009. Gli ultimi due sono conferenze fatte nel clima del dialogo o, come lo chiamavamo allora, trialogo (con Ebrei e Musulmani) negli anni '90 a Gerusalemme, anni pieni di speranza, ora in parte delusa; ma non del tutto.

Gli editori del volume, cui sono molto grato, hanno preferito l'ordine logico a quello cronologico. Se gli studi erano dettati dalle scelte contingenti e variabili delle lezioni, essi rivelano però delle istanze di fondo, che l'ordine scelto, da una parte mette meglio in risalto, anche se, d'altra parte, evidenzia le ripetizioni e, a volte, le correzioni della rotta. Fin dai primi lavori sono specialmente la storia della formazione dei libri profetici e l'escatologia che attirano la mia attenzione. A quel problema si aggiunge poi quello dell'apocalittica e soprattutto quello del messianismo, inclusa la definitiva messa a fuoco sui poemi del Servo di JHWH. Alla letteratura profetica postesilica mi sono dedicato a partire dalla fine degli anni '90, a Gerusalemme.

Non sarebbe né logico né possibile aggiornare gli studi negli argomenti e nella bibliografia. Un ampliamento sarebbe forse necessario a proposito dell'ideologia regale, trattata troppo brevemente nello studio per “sbloccare l’esegesi messianica” (il terzo articolo, del 1996). Bisognerebbe infatti mettere in risalto le cause remote degli schieramenti opposti: la scuola tedesca, che misconosce l’importanza della monarchia davidica nella storia e nella teologia dell’AT, e quella scandinava che, giustamente, la sottolinea, anche se con esagerazioni. Per questo mi accontento di rinviare ad altri miei lavori: *Le tradizioni storiche d’Israele*, Bologna 2001, 266-270; “Il Sal 72: autorità e dilatazione messianica”, in E. Manicardi - L. Mazzinghi (ed.), *Il potere politico: bisogno e rifiuto dell’autorità*. XXXVIII Settimana biblica nazionale (Roma, 6-10 settembre 2004) = *RicStBi* 18/1-2 (2006) 105-115 e infine *La preghiera del re. Formazione, redazione e teologia dei “Salmi di Davide”*, Bologna 2004, 12-15.

Più che una sintesi completa sul profetismo, a me ormai impossibile e qui inopportuna, per accontentare gli amici posso discorrere brevemente sui già menzionati punti salienti delle mie ricerche, che ridurrei a tre: 1) Caratteristiche profetiche e formazione dei relativi libri; 2) Punti centrali del messaggio dei profeti preesilici; 3) Messaggio dei profeti postesilici.

– Era difficile agli inizi far emergere e distinguere il vero profetismo nella massa dei fenomeni analoghi del mondo politeista in cui Israele venne a trovarsi. Indovini e aruspici, maghi e fattucchieri vivevano e agivano non solo nel privato, come oggi, ma anche nelle stesse strutture pubbliche, civili e religiose. Il monoteismo pratico primitivo riusciva a malapena a mantenere le distanze più che altro nel proprio culto, vissuto in opposizione a quello pagano; e non nella vita pratica pubblica. Solo il movimento deuteronomistico prende coscienza della necessaria distinzione sul fenomeno profetico. E così non solo si dà uniformità alla terminologia, scegliendo per la figura profetica meno eterodossa la parola נביא e lasciando i sinonimi חזה e ראה (1Sam 9,9), ma contro le figure eterodosse si ammucchiano i sinonimi che indicano la divinazione pagana e politeista e la magia, per opporvele e proibirle (Deut 18,10ss). È significativo che nel precedente Codice dell’Alleanza troviamo solo la proibizione della magia (Es 22,17) e addirittura non ci sia nessuna proibizione nel decalogo più antico, quello di Es 34; mentre dall’esilio in poi il Codice di Santità non avverte altro pericolo per la propria ridimensionata e rimpicciolita società se non gli indovini e i negromanti (אבת e ידענים: Lev 19,33).

Mi sembra importante rimettere ordine (cronologico e logico) nella datazione dei testi menzionati: il Dtr, come io ritengo, con tutta l’esegesi del passato e forse con poca del presente, è fondamentalmente del tempo di Giosia, come ho mostrato in *Deuteronomistic Work*, del 1999, un libro che, assieme alla presente raccolta, ha l’onore di essere ospitato in Analecta, dello stesso SBF. Messe nell’epoca preesilica, le precisazioni dtr sul profetismo sono più comprensibili sia nella parte negativa della opposizione alle degenerazioni pagane, e sia in quella positiva, ancora troppo generica. Vi si mette infatti il profeta nella categoria di Mosè e degli altri *leaders* religiosi e civili; il che è un modo ancora confuso di definirlo. Si rischia ancora di confonderlo in particolare con il falso profetismo e si sente subito il bisogno di precisazioni (Deut 18,21-22 e Ger 28,8-9). Dopo l'esilio, epoca nella quale molti continuano a piazzare la letteratura dtr, l'assommarsi delle esperienze profetiche da Isaia, Osea, Amos e Michea a Sofonia, Geremia ed Ezechiele, per tacere degli altri minori, la descrizione della figura profetica non sarebbe stata così generica. Falsi profeti, anche cultuali, si sono poi rivelati quelli le cui predizioni non si sono realizzate; predizioni ovviamente positive, giacché essi non ne facevano di quelle negative e impopolari. È per questo che poi non si sono affatto raccolti i loro messaggi, ma solo quelli dei profeti veri. Il vero profeta doveva spesso subire l'umiliazione dell'incomprensione e gli venivano preferiti quelli falsi, ufficiali e immeritatamente autorevoli. Inoltre quella definizione dtr ancora troppo generica del profetismo, interpreta il profeta non come uno che fa delle previsioni, ma semplicemente, come indica la parola greca e la nostra, uno che parla *a nome di Dio*. A nome di Dio parlano e agiscono tanti altri: Mosè, i sacerdoti e i Leviti, i giudici e gli altri condottieri politici e i maestri sapienziali. Così l'aspetto fondamentale della predizione miracolosa del profeta viene gravemente ignorato. Insomma il Dtr, preoccupato di togliere dalla confusione pagana la figura del profeta, finisce per farle perdere la caratteristica principale che questa ha sempre avuto, anche nell'antico mondo pagano dell'Egitto e dello stesso Canaan settentrionale, come ora più volentieri si mostra: nella Mari del secondo millennio a.C.

Nel mio primo studio presentavo come originale dei profeti scrittori, nelle predizioni di castigo, il discorso condannatorio completo, composto da entrambi gli elementi: denuncia e annuncio del castigo relativo, correggendo la tendenza precedente a isolare come originali del profeta solo dei brevi detti od oracoli. I detti brevi potevano essere la prassi del secondo millennio. Al tempo della monarchia d'Israele, si pensi a Elia ed Eliseo e, comunque, soprattutto al tempo dei nostri profeti scrittori non era più così. I nostri profeti intervengono pienamente nella vita della loro società non solo seguendo lo schema del discorso condannatorio, ma anche con qualsiasi discorso o altro tipo di comunicazione. Allora non pensavo che quella tendenza a rimpicciolire miseramente il testo profetico genuino si sarebbe conservata, sotto mentite spoglie, anche oggi. Invece oggi essa imperversa in quella di ridurre a poco i loro interventi ampliando esageratamente l'opera dei redattori tardivi e confondendo il lavoro dell'autore con quello del redattore, che, come nei nostri giornali, si limita normalmente a mettere assieme i pezzi e non a fare interventi da vero autore. "Auf Grund gelegentlich auftauchender, an deuteronomistischen Stil erinnernder versprengter Glossen... schliesst die deutchsprachige Forschung gern auf eine deuteronomistische Redaktion sämtlicher Prophetenschriften... (e qui viene l'eccezione, errata, sulle parti dtr di Geremia, contro la quale opinione combatto nel mio articolo su Ger 18)". Questa condanna della moda è opera di un grande specialista tedesco del profetismo, K. Koch, nella voce "Propheten" della *Theologische Realenzyklopädie*, vol 27 (1997) 486. È scritta in piccolo, ma andrebbe scolpita a caratteri cubitali. Tirare continuamente in ballo le "riletture" o "Fortschreibungen" impedisce, tra l'altro, di concepire come veri discorsi profetici autentici, fatti in più tappe, e non come anonimi interventi redazionali posteriori, quasi tutta la seconda parte del secondo Isaia, come ho cercato di mostrare nella mia relativa analisi di Is 40-55.

– Ritengo che i punti principali del messaggio profetico rettamente inteso siano quelli dell'escatologia e del messianismo. Eppure a un qualsiasi esame delle teologie moderne sul profetismo i due temi appaiono molto ridotti. Le cause delle reticenze sono le contrapposte interpretazioni sull'escatologia, che ho messo in evidenza fin dai primi studi, e i pregiudizi sul messianismo, questione che ho cercato di "sbloccare" (nel terzo studio), difendendo la mia posizione anche al Congresso Giudaico mondiale del 1997, a Gerusalemme.

Nel primo studio, quello sull'escatologia, contrapponevo Fohrer a von Rad. Il primo sosteneva che le profezie positive e quelle messianiche sono solo postesiliche e perciò aggiunte nei libri dei profeti preesilici. I castighi annunciati erano solo una minaccia, condizionata dal cattivo comportamento del popolo, cui il profeta indicava il retto cammino. Realizzata la condizione, non c'è più niente da fare. Von Rad, invece, metteva in evidenza la radicalità di un castigo inevitabile. I due eventi della fine di Samaria e di Gerusalemme, attorno ai quali si ammucchiano i messaggi dei profeti preesilici, indicano non solo un evento storico contingente, come quello di tante altre città e civiltà della storia, ma l'ira escatologica di Dio, che azzera ogni speranza, comprese le illusioni religiose della fede d'Israele. In fondo la lettera ai Romani non fa che sintetizzare questo: "l'ira di Dio si rivela dal cielo contro ogni empietà e ogni ingiustizia..." (Rm 1,18). Ed è merito dei protestanti aver evidenziato la radicalità di tale messaggio. Il guaio è che, così, molti finiscono per negare ogni prospettiva di salvezza al di là del castigo. Però è impossibile che Israele, prima dell'esilio, avvenute le distruzioni di Samaria e di Gerusalemme, pensasse che tutto era totalmente finito. Un architetto che progetta la distruzione totale di un edificio per costruirne un altro al suo posto, un vasaio che modella un vaso e poi lo distrugge per farlo in altra forma, una madre che sgrida il bambino, sono annunci di una distruzione radicale, ma non negano una speranza ulteriore. Così i profeti preesilici. Non si deve perciò negar loro la possibilità di esprimere in altre circostanze tale speranza. San Paolo dichiara tutti condannati per dimostrare che Gesù è l'unica possibilità di salvezza di cui nessuno può fare a meno, giudeo o greco che sia. Anche le speranze messianiche, dunque, possono essere preesiliche. E von Rad, almeno nella prima edizione della sua *Teologia dell'Antico Testamento* lo sosteneva chiaramente, in particolare per il messianismo. Mentre tanti esegeti sono oggi troppo circospetti o anche del tutto scettici su speranze escatologiche e messianiche preesiliche (e mi sembra che lo stesso K. Koch lo sostenga, nello studio citato, seguendo più Fohrer, nelle pp. 486-493, che von Rad, pur citato e apprezzato a p. 478), tra gli stessi esegeti protestanti si afferma ormai decisamente che condanne profetiche radicali e profezie salvifiche sono complementari e genuine nel profetismo preesilico (nel mio studio su Geremia cito Preuss). Ciò, senza negare che in esso ci siano delle aggiunte, minacciose o consolanti. Si rivelano tali quando contengono cenni a situazioni degli uditori, come il ritorno dall'esilio, che chiaramente non possono essere preesiliche.

Con ciò è quasi completamente sbarazzato il terreno dai pregiudizi che fanno ritenere postesilico e tardivo il messianismo e la relativa teologia. Sugli altri pregiudizi, quello della tardività dell'Opera deuteronomistica o del carattere condizionato della profezia di Natan o dell'atteggiamento necessariamente non cristiano degli studiosi ebrei del messianismo si veda il mio studio "Come sbloccare l'esegesi messianica".

Qui aggiungo che, anzi, un breve esame della letteratura deuterocanonica rivela nel giudaismo degli ultimi secoli prima di Cristo l'assenza dell'interesse messianico. È sorprendente tale silenzio in Tb 13-14 e Gdt 5; 8-9. Ciò su cui la fede si concentra e che si mantiene in piedi è solo Gerusalemme e la teologia di Sion. La stessa profezia di Natan è piuttosto soffocata in Sir 47,11 e 22. Non che il popolo avesse perduto del tutto la speranza. C'erano almeno i salmi messianici, nel tempio, a tenergliela accesa. Ma, come ho mostrato nello studio sul Dt-Is e sul profetismo postesilico, la teocrazia (sacerdotale) era obbligata a "ibernarla", evitando fermenti politici che i dominatori, persiani e poi greci non avrebbero tollerato. Come del resto hanno mostrato e fatto i Romani nel 70 d.C. Come si vede, le affermazioni fatte nei vari campi dell'esegesi odierna, sui salmi, sui profeti e sui libri storici, circa un'origine tardiva delle speranze e della teologia messianica sono davvero un luogo comune di nessun valore.

– Con quanto detto appena sopra, abbiamo già cominciato a trattare anche il terzo dei punti che ci eravamo proposti. Resta da considerare un tema importante e suggestivo della profezia postesilica, che andrebbe meglio sviluppato dalla futura esegesi: la dolorosa scomparsa della figura messianica descritta, durante l'esilio, dai carmi del Servo di JHWH ed emersa, dopo, nelle sanguinose descrizioni del Trito-Is (Is 63,1-6) e del Deutero-Zac (Zac 11ss). Queste pagine dei due libri, collegate fra loro, vanno pure messe in collegamento con l'interpretazione messianica che ho proposto per i carmi del Servo di JHWH. Così si vede uno sviluppo del tema dell'umiliazione redentrice della monarchia continuata subito dopo l'esilio nei falliti tentativi di ristabilirla, tentativi che, d'allora in poi, saranno soffocati e ibernati dalla teocrazia.

Su una tale lettura messianica dei testi forse un dialogo con l'esegesi giudaica non sarebbe impossibile. Molto meglio rischiarlo che evitarlo con la soluzione troppo frequente oggi di dichiarare un midrash l'esegesi che ne fa il NT: quella per es. di Mt 2,5ss per Mic 5,1ss. Con questo metodo si evita lo scontro, ma si nega all'AT il senso esegetico scientifico che io ho cercato di dare. Credo che gli Ebrei siano più contenti di affermare che le interpretazioni nostre e loro dell'AT sono entrambe scientifiche e possibili, che non di affermare che solo una delle due lo è.

Concludo con ringraziamenti e scuse a tutti: fedeli e parrocchiani, miei professori, colleghi, alunni e lettori. Da tanti ho imparato e alcuni, forse molti, li ho scontentati. Ne chiedo perdono a loro e a Dio, cui sono grato per tutte le mie peregrinazioni, anche geografiche. Nella mia avventura intravedo un cammino tracciato e sostenuto da Lui. Come il vecchio Simeone posso dire ancora, come l'anno scorso nel 50° di Messa: "Ora puoi lasciare, o Signore, che il tuo servo vada in pace, secondo la tua parola, perché i miei occhi hanno visto la tua salvezza".

Arzello di Melazzo, Natale 2009

LE SVENTURE ANNUNCIATE DAI PROFETI PREESILICI E L'ESCATOLOGIA DELL'ANTICO TESTAMENTO

I teologi moderni non sembrano attingere molto alle pagine dell'AT nello studio dell'escatologia[1]. È abbastanza facile indicare qualcuna delle ragioni di tale lacuna. Anzitutto le opinioni sull'escatologia dell'AT sembrano più numerose di coloro che l'hanno studiata[2]. Tante divergenze dipendono dalla complessità del problema, dagli elementi di cui l'escatologia si compone o che ad essa si possono ricondurre: fine d'una realtà vecchia, con i relativi castighi, che, a loro volta possono essere di due tipi, terreni o eterni; inizio di una nuova realtà, con la relativa prosperità; escatologia individuale o collettiva, d'Israele o mondiale. Si aggiungano a queste questioni quelle sull'origine dell'escatologia (mitica, egiziana, babilonese, persiana e tipicamente israelitica) o sulla connessione col messianismo o sulla distinzione dall'apocalittica. Questi ultimi problemi, per la verità, oggi sembrano abbastanza chiariti. Il motivo che divide invece ancora gli esegeti e crea confusione pare l'identificazione, cosciente o meno, dell'escatologia con la fine o una fine della storia. Mi sembra che a questi fattori di confusione debba aggiungersi la dimenticanza del messaggio di sventura dei profeti. Tutta l'attenzione sembra concentrata da secoli sul messaggio salvifico, consolante, dei profeti, che, per la verità è quantitativamente assai ridotto rispetto all'altro. Contro tale indirizzo si era momentaneamente levato Gressmann, ma lui stesso non pare abbia insistito in questa linea[3]. La stessa espressione «il giorno di JHWH», con la relativa tematica, ha acquistato agli occhi degli studiosi un significato lugubre per il popolo d'Israele: il significato popolare dell'espressione, infatti, era quello di una rovina per i nemici d'Israele e della salvezza per il popolo eletto; i profeti lo capovolsero definendo il giorno di JHWH una rovina per Israele. Senonché c'è stato subito chi ha impoverito tale espressione negandole il valore escatologico[4]. Se poi, com'è accaduto negli anni recenti, la genuinità dei brani salvifici nei profeti preesilici

[1] Basti citare S. Zedda, *L'escatologia biblica*, 2 voll., Brescia 1972 e 1975. All'escatologia dell'AT sono dedicate solo 130 pp. su oltre 400 del I vol.; e, di quelle 130, ben poco è dedicato allo studio dei profeti.

[2] Si veda per es. l'elenco degli autori proposto da L. Ramlot, "Prophetisme", in *DBS*, fasc. 46, Paris 1971, 1179-1205. A. Jepsen, "Eschatologie", in *RGG*, II, Tübingen 1958, 655, dice espressamente che le opinioni sull'escatologia sono molto diverse.

[3] Ramlot, "Prophètes et Eschatologie", 1182.

[4] Si veda quanto dice, di P.A. Munch, Ramlot, "Prophetisme", 1197.

è volentieri messa in dubbio, si capisce come la tendenza dei teologi a ricercare spunti per la dottrina escatologica nell'AT e in particolare nei grandi profeti scrittori sia stata così mortificata. Un ultimo problema particolare merita di essere segnalato ed è il fatto che nel trattare l'argomento dell'escatologia nell'AT non mi pare si tenga sufficientemente conto della differente prospettiva degli antichi Ebrei rispetto a noi. È noto, infatti, che essi non avevano una chiara prospettiva ultraterrena. Ma ciò non significa che non cogliessero confusamente e come inglobata nella prospettiva terrena anche la dimensione escatologica. Pur non essendo in grado di spogliare il dono divino della salvezza dei suoi rivestimenti materiali, ad esso non possiamo dire che fossero preclusi[5].

Nel nostro studio cercheremo di dissipare un po' di quella nebbia sul problema escatologico che abbiamo ora descritta. Ci limiteremo a trattare in prevalenza la profezia preesilica e solo nel suo messaggio di sventura. Avremo sì modo di mostrare come sia inconsistente la ragione di fondo che fa sospettare della genuinità dei brani che parlano di salvezza d'Israele, ma diamo la preferenza all'altro tipo di messaggio, perché esso è nei profeti il principale e nello stesso tempo il più trascurato, specialmente nei profeti preesilici. Crediamo infatti che dalla giusta valutazione di questi aspetti del messaggio profetico verrà una comprensione più articolata e meno unilaterale e aprioristica di ciò che va abitualmente sotto il nome di «escatologia» biblica. Non è raro che le stesse teologie bibliche dell'AT intraprendano a discorrere di questo argomento non preoccupandosi di determinare criticamente se e come ciò di cui discorrono emerga dai testi, o sia una categoria previa e vagamente percepita, che funge da criterio di ricerca e di organizzazione dei dati.

Così il nostro studio vuol essere anzitutto un richiamo generale al rigore metodologico nell'impostazione della ricerca sull'«escatologia» dell'AT. Pur concentrando la nostra attenzione su un momento e un aspetto ben determinati, ne risulterà che la definizione di questo contenuto implica anche l'affermazione di un «finire», collegato con il dispiegarsi del giudizio di condanna, e quindi del castigo di JHWH salvatore. Per capire i nuovi orientamenti che vogliamo presentare è necessario ricordare prima alcune tappe della storia dell'esegesi a proposito di cose che ci sembrano connesse con la nostra questione. Quest'ultimo obiettivo ci impegnerà dunque nella prima parte. Nella seconda entreremo nell'argomento vero e proprio, riferendo il pensiero dei due principali schieramenti, tentando di apportare qualche miglioria a quello più recente, che ci sembra più giusto e che tuttavia non pare ancora sufficientemente noto e affermato.

[5] Comunque la prospettiva ebraica antica ha il vantaggio di salvare una certa concretezza dei doni salvifici, che le tendenze spiritualiste degli ultimi secoli hanno volatilizzata.

Prima parte
L'origine del discorso profetico[6]

Fino al sec. XVIII i libri dei profeti erano considerati semplicisticamente tutti genuini, parola del profeta e parola di Dio, come se i profeti li avessero scritti tutti loro. Nel sec. XIX, per influsso della critica letteraria, si cominciò a distinguere tra le parole genuine del profeta e tutto il resto, che era piuttosto considerato con disprezzo. Anche se, a partire dagli anni '30, inizia una rivalutazione della capacità di trasmettere a voce, per lungo tempo, il messaggio del profeta[7], si è tuttora vittime di troppi pregiudizi critici. Si accettano ancora alcuni atteggiamenti sospettosi come quelli esposti da Hölscher[8]: si tenta di ricavare una supposta forma primitiva del detto profetico, che, all'inizio del profetismo, si ritiene formulato come un detto breve, come le singole frasi di benedizione contenute in Gen 49 o Dt 33 per le singole tribù d'Israele. Il pregiudizio fondamentale di quest'opinione è che il profeta sia un veggente, un indovino che, sotto l'influsso dell'estasi, ha emesso oracoli sul tipo di quelli della Sibilla cumana o di Delfi. È la teoria «estatica». Anche Gunkel parte dalla teoria estatica per descrivere le seguenti fasi dell'evoluzione degli oracoli profetici: all'inizio ci sarebbero frasi brevissime, come "non popolo mio" (Os 1,9) o semplici nomi proprii significativi come "un resto ritornerà" (Is 10,21; cf. 7,3); poi si arriva a frasi più compiute, come Is 1,2-3; Am 1,2; 3,2-3. Infine troviamo anche delle specie di discorso profetico. Questo autore, forte della sua abilità, legittimamente riconosciutagli, nell'individuare i generi letterari specialmente dei salmi, ne ha fatto sfoggio anche nello studio del materiale dei libri profetici, commettendo però alcuni errori. Ricordiamo quello di ritenere come tipici dei profeti solo gli oracoli «contra gentes» e soprattutto quello, connesso coi nostri problemi, di ritenere che nelle pagine profetiche si debbano sistematicamente separare come due oracoli originariamente distinti i rimproveri e gli annunci di sventure[9], il che è ancora ritenuto in quasi tutte le introduzioni ai profeti e solo dopo le ricerche di Wolff, di cui parleremo tra poco, comincia ad essere considerato un errore.

[6] Attingiamo notizie dalla panoramica storica tracciata da C. Westermann nel suo *Grundformen prophetischer Rede* (BEvTh 31), München 1964², nelle prime 60 pagine.

[7] Si può vedere Ramlot, "Prophetisme", fasc. 45, 988ss.

[8] G. Hölscher, *Die Propheten*, Leipzig 1914. Citiamo da Westermann, *Grundformen prophetischer Rede*.

[9] H. Gunkel, voce "Propheten seit Amos", in *RGG*¹, Tübingen 1913. Rimproveri sono gli *Schelt-rede*; annunci di sventure sono i *Droh-rede*.

Lo stile ambasciatorio

Un altro itinerario dell'esegesi che ci sembra importante seguire è quello che ha portato alla scoperta dello stile ambasciatorio del discorso profetico. Cominciamo coll'osservare che i discorsi dei profeti sono fatti fondamentalmente da due soggetti: un po' è il profeta che parla, personalmente e un po' è Dio (parlata del profeta - parlata di Dio). Tenendo presente questo fatto, rilevabile letterariamente soprattutto nei profeti pre-esilici, ricordiamo come conquista preziosa, fatta contemporaneamente da due autori, Köhler e Lindblom, negli anni 1923-24, l'importanza fondamentale della formula "così dice JHWH" nei profeti[10]. Dei due è specialmente Köhler che sostiene ciò, ma è di Lindblom l'affermazione indiscutibile che tale formula appartiene esclusivamente al genere profetico[11]. Si suole chiamare la frase "così dice JHWH" «formula ambasciatoria». Essa viene usata anche nella vita profana e si trovano esempi d'ambasciate che sono introdotte con essa: "così dice Giacobbe..." (Gen 32,5). Proponiamo, per designare tali usi, la dizione «formula ambasciatoria profana». Potremmo riassumere e precisare il pensiero di Köhler, che studia sia la formula ambasciatoria dei profeti sia quella profana, dicendo che la formula ambasciatoria è frequentissima in bocca ai profeti; essi la usano in molti loro discorsi ed è una loro caratteristica esclusiva. Altrove si trova solo in Es 4,21ss; 8; 9; Gios 24,2. I sacerdoti stessi d'Israele, che pure danno oracoli in nome di Dio, non usano la formula ambasciatoria.

Questa scoperta è sfruttata legittimamente da Köhler per debellare la teoria estatica. Il discorso profetico, salvo eccezioni, non è pronunciato durante l'estasi; è piuttosto da paragonarsi a quello d'un ambasciatore, che prima sente un messaggio e poi lo riferisce. Può quindi essere un discorso anche lungo e non esclude spunti personali che facciano da contorno al messaggio sostanziale da riferire.

Wolff e Westermann: il discorso di condanna

L'itinerario delle ricerche esegetiche sui profeti arriva a un'altra tappa decisiva per merito di Wolff[12]. Egli esamina 130 discorsi di profeti preesilici (Am, Os, Mi, Na, Sof, Ab, Ger). Vi scopre uno schema che si ripete in 4 variazio-

[10] L. Köhler, *Deuterojesaja, stilkritisch untersucht*, Giessen 1923, 102ss; J. Lindblom, *Die literarische Gattung der prophetischen Literatur*, Uppsala 1924. Gli autori citati ripresero poi l'argomento in opere più recenti.

[11] Si veda Westermann, *Grundformen prophetischer Rede*, 24.

[12] La prima e fondamentale opera di H.W. Wolff è "Die Begründungen der prophetischen Heils-und Unheilssprüche", *ZAW* 52 (1934) 1-22 (= *Gesammelte Studien*, München 1964, 9-35).

ni: B-A (50% del materiale), A-B (20%) B-A-B (10%), A-B-A (10%), dove B (*Begründung*) è la motivazione del castigo o rimprovero o denuncia ed A (*Ankündigung*) è l'annuncio del castigo o minaccia o sventura. Un'altra constatazione molto importante di Wolff è che la formula ambasciatoria si trova di regola immediatamente prima di A, come sua introduzione ed A è di regola formulato come parlata di Dio e non del profeta.

Westermann[13] non farà che precisare i risultati di Wolff, ma con alcune esagerazioni che è utile denunciare subito. Egli vorrebbe ridurre *tutti* i discorsi minacciosi dei profeti all'unico genere letterario del «discorso di condanna», mentre in realtà ci sono altri generi letterari di minacce: i «guai», le lamentazioni, i «contra gentes», le stesse azioni simboliche minacciose. Quanto alla formula ambasciatoria essa si può trovare anche in altri generi letterari profetici; tra l'altro si trova anche negli oracoli salvifici e perciò non è una caratteristica del discorso di condanna[14]. Aggiungeremmo che non tutte le volte che troviamo un passaggio logico dalla motivazione all'annuncio di sventura o viceversa dobbiamo scomodare il genere letterario del discorso di condanna. Nulla vieta che il profeta possa procedere come fa una madre col bambino che vuole sgridare. Tuttavia nella maggior parte degli esempi studiati da Wolff si riscontra il discorso di condanna, formulato in stile ambasciatorio. Presentiamo dunque la lucida descrizione che Westermann fa di tale discorso profetico. Le forme più nitide e antiche sono quelle dei discorsi profetici che troviamo nei libri dei Re, che sono fatti piuttosto contro persone singole (1Re 21,17ss e 2Re 1,3ss; si veda anche Am 7,15ss). Poi, a partire da Amos, il discorso di condanna è fatto soprattutto contro la collettività e diventa anche per questo più ampio. Come esempi chiari vengono indicati Am 4,1-3; Os 2,7ss; Is 8,5-8; 30,9-14; Mi 3,1-4; 2,1-4; 3,9-12; Ger 5,10-14; 7,16-20. Non ci interessa ora come altri studiosi abbiano tentato di proseguire su questa pista per scoprire origine e *Sitz im Leben* di tale genere letterario[15]. Ricordiamo soltanto, a conclusione della nostra carrellata, che la formula ambasciatoria va distinta accuratamente dall'altrettanto frequente "oracolo (*ne'um*) di JHWH", che si trova, di regola

[13] *Grundformen prophetischer Rede*, specialmente le parti C e D.

[14] Su questo punto ha colto nel segno la critica di R. Rendtorff, "Botenformel und Botenspruch", *ZAW* 74 (1962) 165-177, che però sembra esagerata. Un altro punto da rivedere di Westermann è il suo spingere troppo in là il parallelismo tra il fenomeno profetico d'Israele e quello di Mari, per l'entusiasmo di aver scoperto in quest'ultimo la nostra medesima formula ambasciatoria. Oggi si è molto più moderati: si veda W. Moran, "New Evidence from Mari on the History of Prophecy", *Bib* 50 (1969) 15-56; e anche K. Koch, *Was ist Formgeschichte*, Neukirchen - Vluyn 1974[3], 264-265.

[15] Per es. alla stregua di H.J. Boecker, *Redeformen des Rechtslebens im A.T.* (WMANT 14), Neukirchen - Vluyn 1964, si vuol vedere nelle arringhe profetiche un'imitazione del costume giuridico israelitico nei discorsi profetici e addirittura una messa in scena cultuale d'una denuncia dell'alleanza.

alla fine dell'oracolo divino o, tutt'al più, dentro di esso, ma mai lo introduce[16]. Inoltre va detto che la formula ambasciatoria subisce pian piano un processo d'inflazione. Ciò avviene soprattutto in Ezechiele, ma anche in Geremia, forse perché questi profeti pongono essi stessi un'equazione sempre più forte tra la parola di Dio e ogni pensiero del profeta.

Echi recenti della controversia

Questa nuova maniera di leggere i discorsi minacciosi dei profeti non si è ancora affermata pienamente. Oggi c'è chi, pur seguendola, ha ancora incertezze. Koch, per es., aggiunge un terzo elemento o dichiarazione finale a conclusione del nostro discorso profetico minaccioso e non sembra cogliere fino in fondo il significato della formula ambasciatoria[17].

E c'è chi osteggia vivamente tale maniera, come Hoffmann[18]. Le sue prese di posizione comunque risalgono a Fohrer, di cui egli si professa discepolo nel recente studio di cui riferiamo il pensiero, nell'intento di meglio precisare l'attualità del dibattito e gli schieramenti.

Hoffmann comincia coll'affermare che la distinzione, rilevabile letterariamente, tra la parlata di JHWH e quella del profeta ha dato origine a teorie i cui estremi si possono chiamare «teoria ambasciatoria» (Botentheorie) e «teoria esperienziale» (Erlebnistheorie) o teoria estatica. La prima è imputata soprattutto a Wolff. Diciamo «imputata», perché l'A. critica aspramente Wolff, dapprima in generale e poi basandosi su passi isaiani. Secondo tale presentazione piuttosto settaria del pensiero di Wolff, questi arriverebbe a dire che il profeta è attivo e agisce in maniera personale solo nella formulazione della parte B del suo messaggio e completamente passivo nella parte A. Contro il pensiero di Wolff sarebbe quindi decisivo il fatto che le parlate di JHWH differiscono stilisticamente da un libro profetico all'altro, mentre, nell'ipotesi di tale autore, lo stile «divino» dovrebbe essere uguale nelle parti A di tutti i profeti[19].

Passando in particolare all'esame di Isaia, Hoffmann non nega il dato letterario della distinzione tra parlata divina e parlata profetica, ma di tale distinzione dà una sua interpretazione: sarebbe un fenomeno semplicemente stilistico e servirebbe per dare maggior risalto a certe parti del discorso del profeta[20]. Ben pochi comunque sono i testi isaiani che l'A. adduce nella sua tesi e merita

[16] F. Baumgärtel, "Die Formel *ne'um* JHWH", *ZAW* 73 (1961) 277-290.

[17] Koch, *Was ist Formgeschichte*, 260-261 e 265-266. E, prima di lui, Rendtorff, "Botenformel und Botenspruch".

[18] H.W. Hoffmann, *Die Intention der Verkündigung Jesajas* (BZAW 136), Berlin 1974.

[19] Hoffmann, *Die Intention*, 14.

[20] Hoffmann, *Die Intention*, 5-6. L'A. cita Is 8,1-7; 22,15-19 e 3,1-5.

criticarne ordinatamente l'interpretazione: *Is 3,16-24*[21]. Dal v. 17 è chiaro che chi parla è il profeta; perciò la formula ambasciatoria del v. 16 non introduce quella che, secondo Wolff, dovrebbe essere la parlata divina. Né pare che il profeta riferisca un particolare oracolo; applica ad una situazione particolare il messaggio generale. Anche nell'interpretazione di Hoffmann però è incomprensibile la combinazione dei vv. 16 e 17 e anziché supporre genuini, come vorrebbe l'A., i soli vv. 16.17 e 24, si potrebbe pensare che la formula ambasciatoria del v. 16 sia redazionale.

Is 5,8-10[22]: La formula ambasciatoria è sostituita dall'affermazione "ho udito JHWH coi miei orecchi..." (v. 9a); la parlata divina successiva sarebbe un semplice mezzo stilistico per dar risalto al punto centrale del discorso. Ma, a parte il fatto che questo discorso ha un altro genere letterario e cioè il «guai», mi pare che la tesi stilistica di Hoffmann in parte si avvicini sostanzialmente a quella di Wolff e in parte sia meno fondata sul testo.

Is 28,14-22[23]: Non potendo negare che la formula ambasciatoria del v. 16a introduca il vero oracolo e la parlata divina, l'A., a proposito del v. 15, che fornirebbe una citazione degli empi «inventata», polemizza con un altro studio di Wolff[24] e dice che le parole di JHWH dei vv. 16ss sono altrettanto inventate. In realtà la citazione degli empi è vera e potrebbe esserlo anche così come la riporta il profeta. Tuttavia le parole divine introdotte dalla formula ambasciatoria non sono considerate da Wolff sullo stesso piano delle altre «citazioni» fatte dai profeti. Del resto non c'è nulla in contrario ad ammettere che gli ambasciatori avevano la libertà di elaborare personalmente il messaggio che dovevano riportare, anche nella parte A (Hoffmann cita, a proposito di ciò, Es 5,10 confrontato con 5,7ss e lRe 2,30, confrontato con 2,29).

Is 29,13-14[25]: Qui abbiamo la parlata divina in entrambe le parti, B e A del discorso. Si potrebbe tuttavia notare che, ammesso si tratti d'un discorso completamente genuino, non è al popolo che è rivolto; si parla di esso in terza persona. Potrebbe trattarsi d'una «comunicazione» divina al profeta, che egli in un secondo tempo scrive o riferisce a qualcuno: saremmo cioè di fronte a quello che si usa chiamare un «oracolo privato»[26].

Is 30,1-5[27]: Non si vede bene cosa si possa ricavare da questo testo in fa-

21 Hoffmann, *Die Intention*, 7-11.

22 Hoffmann, *Die Intention*, 32.

23 Hoffmann, *Die Intention*, 24ss.

24 H.W. Wolff, *Das Zitat im Prophetenspruch. Eine Studie zur prophetischen Verkündigungsweise* (Beihefte zur Evangelischen Theologie 4), München 1937 (= *Gesammelte Studien*, München 1964, 36-129).

25 Hoffmann, *Die Intention*, 33.

26 Per tale tipo di oracolo si veda per es. Koch, *Was ist Formgeschichte*, 251 e 268.

27 Hoffmann, *Die Intention*, 32-33.

vore della tesi di Hoffmann. È vero che entrambe le parti, supposto che siano due, sono formulate come parlata divina, ma non si tratta d'un discorso di condanna, bensì d'un «guai» e non c'è formula ambasciatoria, ma quell'altra, «oracolo di JHWH», che da essa va accuratamente distinta. Ben pochi quindi e per di più discutibili sono i testi isaiani che Hoffmann riesce a ricavare e ad opporre a Wolff.

Una delle paure che stanno alla base dell'opposizione a Wolff sembra essere che, privilegiando troppo la parte A dei discorsi minacciosi dei profeti, si svuoti il loro messaggio morale, in quanto, se veramente il profeta presenta come assoluta e incondizionata la sventura, non si comprende come cerchi di correggere moralmente il popolo[28].

E qui mette conto di riferire un ultimo importante studio, che invece difende la nuova interpretazione del messaggio di sventura dei profeti. Ne è autore W.H. Schmidt[29], che, riconosciamolo subito, incorre davvero nel pericolo temuto da Hoffmann, là dove dice che le esortazioni dei profeti di sventura sono solo apparenti[30]. Per il resto si tratta di un'ottima sintesi dei dati moderni da noi esposti e di deduzioni da essi ricavate. L'A., dopo l'introduzione, mette bene in evidenza la radicalità e la assolutezza (Endgültigkeit) degli annunci di sventura dei profeti, nelle parti II e III. Fa poi notare la palese differenza e discrepanza tra le denunce morali (B) e l'annuncio di sventura (A) e mostra come all'origine del messaggio profetico non ci siano, come vogliono ancora i più, a partire da Duhm, le istanze morali ma, secondo von Rad, la percezione soprannaturale d'una sventura[31], che, in un secondo momento il profeta contorna con giustificazioni di ordine morale, nel presentare il suo messaggio; ciò nelle parti IV e V.

Concludiamo la nostra rassegna facendo notare che la posizione contraria a Wolff è logicamente connessa con una concezione del profeta, che, purtroppo, è ancora prevalente: e cioè, che egli sia soprattutto uno che parla al posto di Dio (proloquens) e non uno che parla in anticipo del futuro (praeloquens), una concezione, la prima, non troppo fondata sulla Bibbia: basti vedere cosa ne pensa Geremia nel suo scontro con il falso profeta Anania (Ger 28,8-9). Sostenendo la teoria nuova, che vogliamo proporre, non si vuol negare il messaggio morale dei profeti. S'intende soltanto affermare che la genesi di tale messag-

[28] Il punto principale del lavoro di Hoffmann è proprio quello di mostrare che l'intenzione (*die Intention*) o lo scopo della predicazione di Isaia è quello di provocare la conversione di Giuda, la decisione, la scelta per JHWH (parti B e C del suo libro).

[29] W.H. Schmidt, *Zukunftsgewissheit und Gegenwartskritik. Grundzüge prophetischer Verkündigung* (BS 6), Neukirchen - Vluyn 1973. Tale libretto è stato preceduto da uno studio più breve: "Die prophetische «Grundgewissheit»", *EvTh* 31 (1971) 630-651.

[30] A p. 40 del suo libretto.

[31] I due autori sono citati da Schmidt nella sua introduzione.

gio va spiegata diversamente. Essi ricevono una rivelazione divina, per lo più sul futuro; nel nostro caso si tratta d'un futuro doloroso. Essi la riferiscono al popolo formulandola anche con una certa libertà e contornandola di loro personali motivazioni, delle quali ovviamente non si può negare il carattere ispirato. Queste motivazioni si basano in generale sui principi della retribuzione che ci sono noti soprattutto dai libri sapienziali. Riassumiamo i motivi principali e obiettivi che ci spingono a questa tesi.

1) Se ci basiamo sulla distinzione letteraria tra parola di JHWH e parola del profeta, vediamo che l'oracolo vero e proprio è in generale l'annuncio di sventura (A), introdotto dalla formula ambasciatoria.

2) Le denunce profetiche contro il popolo d'Israele si raggruppano attorno alle due catastrofi che, per intenderci, indicheremo con due cifre, senza discutere l'esatta cronologia dei rispettivi eventi: il 721 per il regno Nord e il 587 per il regno di Giuda. Nessuno oserà pensare che i disordini denunciati dai profeti si siano verificati nel popolo ebraico solo nei periodi immediatamente precedenti le due date. Ora se tali disordini erano presenti anche in altre epoche i profeti avrebbero dovuto denunciarli anche allora e avrebbero dovuto esserci altri crolli come i due indicati. Si aggiunga il fatto che negli oracoli contro i gentili le denunce di disordini morali sono rarissime e l'unico rimprovero è praticamente quello di aver osteggiato Israele. Ora, se i profeti fossero soprattutto la massima incarnazione della coscienza morale, dovrebbero denunciare i peccati dei gentili ancor più di quelli d'Israele.

3) La sproporzione tra colpa e castighi. Se esaminiamo attentamente la relazione che c'è tra le parti B e A dei discorsi di condanna dei profeti preesilici vediamo che solitamente i disordini morali sono imputati solo a una categoria (le classi dirigenti), mentre la sventura è annunciata a tutto il popolo. Tale discrepanza non si spiega sufficientemente con la teoria della «personalità corporativa», perché allora anche le denunce di colpe dovrebbero esser rivolte a tutto Israele come le sventure sono annunciate a tutti; e d'altra parte il castigo non s'intende destinato alle sole classi dirigenti come rappresentanti di tutto il popolo. I profeti, dando un indirizzo diverso alle denunce (B) e all'annuncio della sventura (A), mostrano abbastanza chiaramente di essere coscienti che all'interno d'Israele si deve distinguere tra colpevoli e innocenti e che c'è sproporzione tra la sventura, percepita da essi in anticipo senza motivazioni, e le motivazioni stesse che essi si sforzano di darle per renderla accettabile e per farne cogliere significati reconditi.

Seconda parte
Tentativi superati d'interpretare le profezie di sventura

Alla luce delle considerazioni precedenti possiamo chiederci come vadano interpretati gli annunci di sventura dei profeti preesilici. Riferiamo due tra i principali tentativi fatti in epoche in cui non era ancora alla portata degli studiosi il frutto delle ricerche che abbiamo elencato sopra.

Cominciamo da Pautrel[32]. Il suo lavoro sul «Giudizio (divino)» nell'AT passa in rassegna tutti i castighi e le sventure subite da Israele, senza rilevare alcuna differenza sostanziale tra di esse. L'A. parte da lontano, cercando l'idea del giudizio persino nel Pentateuco, là dove JHWH interviene come giudice d'Israele o dove, a difesa d'Israele, castiga i gentili; si risale addirittura al castigo inflitto ad Adamo e Eva[33].

Passando ai libri profetici, dopo aver presentato le caratteristiche del linguaggio immaginoso dei profeti, Pautrel dà un'eccellente sintesi di tutto il loro messaggio di sventura (accuse, sentenza, esecuzione...)[34]. Segue la sintesi delle minacce ai gentili e delle profezie di restaurazione. Tralasciamo di parlare del resto dell'articolo che tratta di giudizio e salvezza personali[35] e del giudizio mondiale nell'apocalittica, in quanto non pertinenti in rapporto al tema del nostro lavoro, e facciamo invece una critica delle affermazioni di Pautrel nella sezione sopra descritta.

Sembra che, secondo l'A., ogni castigo divino menzionato nella Bibbia debba essere inteso come escatologico, perché altrimenti nessuno potrebbe essere inteso in tal senso. Nella sua descrizione dell'evoluzione dell'idea del giudizio non è assolutamente messo in evidenza il salto qualitativo per cui il castigo da terreno diventa escatologico.

Un tentativo di mettere in evidenza il salto qualitativo di cui si dice era stato fatto una trentina d'anni prima da uno studioso protestante, W. Cossmann[36]. Il suo lavoro però è rimasto senza frutti perché pregiudicato da una concezione dell'escatologia di stampo wellhauseniano e dalla erronea equazione tra escatologia e fine del mondo, su cui torneremo tra poco. L'opera si divide in due parti, un'analisi e una sintesi. La prima esamina nei singoli profeti quali sono le cause o colpe d'Israele rimproverate dai profeti di ogni epoca; quali i casti-

[32] R. Pautrel, "Jugement" (per l'AT), in *DBS*, IV, Paris 1949, 1321-1344.
[33] Pautrel, "Jugement", 1323.
[34] Pautrel, "Jugement", 1325-1328.
[35] Pautrel, "Jugement", 1334-1339.
[36] W. Cossmann, *Die Entwicklung des Gerichtsgedankens bei den alttestamentlichen Propheten* (BZAW 29), Giessen 1915.

ghi e la loro estensione (a tutto il popolo o meno, a tutto il mondo...) e funzione (medicinali, preventivi, radicali...), anche per quanto riguarda i gentili; quale sia lo strumento dei castighi, il tempo, i modi (limitato, universale, finale...); ci si chiede che significato abbia in ogni profeta l'espressione "giorno di JHWH" e se ci siano tracce mitologiche o cosmologiche nella descrizione dei castighi. Nella seconda parte i profeti vengono suddivisi in preesilici, esilici e postesilici. Anche per Cossmann ogni castigo storico d'Israele o dei gentili è un «giudizio»; ma egli tenta di stabilite una differenza qualitativa tra di essi, sia facendo attenzione alla radicalità o meno del castigo preannunciato a Israele, sia affermando, come gli sembra, che il giudizio escatologico comincerebbe ad essere predicato, per quanto riguarda gli individui, da Ezechiele e, per quanto riguarda tutto Israele, solo nel postesilio. Infatti solo nei profeti postesilici si parla di giudizio universale e, in base alla concezione pregiudiziale che l'A. ha di escatologia, solo il giudizio universale è veramente escatologico. Senonché egli stesso ammette che nei profeti postesilici Israele non è oggetto del castigo; questo è per i gentili e Israele ne è semmai beneficiario. Il risultato del lavoro mi pare una gran confusione[37]. I profeti sono per Cossmann gli interpreti della più rigida coscienza morale e prima dell'esilio annunciano spesso sventure «radicali». L'A. di fronte a ciò è imbarazzato, specialmente quando trova annunci di salvezza in un profeta che pure propone anche il messaggio di sventura radicale; egli finisce per pensare che si tratti di fasi differenti del pensiero, nelle quali il profeta smentisce se stesso. Comunque Cossmann non coglie fino in fondo il significato della radicalità dei castighi a Israele, radicalità che pure sottolinea così spesso[38]. Egli avverte che questi castighi «radicali» sono descritti con enfasi ben maggiore degli altri, sia che essi vengano riferiti a Israele, sia che vengano riferiti ai gentili; e ciò anche se i colori di tali castighi non sono quelli cosmologici dei profeti postesilici e dell'apocalittica, che parla della fine del mondo. Pur mostrando di capire che le sventure del 721 e 587 sono presentate dai profeti preesilici come il massimo dei castighi, il nostro A. finisce per pensare che tali castighi siano puramente storici e che sia escatologico solo quello inflitto ai gentili alla fine del mondo, secondo le predizioni dei profeti postesilici.

L'escatologia di Fohrer e di von Rad

Per raggiungere una chiarezza soddisfacente in tale materia appare indispensabile precisare la nozione di escatologia. Si è accennato sopra alla confusione, ancora oggi molto diffusa, tra escatologia e fine del mondo: essa deriva

37 Cossmann, *Die Entwicklung des Gerichtsgedankens*, 229ss.

38 Per es. il termine compare spesso nelle pp. di sintesi 158ss.

dal fatto di definire il salto qualitativo descritto dai profeti in un quadro cronologico e cosmologico. Effettivamente alcune espressioni classiche come *'aḥărît hajjāmîm* si prestano a tale confusione. Tuttavia già il citato studio di Pautrel[39] faceva notare che essa non significa "alla fine dei giorni", ma "nel periodo successivo". Per la parola «fine» c'è in ebraico un altro termine, *qēṣ*, che non è mai usato nelle descrizioni che parlano di fine del mondo, ma soltanto in alcune che parlano della fine di Giuda (Ez 7). Forse la confusione, originata dall'espressione indicata, è sorta fino dall'antichità, in quanto già i LXX per tradurre *'aḥărît* hanno scelto ἔσχατος, che nel greco classico significa davvero «ultimo»[40].

Il criterio filologico non autorizza dunque all'identificazione di escatologia e fine del mondo. In questo rapporto tra escatologia e fine del mondo di fatto si dividono oggi in due schiere gli studiosi: quelli che ritengono di identificare escatologia e fine mondo, e quelli che invece ritengono l'escatologia come qualcosa di definitivo che però prescinde dalla fine del mondo[41]. Accettiamo dunque questa divisione, anche se, all'interno del secondo schieramento dovremo ulteriormente distinguere una linea più moderata ed una linea più radicale.

Del primo schieramento, di ispirazione wellhauseniana, il principale rappresentante odierno si può ritenere Fohrer[42]. Secondo lui i testi basilari sull'escatologia sono Ag 1,15a e 2,15-19; Zac 1,1-6 e 8,14-15; nel deutero Isaia, specialmente Is 40,1-8. Si tratta di passi postesilici, almeno quelli di Ag e Zac, collocati cronologicamente nello spazio che separa due epoche ben distinte[43]. Per Fohrer l'espressione "alla fine dei giorni" non ha senso escatologico in Gen 49,1; Num 24,14; Dt 4,30. Lo ha in Is 2; Ger 23,20; 48,47; 49,39; Ez 38,16; Os 3,4; Dt 10,14, ma tutte queste sono aggiunte postesiliche[44]. Anche l'espressione "in quel giorno", che ha senso escatologico ma appare solo dopo l'esilio, aggiunta tardivamente al testo preesilico gli dà un significato diverso da quello originale. Nei profeti preesilici infatti la punizione d'Israele e la sua

[39] Pautrel, "Jugement", 1324-1325.

[40] Queste informazioni sono desunte da J. Carmignac, "La notion d'Eschatologie dans la Bible et à Qumran", *RQ* 7/1 (1969) 17-31.

[41] La divisione in due schieramenti è di K.-D. Schunk, "Die Eschatologie der Propheten des Alten Testaments und ihre Wandlung in exilisch-nachexilischer Zeit", in *Studies on Prophecy. A Collection of Twelve Papers* (VT SS 26), Leiden 1974, 116-132, nella prima delle tre parti dello studio.

[42] Molti sono gli studi di G. Fohrer sui profeti e importantissime le sue rassegne in materia. Noi qui citiamo il suo lavoro specifico sull'argomento: "Die Struktur der alttestamentlichen Eschatologie", *ThLZ* 85 (1960) cols 401-420 = in Id., *Studien zur alttestamentlichen Prophétie (1949-1965)* (BZAW 99), Berlin 1967, 32-58 (citeremo secondo quest'ultima edizione).

[43] Fohrer, "Die Struktur der alttestamentlichen Eschatologie", 32ss.

[44] Fohrer, "Die Struktur der alttestamentlichen Eschatologie", 34.

totale distruzione è un puro fatto della storia, uguale a quella degli altri popoli contemporanei e dopo la quale la storia continua come prima[45]. Tale crollo avrebbe potuto essere evitato se ci fosse stata la conversione d'Israele. Il messaggio profetico di denuncia e di sventura e gli eventuali cenni alla salvezza vanno interpretati prima dell'esilio in senso condizionale, come un *aut-aut*: (se vi convertirete) ci sarà la salvezza; (se continuerete a peccare) ci sarà la rovina[46]. Per l'epoca postesilica tale interpretazione condizionale non è più possibile, perché la rovina ormai è avvenuta. Allora l'*aut-aut* viene trasformato in un *prius-post*: prima la sventura e poi la salvezza. Si postula ormai una nuova e definitiva salvezza, unilateralizzando e falsando il messaggio dei profeti preesilici Così nasce la escatologia, che è una specie di ripiego per sfuggire alla disperazione del fallimento d'Israele[47]. Fohrer desume le caratteristiche fondamentali dell'escatologia dai testi postesilici o tardoesilici indicati e ne mostra lo sviluppo ulteriore nella cosiddetta apocalisse d'Is 24-27, nel deutero Zaccaria, nel trito Isaia, in Abdia, Sofonia, Gioele e in Zac 12,1-13,9.

Tali caratteristiche fondamentali sarebbero: 1) distruzione dei popoli; 2) liberazione d'Israele e sua purificazione; 3) nuova situazione paradisiaca; 4) inizio del regno divino o messianico; 5) conversione dei popoli o del loro resto. Accanto a queste caratteristiche, l'A. indica una serie di elementi particolari inseriti nella struttura dell'escatologia (*strukturelle Einzelelemente*), che variano da un testo escatologico all'altro e che riferiamo brevemente[48]: 1) viene squalificata l'epoca precedente, nonostante il fatto che nella nuova epoca ricompaiano parecchi elementi antichi[49]; 2) la nuova epoca viene presentata come imminente e a ciò conseguono le relative delusioni; 3) sconvolgimenti cosmici o etnici preparano la nuova epoca, che però a volte è fatta iniziare pacificamente; 4) tale epoca è presentata per lo più come dono gratuito divino, ma a volte è detta frutto della conversione; 5) la visuale escatologica è a volte particolaristica e a volte universale; 6) essa a volte implica l'idea della fine del mondo e parla di nuova creazione, di nuovo mondo, a volte no; 7) l'escatologia a volte è presentata come restaurazione del passato, a volte come totale novità; 8) essa apporterà benessere materiale, ma a volte si parla anche di benessere spirituale; 9) il tutto è concepito come realtà che si produce in questa vita, non nel nostro moderno «al di là»; 10) il popolo superstite è il resto d'Israele, ma a

[45] Si veda anche, dello stesso autore: "Bemerkungen zum neueren Verständnis der Propheten", in *Studien zur alttestamentlichen Prophétie (1949-1965)*, 18-31, qui 28-29. Tale studio era comparso in inglese in *JBL* 80 (1961) 309-319.

[46] Qualche titubanza in tali affermazioni appare nell'altro studio citato, "Bemerkungen zum neueren Verständnis der Propheten", 26.

[47] Fohrer, "Die Struktur der alttestamentlichen Eschatologie", 35-36 e 57.

[48] Fohrer, "Die Struktur der alttestamentlichen Eschatologie", 41-51.

[49] Si veda anche: "Die Struktur der alttestamentlichen Eschatologie", 51-55.

volte vi sono inclusi i pagani; 11) nel nuovo regno esercita il dominio direttamente Dio, ma a volte si parla di un re-messia davidico.

Nei confronti del pensiero di Fohrer è possibile muovere alcuni rilievi fondamentali. Anzitutto è difficile capire come possano i profeti predicare un castigo irreparabile; anch'essi, come ogni israelita, hanno presenti le promesse delle tradizioni antiche, patriarcali, sinaitiche, davidiche. A tale obiezione gli esponenti della teoria escatologica ora presentata debbono rispondere che i profeti non sono affatto radicati nelle tradizioni antiche; risposta che appare assai discutibile[50]. Se poi si fa notare che anche i profeti preesilici predicano talvolta la salvezza, lo schieramento che abbiamo etichettato col nome di Fohrer risponde che le profezie salvifiche nei profeti preesilici non sono genuine o sono condizionali. Effettivamente se l'ordine di idee di questi profeti è puramente intramondano, è ovvio che la loro ipotesi di sventura totale non può coesistere con l'ipotesi della salvezza. Una volta annunciata come inevitabile la sventura totale non è più possibile pensare alla salvezza. Ma queste soluzioni alternative – e cioè, o abbiamo a che fare con un *aut-aut* condizionale, oppure il messaggio salvifico non è genuino – sono poco aderenti e rispettose del testo profetico.

La posizione di Fohrer presenta ancora altri grossi limiti. Essa minimizza la portata delle minacce profetiche; questa parte dei discorsi profetici, quantitativamente così rilevante e qualitativamente molto importante, perde così quasi tutto il suo interesse per noi. È ovvio, invece, che lo avrebbe se avesse un significato escatologico.

In generale, la dottrina escatologica dello schieramento esegetico che stiamo criticando, appare del tutto implausibile. Se l'escatologia è predicata solo nel postesilio, appaiono come castighi escatologici fondamentalmente solo quelli rivolti ai popoli pagani (e qui si potrebbe chiedere: perché non considerare alla stessa stregua come escatologici i castighi *contra gentes* dei profeti preesilici?). Ma per il popolo eletto non ci son castighi escatologici? Eppure nei vangeli l'escatologia contempla anche il castigo per Israele: esattamente la distruzione di Gerusalemme (e non quella di altri popoli) è presa a simbolo del castigo escatologico! Se le minacce escatologiche dei profeti fossero solo quelle postesiliche, non ci sarebbe continuità ma contrasto tra la predicazione escatologica dell'AT e quella del NT.

A quest'ultima critica possiamo aggiungere quella della differenza eccessiva che tale indirizzo esegetico pone tra il messaggio profetico preesilico e quello postesilico[51]. Nonostante tanti difetti, pare che la posizione che abbiamo

[50] Si veda l'altro studio: "Bemerkungen zum neueren Verständnis der Propheten", 28.

[51] Schunk, *Die Eschatologie der Propheten*, 118.

esposto e criticato ancora oggi prevalga[52].

Il secondo e più recente schieramento esegetico è rappresentato emblematicamente da G. von Rad. Esso pone giustamente in risalto la radicalità dei castighi del 721 e 587: non sono fatti storici contingenti, equiparabili al crollo di qualsiasi altro popolo. Ciò che i profeti preesilici indicano come irrimediabilmente perduto è l'amicizia con Dio e i beni salvifici per Israele che ad essa erano connessi. Si tratta di una «frattura tra il vecchio e il nuovo, frattura così profonda da interrompere qualsiasi continuità tra ciò che sta prima e ciò che viene dopo. Si tratta come di un punto-zero, al quale Israele viene risospinto con tutta la sua tradizione religiosa, come di un vuoto che i profeti stessi creano con la loro predicazione del giudizio, con il loro ripudio di tutte le false sicurezze e nel quale poi fanno cadere l'annuncio di una nuova realtà»[53]. Se i crolli del 721 e 587 fossero per i profeti preesilici un puro fatto storico, dopo il quale la storia riprende come prima, questi avrebbero potuto minimizzare come un fatto passeggero la sventura preannunciata e così consolare il loro popolo.

A questa più obiettiva valutazione della radicalità del messaggio profetico di sventura, von Rad aggiunge un'importante precisazione, che dissipa l'equivoco tra escatologia e fine del mondo di cui s'è parlato spesso e che abbiam visto basato anche su malintesi di ordine filologico. È la precisazione che si riferisce alla differente concezione del tempo degli antichi semiti rispetto a noi moderni occidentali. Certo, gli Ebrei si staccano notevolmente dal mondo semitico antico, in quanto giungono ad una concezione della storia che supera la mentalità ciclica dei loro contemporanei. Essi, collegando e coltivando la memoria degli episodi del loro passato, non scorgono in quelli il semplice ripetersi ciclico e sempre uguale di paradigmi costanti, ma scorgono al contrario una linea progressiva volta verso un futuro voluto da JHWH in special modo per il suo popolo. La visione storica del futuro era però imperfetta e limitata: riguardava solo il popolo eletto, non tutti i popoli. La loro concezione del tempo quindi non era come la nostra, che potremmo descrivere mediante l'immagine d'un questionario da riempire e che ha una sua fine. Gli Ebrei sono giunti a inquadrare la loro sroria in quella di tutti i popoli solo nella fase apocalittica di Daniele: ricordiamo la visione della statua di Dan 2. Solo allora un ebreo poteva concepire la fine del mondo. L'impatto che gli Ebrei ebbero prima con la storia internazionale fu considerato in maniera direi quasi miope. Esso fu piuttosto doloroso e sconvolgente, soprattutto quando gli Assiri e i Babilonesi provocarono i crolli del 721 e 587. Ma i profeti, ai quali tocca il compito di aiu-

52 Stupisce, per es., che l'ottimo lavoro di V. Collado Bertomeu, *Escatología de los Profetas*, Valencia 1972, tesi dottorale al PIB di Roma, che segue, dal suo punto di vista stilistico, le piste di Fohrer, non accenni neanche agli orientamenti recenti sull'escatologia.

53 G. von Rad, *Teologia dell'Antico Testamento*, vol. 2, Brescia 1974, 143.

tare il popolo a superare il trauma, non erano ancora in grado di immaginarsi una fine del mondo[54]. Se si tiene presente tutto ciò si riesce a cogliere il senso escatologico della radicalità delle sventure predicate dai profeti preesilici.

Ulteriori considerazioni

Von Rad non ha curato una trattazione sistematica dell'escatologia secondo la sua teoria; ha semplicemente toccato i punti nevralgici della questione. Ad ogni modo si deve riconoscere a lui il merito di aver pilotato l'opinione degli studiosi che ormai si avvia verso nuovi orizzonti[55]. Ciò anche se, a sua volta, egli dipende da intuizioni di precedenti autori, come Vollborn e Grønbæk[56]. Tra i teologi che hanno abbracciato la nuova linea va citato qui soprattutto Moltmann[57]. Ricordiamo solo a questo punto, per l'opportunità che ci offre di introdurre le ultime nostre considerazioni, un ennesimo importante merito di von Rad nello studio dell'escatologia. È quello di aver trovato il punto giusto d'equilibrio nella reazione alla teoria precedente, troppo riduttiva dell'escatologia profetica. C'è stato infatti chi, nella reazione, è arrivato a dire escatologica ogni attesa di salvezza futura manifestata nelle antiche tradizioni ebraiche con le promesse ai Patriarchi, a Mosè, a Davide…[58]. In realtà i profeti "furono i primi in Israele ad affermare ripetutamente, richiamandosi ad un fondamento storico sempre più vasto, che la salvezza sarebbe giunta all'ombra del giudizio. E soltanto questo vaticinio profetico che, strettamente legato per un verso alle antiche tradizioni dell'elezione, per l'altro si apre, con un'interpretazione audacemente nuova, su una ripresa dell'azione salvifica di Dio, soltanto questa predicazione, dico, va chiamata a buon diritto escatologica. Speranze religiose,

54 Von Rad, *Teologia dell'Antico Testamento*, 123-146.

55 Tra gli studiosi che sembrano seguire la nuova teoria ci sarebbero Lindblom, Jacob, Hecht e altri; così almeno li cataloga senza tanti scrupoli Ramlot, "Prophetisme", al cap. X; ma si veda la nota 58.

56 W. Vollborn, *Innerzeitliche oder endzeitliche Gerichtserwartung*, Greifswald 1938; J.H. Grønbæk, "Zur Frage der Eschatologie in der Verkündigung der Gerichtspropheten", *SEÄ* 24 (1959) 5-21. Citati entrambi da von Rad, *Teologia dell'Antico Testamento*, 142.

57 J. Moltmann, *Teologia della speranza*, Brescia 1972, 125-134.

58 Così ci sembra che affermino almeno implicitamente Th.C. Vriezen, *Prophecy and Eschatology* (VT SS 1), Leiden 1953, 199-229, del resto criticato pure da von Rad, *Teologia dell'Antico Testamento*, 219 nota 16; così W. Eichrodt nella sua *Theologie des Alten Testaments*, vol. 1, Stuttgart 1962^7, 320-333. E così va classificato anche F. Dingermann, "La speranza d'Israele in Dio e nel suo regno. Origine e sviluppo dell'escatologia veterotestamentaria", in J. Schreiner (a cura di), *Parola e Messaggio*, Roma 1970, 491-506. Così mi pare vada classificato, tra i teologi moderni, G. Gutierrez, *Teologia della liberazione*, Brescia 1972, 161-172, anche se pretende di seguire von Rad, il quale, però, non parlerebbe come lui di «promesse (patriarcali!) escatologiche»! Anche Müller, Preuss, Rohland e Zedda dovrebbero far parte di questo gruppo di escatologi esagerati.

testimonianze di fiducia nella costanza della fedeltà divina si trovano sempre e dappertutto, ma quel che i profeti annunciavano era teologicamente affatto diverso. Essi sapevano che JHWH aveva ripudiato l'Israele del tempo loro, che i rapporti tra Israele e il suo Dio erano insanabilmente guasti ormai da lunga data; ma erano altresì certi che JHWH, di là del giudizio di condanna, sarebbe intervenuto per stabilire una nuova era di salvezza; ed è appunto l'annuncio di questa salvezza e non soltanto la speranza o la fiducia che sta al centro del messaggio profetico"[59]. Aggiungiamo che lo stesso errore di partire da troppo lontano è proprio di coloro che – come s'è visto – cominciano a parlare di «giudizio divino» fin da Gen 3, senza rilevare il salto qualitativo che trasforma un generico giudizio in giudizio escatologico.

Pare tuttavia che si debba essere un po' più cauti di von Rad nel criticare quelli che potremmo definire escatologi esagerati. Nella loro posizione c'è qualcosa di valido che non dobbiamo trascurare. La realtà escatologica, trascendente, era inclusa nei beni promessi ai Patriarchi, a Mosè, a Davide. Altrimenti dovremmo concludere che quelle generazioni erano tagliate fuori dalla vera salvezza, per il fatto che non la percepivano distintamente nei beni terreni loro concessi da Dio. Così pure gli antichi Ebrei non erano al riparo dai castighi escatologici per il fatto che non li percepivano nelle loro sventure o nei castighi terreni inviati da Dio. In effetti la vicenda attraverso la quale Dio aveva condotto l'antico Israele includeva, a sua insaputa, anche la dimensione trascendente; quella vicenda era potenzialmente interpretabile in due modi complementari, quello terreno e quello trascendente. Le affermazioni di von Rad che abbiamo riportato sono vere nel senso che il messaggio dei profeti ha aperto la possibilità della nuova lettura. Non si può certo dire che i profeti abbiano avvertito lucidamente, prima dell'esilio, le due prospettive; ne hanno solo posto le premesse fondamentali. Essi non hanno certamente inteso decretare i castighi o la salvezza eterne ai singoli Israeliti loro contemporanei. Essi hanno prima di tutto preannunciato una sventura terrena. Ma hanno fatto intendere che essa era il segno di qualcosa altro. In questo loro atteggiamento inconsciamente ambiguo sta la possibilità d'una loro contemporanea predizione di beni e di mali; nel senso che, pur minacciando una sventura terrena, intravvedevano confusamente l'esistenza d'un altro ordine di cose. Così pure, alla luce di tale incosciente ambiguità, si capisce come i profeti facessero delle esortazioni morali vere e non apparenti, anche di fronte al 721 e al 587. Questa precisazione al pensiero di von Rad ci è suggerita dagli studiosi che abbiamo definito escatologi esagerati.

Vorremmo però aggiungere un'altra critica: quella di non aver messo suffi-

[59] Von Rad, *Teologia dell'Antico Testamento*, 219-220.

cientemente in luce l'aspetto negativo, cioè di castigo, nella dottrina escatologica. I crolli del 721 e 587 sembrano per il nostro A. solo ciò che dà inizio alla salvezza escatologica, ciò che riporta al «punto-zero». È il difetto comune a tutti gli studiosi dell'escatologia, di non considerare le sventure nell'escatologia, ma solo la salvezza come si è rilevato all'inizio. In realtà la fine di Israele e di Giuda sono segno del giudizio escatologico. Come abbiamo osservato sopra, questo profondo significato degli annunci profetici di sventura sarà ripreso nel NT e lo troviamo presente nel discorso escatologico dei Vangeli, dove la fine di Gerusalemme è accostata alla fine del mondo quale simbolo dell'evento escatologico. Anche san Paolo continua il messaggio dei profeti preesilici di sventura quando parla dell'ira escatologica di Dio, per es. in Rm 2. E questa ira divina non è soltanto qualcosa che separa il nostro eone dal futuro ma una realtà perenne, parallela a quella della salvezza eterna. Sono due le realtà perenni di cui si compone l'escatologia: ira e «giustizia».

Pur avendo soltanto abbozzato le due correzioni alla più recente teoria escatologica, ci fermiamo. Ci fermiamo alle soglie del NT, nel rispetto della competenza dei neotestamentaristi e dei limiti postici all'inizio. Con le modifiche suggerite, la teoria di von Rad sull'escatologia ci pare possa essere giudicata ancor più accettabile.

La nostra interpretazione sembra consentire una più adeguata valorizzazione del messaggio profetico di sventura, e contribuisce anche a chiarire il messaggio salvifico.

Essa permette inoltre di stabilire un nesso profondo tra la predicazione escatologica dell'AT e quella del NT, con evidente vantaggio per l'illuminazione vicendevole.

Infine le minacce dei profeti preesilici, le quali sono la parte preponderante del loro messaggio, acquistano un più profondo significato per noi e una più evidente attualità.

ESCATOLOGIA DELL'ANTICO TESTAMENTO E TEOLOGIA DELLA LIBERAZIONE

Sull'escatologia regna una gran confusione di opinioni, anche se tutti riconoscono oggi la sua importanza, specialmente per il Nuovo Testamento. La confusione dipende anche dalla mancata conoscenza e dal disaccordo sull'interpretazione dell'escatologia dell'Antico Testamento.

Una delle cause del disaccordo sembra quella di confondere escatologia e fine del mondo nell'esegesi dei profeti e di concentrare l'attenzione sul loro messaggio consolatore, dimenticando quello dei castighi.

Le confusioni e le differenti interpretazioni dell'escatologia causano anche molta confusione e oscurità sul tema del messianismo, che secondo molti comincia assai tardi, nel postesilio, e sul tema dell'apocalittica, compresa quella del Nuovo Testamento; molti negano la sua importanza nel NT, mentre altri l'ammettono, anche se soltanto teoricamente, come nella scuola bultmanniana. Dall'opinione sull'escatologia dipende anche il modo di fare o no una teologia della liberazione.

Sembra pertanto opportuno tentare anzitutto una sintesi nuova sull'escatologia dei profeti dell'AT, alla luce dei principali studi sul tema[1]. Poi, su questa base, considereremo la relazione tra la teologia della liberazione e l'escatologia dell'AT.

Capire i castighi profetici

La difficoltà di capire il messaggio dei castighi proviene dal nesso tra colpa e castigo e dall'assenza della prospettiva dell'al di là nei profeti. Nella loro ottica la retribuzione va posta in questa vita; quindi anche il castigo. Di fronte a un disastro nazionale si cerca quale peccato lo ha causato. E così pure il perché del bene che si annuncia.

Questo non significa che i profeti non percepiscano niente di una realtà ultraterrena, ma solo che la percepiscono nella stessa realtà terrena, senza distinguere chiaramente la differenza. La percepiscono però specialmente quando

[1] Cominciamo ricordando, tra i numerosi studi esistenti, quello di L. Ramlot, "Prophetisme", in *DBS*, fasc. 46, Paris 1971, 1179-1205, e di R. Smend, "Eschatologie" (II), in *Theologische Realenziklopädie*, X, Berlin - New York 1980, 250-264; S. Zedda, *L'escatologia biblica*, 2 voll., Brescia 1972 e 1975.

annunciano il disastro completo di Samaria e di Gerusalemme. La radicalità del disastro che percepiscono, nella loro stessa concezione della storia, anche se particolare e non inquadrata nella cornice universale, lo fanno presentare con caratteristiche definitive: annunciano qui l'ira escatologica.

Genesi del messaggio profetico

Ora bisogna presentare alcuni studi fondamentali sulla forma e il messaggio profetico.

Westermann prende in considerazione in 1-2Re i discorsi profetici a partire da quelli rivolti a un individuo (1Re 21,17ss; 2Re 1,3ss; Am 7,15ss). Da Amos in poi i discorsi profetici sono in generale rivolti alla comunità (Am 4,1ss; Os 2,7ss; Is 8,5-8; 30,9-14; Mi 3,1-4; 2,1-4; 3,9-12; Ger 5,10-14; 7,16-20). Lo schema utilizzato in entrambi i tipi di discorso ha al centro la *formula ambasciatoria* "così dice JHWH"; questa formula sta in mezzo tra la *denuncia*, che precede, e il castigo. La formula ambasciatoria va distinta dall'altra "oracolo di JHWH", che si trova in generale alla fine del discorso[2] . La parola di JHWH è principalmente la predizione del castigo.

Se facciamo attenzione, ci rendiamo conto che il profeta parla a partire da una realtà futura, un sventura o un castigo, che percepisce sotto l'ispirazione divina, e che attorno ad essa (nella sua prospettiva della connessione colpa-castigo vista sopra) elabora la sua riflessione. Così non è la coscienza etica ciò che muove fondamentalmente il profeta, ma la percezione (a volte miracolosa) del male che si avvicina. Per questo la formula "così parla JHWH" è collocata solo davanti all'annuncio del male e la denuncia del peccato che lo causa viene prima[3]. Questo non significa disprezzo per il valore (ispirato) delle denunce profetiche, ma semplicemente che cerchiamo il punto d'origine di tutto il messaggio.

In appoggio a questa teoria si può far notare che le denunce dei profeti sulla corruzione si raggruppano, comunque, attorno al 721 a.C. per il Nord e al 587 a.C. per il Sud. Eppure la corruzione c'è stata sempre e non solo in quei periodi precedenti la distruzione.

È anche significativa la sproporzione della denuncia, generalmente solo contro i vertici politico-religiosi, rispetto al castigo, che è invece per tutto il popolo; il che mostra che si cerca semplicemente una spiegazione della ca-

[2] C. Westermann, *Grundformen prophetischer Rede*, München 1964²; H.W. Wolff, "Die Begründung der prophetischen Heils- und Unheilssprüche", *ZAW* 52 (1934) 1-22 (= *Gesammelte Studien*, München 1964, 9-35); E. Cortese, "Le sventure annunciate dai profeti preesilici e l'escatologia dell'AT", *Teologia* (Mi) 1 (1977) 91-107.

[3] W.H. Schmidt, *Zukunftgewissheit und Gegenwartskritik. Grundzüge prophetischer Verkündigung* (BS 6), Neukirchen - Vluyn 1973.

tastrofe imminente. E non è sufficiente spiegare la sproporzione ricorrendo alla "personalità corporativa", perché, allora, anche il castigo si potrebbe e si dovrebbe far ricadere sul re in rappresentanza del popolo.

Tentativi sospetti

Tra i tentativi tradizionali imperfetti di interpretare le profezie di castigo ne consideriamo solo due:

a) R. Pautrel. Non studia esplicitamente l'escatologia ma il "giudizio". Non distingue qualitativamente i castighi normali da quelli radicali o escatologici. Semplicemente mostra che JHWH appare dovunque come giudice (castighi a Israele) o come difensore (castighi per i gentili)[4].

b) W. Cossmann. Parla anche lui di giudizio, ma si preoccupa di distinguere tra i castighi normali, che possono essere medicinali, e quelli radicali. Divide i profeti in pre- e postesilici, distinguendo qualitativamente gli annunci di castigo dei primi da quelli di salvezza dei secondi. Solo questi ultimi messaggi sarebbero escatologici. Ma per lui l'escatologia è identica alla fine del mondo e perciò gli annunci preesilici di castigo non possono essere considerati escatologici. Questi comincerebbero a venir annunciati all'individuo a partire da Ezechiele (Ez 18 è il primo testo a parlare di retribuzione individuale escatologica) e a tutto Israele solo dall'esilio in poi[5].

L'escatologia di G. Fohrer

Sull'escatologia troviamo tra gli autori due posizioni generali[6]: quelli che l'identificano con la fine del mondo (Cossmann e Fohrer) e quelli che le distinguono (von Rad).

L'errore dell'identificazione viene già dai LXX, che traducono "alla fine dei giorni", l'espressione originale comune nei profeti: בְּאַחֲרִית הַיָּמִים *ba'aḥărît hajjamîm*[7].

Per Fohrer i testi-chiave sono Ag 1,15a; 2,15-19; Zac 1,1-6; 8,14-15; Is

[4] R. Pautrel, "Jugement", in *DBS*, IV, Paris 1949, 1321-1344.

[5] W. Cossmann, *Die Entwicklung des Gerichtsdenkens bei den alttestamentlichen Propheten* (BZAW 29), Giessen 1915.

[6] L. Ramlot, "Prophetisme", propone un'altra divisione. Noi seguiamo K.-D. Schunk, "Die Eschatologie der Propheten des Alten Testaments und ihre Wandlung in exilisch-nachexilischer Zeit", in *Studies on Prophecy. A Collection of Twelve Papers* (VT SS 26), Leiden 1974, 116-132.

[7] J. Carmignac, "La notion d'Eschatologie dans la Bible et à Qumran", *RQ* 7/1 (1967) 17-31; si veda Cortese, "Le sventure annunciate dai profeti", 101.

40,1-8. Questi passi sono postesilici e segnano esattamente il cambio e il passaggio all'escatologia. Quando in passi preesilici si trovano queste caratteristiche dirà che sono aggiunte postesiliche.

D'altra parte per Fohrer l'espressione "alla fine dei tempi" in molti casi non ha significato escatologico: Dt 4,30: Gen 49,1; Num 24,14. In altri lo ha: Is 2; Ger 23,20; 48,47; 49,30; Ez 38,16; Os 3,4; Dt 10,14; però il criterio è il solito: questi sono tutti testi postesilici, come pure l'espressione "in quel giorno". I castighi del 721 e 587 a.C. sono radicali, ma non escatologici e lo stesso va detto di quelli per i gentili contemporanei. Dopo di essi la storia continua come prima.

Il punto forte di Fohrer è, secondo lui, che questi castighi preesilici si sarebbero potuti evitare, se ci fosse stata la conversione predicata dai profeti. Le denunce e le minacce preesiliche, cioè, si devono sempre interpretare in senso condizionale (*aut-aut*).

Nel postesilio invece l'interpretazione condizionale non è più possibile. I profeti ormai non parlano più di rovina d'Israele. Il messaggio allora non è più *aut-aut*, ma *prius-post* (prima la distruzione e poi la salvezza) e così l'annuncio diventa escatologico. Questo cambio evita la disperazione. Il messaggio preesilico *aut-aut*, avvenuta la distruzione per la mancata conversione, toglieva ogni speranza. Ecco allora che anche i profeti preesilici, se reinterpretati, predicano la distruzione (*prius*) e poi la salvezza (*post*), la sola che ha carattere definitivo. Fohrer mantiene anche un po' di speranza nei profeti preesilici. Però nell'*aut-aut* quella speranza non è escatologica.

Le caratteristiche dell'escatologia di Fohrer (che vedremo mescolarsi con l'apocalittica) sono sviluppate in cinque punti:

a) distruzione dei popoli
b) liberazione d'Israele e sua purificazione
c) nuova situazione paradisiaca
d) inizio del regno divino o messianico
e) conversione dei popoli.

Accanto a questi punti fondamentali egli ne mette altri che li accompagnano come contorno o contesto:

1) Squalifica dell'epoca anteriore; e tuttavia nella nuova epoca appaiono elementi antichi (per es. nuovo esodo).
2) Una nuova epoca presentata come imminente (con le conseguenti delusioni).
3) Sconvolgimenti cosmici ed etnici preparano la nuova epoca.
4) La nuova epoca è un dono divino e frutto della conversione.
5) La visuale escatologica è a volte universalista e a volte particolarista.

6) Talvolta si parla di fine del mondo e di nuova creazione.
7) La nuova epoca si presenta a volte come restaurazione del passato e a volte come totale novità
8) Si avrà soprattutto benessere materiale. A volte si parla anche di benessere spirituale.
9) Tutti i beni si realizzano in questa vita.
10) Il popolo superstite è Israele; a volte si includono i pagani.
11) Il nuovo regno è sotto il dominio diretto di Dio, ma a volte si parla del Messia davidico[8].

Critiche alla tesi di Fohrer:
- Gli annunci preesilici, non essendo per lui escatologici, perdono d'interesse per me.
- Nel postesilio ci sono anche minacce per gli altri popoli, che hanno le stesse caratteristiche di quelle preesiliche a Israele. Come mai le une sono escatologiche e le altre no?
- Il NT, nonostante la teoria di Fohrer, mette le minacce escatologiche soprattutto contro Israele.
- Le conclusioni mettono una differenza esagerata tra il messaggio preesilico e quello postesilico e non danno spazio all'apocalittica nell'AT.

Questo modo di considerare i profeti preesilici non è una maniera obiettiva di trattare il testo, perché così troppi testi preesilici vengono ritenuti postesilici.

L'escatologia di G. von Rad[9]

Von Rad mette in risalto la radicalità dei castighi (principalmente quelli del 721 e del 587 a.C.): non sono fatti storici contingenti, dopo i quali tutto continua come prima; se fosse così i profeti li avrebbero minimizzati, per consolare il loro popolo. Ciò che i profeti preesilici predicano come irrimediabilmente perduto è l'amicizia con Dio e gli annessi beni salvifici. È una frattura tra il vecchio e il nuovo. Essi creano un vuoto col loro ripudio di tutte le false sicurezze. È un "punto zero" verso il quale Israele è spinto, con tutta la sua storia. In questo vuoto i profeti fanno cadere l'annuncio di una nuova realtà.

[8] Tra i molti studi di G. Fohrer menzioniamo un lavoro specifico: "Die Struktur der alttestamentlichen Eschatologie", *ThLZ* 85 (1960) cols 401-420 = in Id., *Studien zur alttestamentlichen Prophetie (1949-1965)* (BZAW 99), Berlin 1967, 32-58. Ramlot segue Fohrer, mentre Smend lo critica.

[9] Si veda la sua *Teologia dell'Antico Testamento*. Seguono von Rad numerosi autori, alcuni dei quali saranno studiati sotto (Moltmann e Gutierrez); tra essi anche Smend, "Eschatologie" (II).

Von Rad premette una sezione sulla storia, per dissipare gli equivoci tra escatologia e fine del mondo. Se fossero la stessa cosa, i profeti preesilici non avrebbero l'escatologia, perché non parlano di fine del mondo, ma della distruzione di alcuni popoli.

Bisogna dire che gli antichi Semiti avevano una concezione del tempo diversa dalla nostra. È vero che c'è un progresso rispetto agli antichi, perché gli Ebrei raggiungono la concezione della storia lineare (non ciclica e determinista). Però è una concezione ancora imperfetta, perché si riferisce solo al popolo eletto. Alla concezione universale (quella che abbiamo oggi) arrivano solo con l'apocalittica (Dan 2: le quattro fasi-strati della statua, cioè gli imperi successivi, nella storia di *tutti* i popoli).

Così solo un Ebreo dei tempi di Daniele poteva avere la nozione della fine del mondo. Prima vedevano solo la relazione Israele-Babilonia o Israele-Assiria e così via: Si capisce allora che non si parli di fine del mondo e tuttavia si possa avere escatologia. Cioè la distruzione di Israele come nazione contiene nella concezione ebraica antica la sufficiente radicalità e il carattere definitivo presupposto dal messaggio escatologico.

Merito di von Rad è aver dato la spinta iniziale, anche se egli dipende da intuizioni anteriori, come quelle di Vollborn circa la concezione della storia e quelle di Grønbæk sull'escatologia. Altro merito suo è cercare il giusto equilibrio di fronte alle teorie estreme, sia quelle che negano l'escatologia nei profeti, sia quelle che la vedono dappertutto (incluso nelle promesse patriarcali). In Israele i profeti furono i primi ad affermare che la salvezza sarebbe data all'ombra del giudizio (radicale). Speranze religiose ed espressioni di fiducia si trovano dovunque nell'AT, ma quello che annunciano i profeti è che le relazioni con Dio sono irrimediabilmente rotte, però che al di là del giudizio JHWH interverrà con un nuovo messaggio di salvezza. Questo è molto più che un semplice messaggio di fiducia. Anche le promesse ai patriarchi contengono beni escatologici (cf. Rm 4). Ma la promessa non tiene conto del fallimento per il peccato dell'uomo. Di questo fallimento parlano i profeti e solo di questo messaggio dobbiamo dire che è escatologico: quello cioè che parla della radicalità del castigo e mette la salvezza al di là di esso. Ed è pure partendo da qui che si può ottenere la conciliazione tra l'annuncio d'un castigo *inevitabile* e il messaggio della necessità della conversione.

Ci sono certamente anche annunci profetici di castigo senza carattere escatologico. Von Rad dirà che si dovrebbe parlare di escatologia solo là dove viene negato il principio salvifico prima sviluppato. Allora Israele si sentirebbe spinto ad appoggiare la sua speranza di salvezza su un intervento di JHWH totalmente futuro, con tutto quello che ciò comporta di drammatico per la fede d'Israele e per lo stesso profeta che parla.

L'assenza d'uno "schema escatologico" anteriore o di concetti preesistenti spiega il fatto che i profeti e, dall'altra parte la fede nel Dio delle antiche promesse, descrivano questa cosa *nuova* che annunciano partendo dagli antichi interventi di JHWH nella storia. La commozione dei credenti sta nell'avvertire che JHWH fa spuntare una "nuova ora" per il suo popolo e il nucleo di tale predicazione consiste nel veder arrivare su Israele questo *intervento nuovo* di JHWH.

Ad ogni modo, pur seguendo von Rad, non dobbiamo dimenticare che anche l'Israele anteriore al messaggio profetico escatologico è già incluso nella salvezza percepita nei beni annunciati ai Patriarchi (promesse e benedizioni) o offerta nel culto del tempio.

Osserviamo anche come von Rad e i suoi seguaci presentano il "punto zero" come qualcosa "a partire dal quale" si ha l'escatologia, senza tener conto che lo stesso punto zero è già una realtà escatologica: quella della condanna. Infatti le realtà escatologiche sono due: premio e castigo, paradiso e inferno[10].

La teologia della liberazione e l'escatologia

Secondo l'opinione di Fohrer, il messaggio profetico preesilico per i poveri e contro i ricchi oppressori appare subito come molto attuale. Amos, Michea, Isaia non avrebbero come cornice di tale messaggio l'escatologia; così le loro minacce si possono prendere e applicare direttamente alla nostra situazione.

Lo stesso vale per le loro prospettive di speranza, la quale non sarebbe escatologica; sarebbe semplicemente l'altra alternativa (al castigo), che si può conseguire con l'ascolto delle minacce e con la conversione.

Nella posizione di von Rad sembra meno facile ottenere nei profeti un messaggio per i poveri di oggi. Lì l'escatologia è la cosa più importante. Il castigo e la salvezza escatologica sono la cosa primaria che Dio rivela e le denunce (contro l'idolatria e l'oppressione del povero) sono dei tentativi dei profeti per giustificare il castigo. Di fatto predicono la distruzione di Samaria e di Gerusalemme, di poveri e ricchi, di fedeli e idolatri. Però è proprio lì che nell'opinione di Fohrer il messaggio profetico per i poveri risulta incomprensibile! In effetti inquadrare questo messaggio nella cornice escatologica non significa diminuirne l'importanza, ma comprenderlo meglio e dargli valore nello stesso progetto escatologico. La storia umana ha una fine escatologica. Ed è lì che il problema dei poveri ha la sua vera soluzione. In fondo è in tale cornice che dobbiamo intendere le beatitudini e i guai del Vangelo (Mt 5 e Lc 6,20-26). Ma questa prospettiva significa forse che tutta la speranza dei poveri va posta nell'altra vita?

[10] Cortese, "Le sventure annunciate dai profeti", 104-107.

L'escatologia e la storia: Bultmann

Per inquadrare bene il messaggio profetico per i poveri nella cornice dell'escatologia, dobbiamo esaminare un'altra questione importante ed oggi molto discussa: la questione della *storia della salvezza* (Heilsgeschichte).

Si tratta di vedere se e come si realizza l'escatologia nella storia. Noi cristiani ammettiamo tutti che in Cristo avvenne l'adempimento escatologico fondamentale: "tutte le promesse di Dio in lui sono diventate SÌ" (2Cor 1,20). Se noi cristiani ammettiamo che nell'AT si svolge una vera storia preparatoria della salvezza, necessariamente dobbiamo ammettere che essa si conclude in Cristo e che con lui comincia una nuova tappa.

Però non tutti i cristiani sono disposti ad ammettere che le tracce della trasformazione escatologica si possono riscontrare nella storia. È nota la maniera bultmanniana di eludere la conclusione che, se Cristo è il compimento escatologico per l'umanità, allora da duemila anni si devono riscontrare nella storia umana ed in particolare nel cristianesimo gli effetti di questa trasformazione. Bultmann non solo "personalizza"[11] l'escatologia; la soggettivizza. Secondo lui (e Barth) la salvezza escatologica è qualcosa di puramente interiore, di trascendente, senza connessione con le cose terrene e con la storia; qualcosa che si contrappone alla realtà attuale[12].

Questa posizione è tipicamente protestante e corrisponde alla classica tesi di una giustificazione che precinde totalmente dalle opere, comprese quelle che seguono alla stessa giustificazione[13], tesi che restò rafforzata dopo i tragici avvenimenti dell'ultima guerra in Europa e particolarmente in Germania.

È stato nella funesta decade successiva che, in una prospettiva idealista ed esistenzialista, Bultmann lasciò perdere la realtà per poter continuare a credere nella salvezza cristiana. E questo lo ottenne mediante la sua nota esegesi demitizzante del NT, demitizzazione che egli stesso osò applicare radicalmente alla storia dell'AT[14].

L'escatologia cristiana: Cullmann e Moltmann

Contro un tale soggettivismo reagirono alcuni teologi; a scrollarsi di dosso il giogo bultmanniano sembra che iniziarono proprio i protestanti. Oscar Cullmann affermò che la salvezza escatologica cristiana è già realizzata nel tempo

[11] J.B. Libanio (e M.C.L. Bingemer), *Escatología cristiana*, Madrid 1985, 67.

[12] J. Ratzinger, *Escatologia, morte e vita eterna*, Assisi 1979.

[13] Si veda, per es., la panoramica sul pensiero protestante in J. Moltmann, *Teologia della speranza*, Brescia 1972, cap. 10.

[14] Basta leggere la sua *Geschichte und Eschatologie*, Tübingen 1958[3], per vedere come disprezza l'AT e nega la possibilità di ricostruire una storia della salvezza.

e nella storia[15].

Si tornò a parlare della *Heilsgeschichte*, "la storia della salvezza" e von Rad propose la sua *Teologia dell'Antico Testamento*, citata sopra, come una storia della salvezza. In questa linea seguirono J. Moltmann, con la sua *Teologia della speranza*, anch'essa già citata, e Metz con la sua *Teologia politica*[16]. Procedeva su questo cammino, senza essere propriamente un teologo, Teilhard de Chardin[17].

Aperta la strada, vi si incamminò in buona parte la teologia della liberazione[18].

È chiaro che questa "teologia della storia" incontrò l'opposizione di molti teologi protestanti e sono innumerevoli i loro studi di teologia e di Bibbia che se ne occupano.

Lo strano è che i cattolici si uniformarono quasi totalmente a tali critiche. Così si espressero teologi come von Balthasar, che tuttavia dichiara apertamente le sue perplessità[19], Rahner[20] e lo stesso Ratzinger. Di quest'ultimo teologo si leggano le pagine della critica a Moltmann e a Metz e il suo "Bilancio provvisorio"[21]; lì, nonostante le sue parole suadenti e le pie meditazioni su Fil 2,7-8 ("spogliò se stesso, facendosi obbediente fino alla morte"), si nota l'atteggiamento fondamentale di sfiducia bultmanniana circa una realtà e una storia trasformata dall'evento escatologico cristiano.

Ancor più strano è dover constatare che tra gli stessi teologi della teologia della liberazione ce ne sono di quelli che seguono quella stessa linea bultmanniana (gli estremi si toccano!) nell'interpretazione dei testi biblici escatologici. A volte difendono un tipo di risurrezione che avviene allo stesso momento della morte e che praticamente coincide con la tradizionale opinione della sopravvivenza dell'anima dopo la morte, "demitizzando" come Bultmann tutti gli elementi escatologici materiali della Bibbia[22].

Si tratta dunque di due interpretazioni teologiche opposte dell'escatologia: quella di Cullmann e quella di Bultmann. Chi conosce l'AT e la sua mentalità concreta, sta dalla parte di von Rad, Moltmann, Metz, Gutierrez. Però... chi conosce bene l'AT tra i teologi?

15 O. Cullmann, *Cristo e il tempo*, Bologna 1965; *Le salut dans l'histoire*, Neuchâtel 1966.

16 Si veda Libanio, *Escatología cristiana*, 71, e Ratzinger, *Escatologia, morte e vita eterna*, 64. Qui bisogna citare anche W. Pannenberg, *Rivelazione come storia*, Bologna 1969.

17 Libanio, *Escatología cristiana*, 69-70.

18 Per es. G. Gutierrez, *Teología de la liberación*, Salamanca 1972, parte IV, § 11: "Escatología y politica".

19 H.U. von Balthasar, "Escatologia", in *Ensayos Teológicos*, I, Madrid 1964, 325-354.

20 Per es. "Principios teológicos de la hermenéutica de las declaraciones escatologicas", in *Escritos de teología*, IV, Madrid 1961, 411-439.

21 *Escatologia, morte e vita eterna*, 62-67. Quando dice che il Regno di Dio non è norma politica ma norma morale, non si rende conto che se gli uomini rimangono veramente trasformati fanno necessariamente una nuova politica.

22 Si veda, per es., Libanio, *Escatología cristiana*, 210ss, che segue Rahner.

Il magistero della Chiesa e l'escatologia

Non possiamo dilungarci a mostrare come la tradizione della Chiesa sostenne che l'uomo e la storia mediante la salvezza devono trasformarsi e non solo soggettivamente. Citiamo solo il pensiero di S. Ireneo e dei Padri.

Il Concilio Vaticano II, tra le varie alternative tenne una posizione chiara nella *Gaudium et spes*[23]: Ignoriamo il tempo in cui avranno fine la terra e l'umanità... Tuttavia l'attesa di una terra nuova non deve indebolire, bensì piuttosto stimolare la sollecitudine nel lavoro relativo alla terra presente, dove cresce quel corpo della umanità nuova che già riesce ad offrire una certa prefigurazione, che adombra il mondo nuovo.

Pertanto, benché si debba accuratamente distinguere il progresso terreno dallo sviluppo del regno di Cristo, tuttavia, tale progresso, nella misura in cui può contribuire a meglio ordinare l'umana società, è di grande importanza per il regno di Dio... tutti i buoni frutti della natura e della nostra operosità, dopo che li avremo diffusi sulla terra nello Spirito del Signore e secondo il suo precetto, li ritroveremo poi di nuovo, ma purificati da ogni macchia, illuminati e trasfigurati, allorquando il Cristo rimetterà al Padre il regno eterno e universale...

Qui sulla terra il regno è già presente, in mistero; ma con la venuta del Signore, giungerà a perfezione.

Se la *Libertatis Nuntius* sembra un po' influenzata dalla posizione di cui sopra, che definimmo bultmanniana, nel secondo e definitivo documento sulla teologia della liberazione si riprende chiaramente l'insegnamento del Concilio Vaticano II. Dice la *Libertatis conscientia*: "La vigile ed operosa attesa della venuta del regno è pure quella di una giustizia finalmente perfetta per i vivi e per i morti, per gli uomini di tutti i tempi e di tutti i luoghi, che Gesù Cristo, costituito giudice supremo, instaurerà. Una tale promessa, che supera tutte le possibilità umane, riguarda direttamente la nostra vita in questo mondo. Infatti, una vera giustizia deve estendersi a tutti, portare la risposta all'immenso cumulo di sofferenze che gravano su tutte le generazioni"[24]. Qui c'è la legittimazione d'un impegno cristiano nel mondo come lo vuole la teologia della liberazione. Tuttavia il documento preferisce concludere subito con il fatto che è la risurrezione ciò che soddisfa le esigenze di giustizia.

Conclusioni

Ci sembra ancora più chiaro l'insegnamento della *Sollicitudo rei socialis*. Nonostante la constatazione che, a vent'anni dalla *Populorum progressio*,

[23] *Gaudium et spes* 39.
[24] *Libertatis conscientia* 60.

sono cadute molte delle illusioni di un progresso per i poveri, Giovanni Paolo II afferma: "Nel quadro delle tristi esperienze degli anni recenti e del panorama prevalentemente negativo del momento presente la Chiesa deve affermare con forza la possibilità del superamento degli intralci che, per eccesso o per difetto, si frappongono allo sviluppo, e la fiducia per una vera liberazione. Fiducia e possibilità fondate, in ultima istanza, sulla consapevolezza che ha la Chiesa della promessa divina, volta a garantire che la storia presente non resta chiusa in se stessa, ma è aperta al Regno di Dio"[25].

Spesso si travisano i documenti della Chiesa, riducendo il suo insegnamento circa la teologia della liberazione all'istanza d'una liberazione puramente spirituale, dimenticando che gli ultimi documenti citati non vogliono dare dei principi morali generali per l'uomo, che è schiavo del peccato piuttosto nel mondo del progresso, ma principi per sviluppare una teologia della liberazione e uno sforzo cristiano sociale a favore del terzo mondo[26].

Nelle sfere conservatrici (e ricche) della Chiesa l'interpretazione bultmanniana dell'escatologia e la svalutazione della storia servono per difendersi dalle vere istanze del Magistero e da una opzione per i poveri che deve essere in realtà una scelta di vita per tutti i cristiani. È giusto che nella Gerarchia si faccia attenzione al pericolo di una realizzazione sbagliata nell'opzione per i poveri e nella teologia della liberazione. Purtroppo non c'è anche un corrispondente timore che i principi della Chiesa siano travisati dai settori conservatori, insensibili a quella opzione.

Tuttavia Giovanni Paolo II ci spinge a guardare al duemila con coraggio e speranza e a fare un'opzione per i poveri.

Un segno (escatologico) positivo della storia del nostro tempo è questa Chiesa che si rinnova e lotta: una Chiesa che si presenta al mondo di oggi e ai poveri come l'unica forza capace di aiutare a costruire un nuovo mondo e una nuova storia, in cammino verso il cielo.

[25] *Sollicitudo rei socialis* 47.

[26] Un esempio di travisamento: invece di considerare la liberazione dei poveri, nelle giornate-colloquio "Libertà cristiana e preoccupazione sociale" (Buenos Ayres, Universitad del Salvador, 29 Marzo-1° Aprile 1988), si considerò soltanto il concetto della "vera libertà" (spirituale) nel mondo di oggi.

COME SBLOCCARE
L'ATTUALE ESEGESI MESSIANICA

Gli esegeti che oggi vogliono occuparsi del messianismo sono molto imbarazzati. Tra essi si è diffusa, da qualche decennio, una specie di scetticismo che porta a rifiutare tesi prima accettate o accettabili[1]. L'immagine esatta della situazione la dà la *Theologische Realenzyklopädie*. Nell'articolo relativo, H. Strauss è molto circospetto circa il valore messianico dei testi dell'AT e crede di dover combattere la confusione frequente che si fa, da una parte, tra speranza messianica specifica e attese salvifiche e, dall'altra, tra re-messia specifico e figura generica e limitata di salvatore nazionale. Egli riconosce che di una certa figura messianica si parla anche, talvolta, nell'AT (almeno – dice – nella forma e nel contesto definitivo in cui ora si trovano i relativi testi) e che essa non è solo un'invenzione del NT. Ma secondo lui non si dovrebbe più ritenere che nell'AT si trovi lo schema "promessa (*Verheissung*)-adempimento" e si dovrebbe evitare di farsi influenzare dal NT nello studio del messianismo dell'Antico. Nell'AT il disegno divino di salvezza per il popolo d'Israele si realizza anche mediante la monarchia, ma questa non sempre ha a che fare con il messianismo vero e proprio. L'idea messianica nell'AT sorgerebbe solo con il fallimento della monarchia (*Defizitutopie*). Cioè dopo l'esilio.

Nonostante tutto questo, Strauss riconosce che ci sono stati e ci sono autori che interpretano con un certo ottimismo i dati messianici forniti dall'AT: all'inizio mette il *Divine-Kingship-Pattern*, con le solite critiche rivolte a questa scuola, e l'esegesi giudaica che sul messianismo ovviamente non è come la cristiana; poi cita gli studi di F. Hesse, H. Gese, H.P. Müller, W.H. Schmidt, M. Rehm, H. Cazelles e la raccolta curata da U. Struppe[2], esprimendo qua e là delle riserve. Perfino la posizione di J. Becker, peraltro abbastanza scettica e

[1] Tali erano, allora, studi come quelli numerosi di J. Coppens su *NRT* del 1968 o su *ETL* del 1971 e 72 o raccolte (e relativi convegni) come *L'attente du Messie*, Bruges 1958 (da ricordare, ivi, B. Rigaux, "L'étude du messianisme. Problèmes et méthodes", 15-30, con la problematica di allora, più semplice di quella di oggi). Ricordiamo anche lo studio di Gelin sul messianismo, nel *DBS*, Paris 1951, che fa partire il messianismo addirittura da Gen 3,15, il Protovangelo, dalle benedizioni di Giacobbe (Gen 49,10) e dagli oracoli di Balaam (Nm 24,17).

[2] *Studien zum Messiasbild im Alten Testament*, Stuttgart 1989; la citiamo non solo perché è la più recente tra le opere ivi nominate, ma anche perché alcuni studi citati da Strauss vi sono ripresentati e cioè, esattamente, gli studi di W.H. Schmidt, J. Becker, E. Zenger.

radicale[3], non lo soddisfa[4]. A questa lista, comunque, bisognerebbe aggiungere, p. es. gli studi di K.D. Schunk[5], di A. Laato[6], di E. Zenger[7] e forse soprattutto di E.-J. Waschke[8], studi che Strauss giudicherebbe ancor più severamente.

Egli riconosce che nell'AT ci sono testi "sull'unto", testi che lui chiama "herrschende" ma che si rifiuta di chiamare "messianici", giacché esprimono un'attesa immediata (cioè non escatologica, secondo lui), siano essi preesilici o postesilici. Solo il NT li interpreterebbe in maniera nuova, messianica[9].

A questa voce aggiungiamo l'ultima opinione di un cattolico, già citato:

J. Becker[10]: una interpretazione razionale dell'AT non arriva al messianismo. Il senso cristiano dell'AT lo si ottiene solo con la fede del NT, la fede cristiana.

È inutile mettersi a discutere le scettiche argomentazioni recenti e anche limitarsi a contrapporvi gli studi citati, se non si cerca prima di capire quali sono i presupposti, di metodo e di principio, che portano a quelle conclusioni.

Eppure questo sforzo lo si fa raramente. Si preferisce, da entrambe le par-

3 Già nel suo precedente *Messiaserwartung im Alten Testament* (SBS 83), Stuttgart 1977.

4 *Theologische Realenziklopädie*, vol. 22, 1992, 617ss. L'A. delle pagine (Messia nell'AT) cui ci riferiamo, ha scritto un lavoro dall'eloquente titolo: *Messianisch ohne Messias. Zur Überlieferungsgeschichte und Interpretation der sogenannten messianischen Texte im Alten Testament* (Europäische Hochschulschriften. Reihe XXIII: Theologie 232), Frankfurt a/M. 1984 (sottolineature nostre), che è la sua abilitazione, fatta con Gunneweg all'Università Evangelica di Bonn. Per le idee di A.H.J. Gunneweg, si veda il suo *Comprendere l'Antico Testamento. Un'ermeneutica*, Brescia 1986.

5 Citiamo solo "Die Attribute des eschathologischen Messias. Strukturlinien in der Asprägung des alttestamentlischen Messiasbild", *ThLZ* 11 (1986) cols 641-652 e "Der Auftrag des eschathologischen Messias. Kontinuität und Veränderung im prophetischen Messiasbild des Altes Testament", in G. Wallis (ed.), *Erfüllung und Erwartung. Studien auf dem Wege vom Alten zum Neuen Testament*, Berlin 1990, 112-128.

6 Tra i suoi già numerosi studi, citiamo solo *Who is Immanuel: The Rise and the Foundering of Isaiah's Messianic Expectations* (AAP 13), Åbo 1988 e *Josiah and David Redivivus. The Historical Josiah and the Messianic Expectations of Exilic and Postexilic Times* (CB OTS 33), Stockholm 1992.

7 "Jesus von Nazaret und die messianischen Hoffnungen des alttestamentlichen Israel", già in W. Kasper (ed.), *Christologische Schwehrpunkte*, Düsseldorf 1980, 37-78.

8 Dopo la sua tesi di laurea *Wurzeln und Ausprägung messianischer Vorstellungen im Alten Testament*, discussa a Greifswald nel 1985, vanno ricordati: "Die Frage nach dem Messias im Alten Testament als Problem alttestamentlicher Theologie und biblischer Hermeneutik", *ThLZ* 113 (1988) cols 321-331 e "Das Verhältnis alttestamentlicher Überlieferungen im Schnittpunkt der Dynastiezusage und die Dynastiezusage im Spiegel alttestamentlicher Überlieferungen", *ZAW* 99 (1987) 157-179.

9 Strauss, *Theologische Realenziklopädie*, 620.

10 *Grundzüge einer Hermeneutik des Alten Testament*, Frankfurt a/M. 1993. A queste nuove idee, del resto, era già vicina, nel 1977, la conclusione del suo *Messiaserwartung*, 88: "Es hat sich herausgestellt, daß die messianischen Weissagungen nicht als visionäre Vorausschau und Vorhersage der ntl. Erfüllung gelten können. Ja bis in die beiden letzten vorchristlichen Jahrhunderte hinein hat es nicht einmal eine messianische Erwartung gegeben".

ti, ribadire semplicemente i propri argomenti, la propria esegesi o combattere analiticamente le argomentazioni degli avversari. Probabilmente è perché il tentativo di far chiarezza sulle premesse è piuttosto difficoltoso e, comunque, sempre un po' lacunoso rispetto alla necessità di una diagnosi completa dei problemi che bloccano, oggi, l'esegesi messianica. E così si lascia o si favorisce ancor più quella che forse è la più grande divaricazione tra esegeti e semplici credenti, ebrei e cristiani (popolo e gerarchia) nel campo della fede. Allo scetticismo dei primi corrisponde infatti la fede dei secondi.

Nonostante queste difficoltà e questi rischi facciamo il presente tentativo e dividiamo in due gruppi i problemi di cui bisognerebbe tener conto per sbloccare tale esegesi. Nel primo mettiamo i problemi di terminologia, di metodo e di principi. Nel secondo i problemi esegetici particolari, riguardanti 2Sam 7, l'escatologia e il significato collettivo di molti testi messianici.

Terminologia, Metodo, Principi

a) In generale si vuol iniziare la discussione partendo dalla definizione del messianismo. E sembra giusto. Senonché il termine *māšîaḥ*, da una parte, non è usato solo per il re davidico; i profeti, anzi, mentre chiamano altri (re storici, sacerdoti e addirittura imperatori non ebrei) con questo nome, non lo usano dove esprimono le loro attese messianiche. Dall'altra parte l'idea di Cristo del NT non si basa solo sul termine *māšîaḥ*, ma fa ricorso ad altri temi e termini dell'AT, specialmente a quelli di ambito sapienziale e rituale.

b) La questione è stabilire se il ricorso a tali temi e vocaboli nell'esegesi sia legittimo o no. Non si tratta semplicemente di riconoscere a un cristiano il diritto di questa esegesi; se la questione è posta in questi termini, nessuno negherebbe tale diritto, ma poi ciascuno continuerebbe sulla sua strada. Si tratta di vedere se l'esegesi dell'AT, anche quella che si ama chiamare "razionale", ha tale diritto. In altre parole: un'esegesi che usa "razionalmente" testi dell'AT che riguardano la sapienza (primogenita delle creature) o il culto (sacerdote, sacrifici e morte sacrificale) per illustrare la figura e la missione del re-messia, è un'esegesi legittima?

c) Non si può negare, alla fine, che ciascuno ha dei principi propri e delle precomprensioni (così le chiamano oggi) legittime e spesso inevitabili. L'importante è che esse non divengano pregiudizi colpevoli, causa di un approccio sleale ai testi in questione. Le precomprensioni le hanno gli ebrei che eviteranno, nell'esegesi, di arrivare al nostro messianismo cristiano, e le abbiamo noi cristiani che vogliamo difendere l'esegesi messianica del NT.

Anche all'interno dell'esegesi cristiana ci sono oggi delle precomprensioni. Ad esempio, alcune cerchie protestanti affermano che per salvarsi è necessaria, certo, la fede in Gesù Cristo, ma senza che tale salvezza produca effetti concreti nella storia. Alla fine tutta la storia dell'AT che prepara l'avvento di Cristo e gli eventi salvifici, non è importante. Non si deve più parlare di "storia della salvezza"[11].

Tentiamo di mettere in chiaro questi diversi punti di partenza e di spiegare le varie precomprensioni. Ciò è indispensabile prima di venire alla discussione esegetica vera e propria e dovrebbe favorire l'eventuale dialogo meglio che se partiamo direttamente dai singoli testi.

La posizione degli ebrei, in generale, è quella che vede descritto nei testi messianici solo un personaggio limitato[12], come l'ha definito sopra Strauss, il quale, allineandosi qui con l'esegesi ebraica, sostiene che in questi testi c'è solo un'attesa immediata, non escatologica: sarebbe l'attesa di un intervento storico per il bene della nazione giudaica, basato sulla promessa di Natan[13].

Una tale esegesi sottovaluta la portata escatologica del messaggio profetico, come vedremo alla fine. Essa inoltre minimizza la profezia di Natan e la cosiddetta *ideologia regale*, quella che faceva proclamare, come per il faraone egiziano, che il re è figlio di Dio. Questa ideologia è espressa specialmente nei Sal 2 e 110. Certo, chi basa la sua esegesi sulla terminologia (*melekh* e *māšîaḥ*), non riconoscerà neanche come testo messianico il Salmo 110. Ma se si ammette nell'antico Israele la speranza di un regno messianico, si deve pure ammettere che, quando si pregava per il re con salmi come il 2 e il 110, si pensasse anche al vero messia individuale.

Per le stesse ragioni, anche se il vocabolario messianico non è molto presente nei profeti, non si può negare che in essi il messianismo sia ben presente. È presente anche in quei testi che disegnano una figura di importanza universale, come quella nel primo poema deuteroisaiano del Servo sofferente. Testi come: "ho posto il mio spirito sopra di lui; egli proclamerà il diritto alle nazioni" (Is 42,1), oppure: "È poco che tu sia mio servo per rialzare le tribù di Giacobbe e ricondurre i superstiti d'Israele; perciò io ti farò luce delle nazioni, perché la mia salvezza giunga ai confini della terra" (Is 49,6), anche se non contengono la terminologia messianica possono essere legittimamente accostati a quelli che ce l'hanno. E, per passare subito all'ultimo dei quattro poemi

[11] F. Hesse, *Abschied von der Heilsgeschichte* (ThSt 108), Zürich 1971. Per Bultmann neanche i dettagli storici della vita di Gesù secondo i Vangeli sono rilevanti. Gran parte di quei fatti sono da "smitizzare". Egli sembra ancor più radicale nel valutare la storia dell'AT nel suo *Storia ed Escatologia*, Milano 1962 (ed. inglese: Edinburgh 1957). Questa è anche la linea del già citato Gunneweg.

[12] "Only as a feature of the new age, not as the author or even agent of its establishment"; così nella *Encyclopaedia Judaica*, vol. 11, Jerusalem 1971, 1407 (H.L. Ginsberg).

[13] Una posizione affine, anche se più moderata, è quella di J.L. Sicre-Diaz, "La spiritualità dei Profeti", in A. Fanuli (ed.), *La Spiritualità dell'AT*, Roma 1988, 333-538. Sicre-Diaz ha pubblicato ora lo studio in spagnolo: *De David al Mesias*..., Estella (Navarra) 1995.

del Servo (Is 53), potremmo dire che esso, anzi, deve necessariamente essere accostato ai testi messianici se si vuol capire in profondità il suo significato in rapporto alle sofferenze del messia, come ha fatto, del resto, il citato studio di W.H. Schmidt. Un re sofferente che passa attraverso la morte (rituale), del resto, era quello che celebravano i riti babilonesi del nuovo anno ai tempi e nell'ambiente del Deuteroisaia. E chi, per timore di arrivare troppo vicino alla figura di Gesù Messia crocifisso, interpreta il poema di Is 53 ignorando questo particolare, rischia di ignorare quei collegamenti dei testi dell'AT, tra loro e con l'ambiente contemporaneo, che aiuterebbero invece molto nella comprensione di ciascuno di essi.

Con tutto ciò, nessuno pretende di convincere gli ebrei su questo punto. Ma non è giusto rinunciare al dialogo, come molti affermano, sostenendo che siamo su due piani diversi e irriducibili e che per metterci sullo stesso piano, o essi devono rinunciare ad essere ebrei, riconoscendo Gesù messia e Dio, o noi dobbiamo rinunciare ad essere cristiani, negando questa nostra fede[14]. Non dobbiamo dimenticare, infatti, che giudaismo e cristianesimo sono semplicemente due "interpretazioni" dell'AT e dunque il confronto delle interpretazioni è inevitabile, legittimo e doveroso. Per questo tentiamo di difendere la legittimità di un'esegesi dei testi messianici più ampia di quella basata solo sulla ristretta terminologia e quindi più aperta ad altri testi e temi che sono ugualmente connessi con il tema messianico nell'AT.

Dopo il cenno alla posizione particolare protestante sulla "storia della salvezza", una parola va detta sulle recenti polemiche sull'argomento. È stata combattuta con particolare accanimento la teologia di G. von Rad. Non parliamo delle polemiche, per così dire, da destra, che criticavano la sua svalutazione della storia vera in omaggio alla sua teologia della fede. Certo egli, di fronte alle ricostruzioni della storia d'Israele proposte dal contemporaneo M. Noth, ha avuto molte titubanze circa la storicità dei fatti narrati nel Pentateuco. Erano titubanze circa la storia anteriore alla monarchia d'Israele, ma non ancora (com'è invece oggi) circa la storicità dell'esistenza e della vita religiosa d'Israele dalla monarchia in poi. Il problema, allora, non era se si può scoprire nella storia d'Israele il progetto salvifico di Dio. Era solo se i racconti del Pentateuco permettevano di basare su fatti davvero storici tale progetto. Von Rad non aveva esitazioni ad ammettere che nel culto, a partire da Davide-Salomone e dalla promessa di Natan, si sviluppa la teologia della storia, quella passata, stilizzata nel Pentateuco, e quella che in epoca monarchica era vista come il suo sbocco. Da lì la storia continuava, alla luce della profezia di Natan. Nonostante e prima dei suoi fallimenti essa aveva fatto intravedere, grazie ai profeti, un futuro

[14] Per es. J. Neusner, *Jews and Christians: the Myth of a Common Tradition*, New York 1990.

escatologico che era il risultato trionfale di tutti gli eventi e del piano divino di salvezza manifestatosi in essa. Chi non è più giovane ricorda le pagine entusiasmanti di un altro protestante, O. Cullman: *Cristo e il tempo. La concezione del tempo e della storia nel cristianesimo primitivo*[15]. Ad esse si collegava il pensiero esegetico anticotestamentario di von Rad.

Tra coloro che hanno combattuto questa visione ricordiamo soprattutto M. Oeming[16]. Egli nega che la caratteristica dell'AT sia, come pensa von Rad, "il crescendo dell'attesa"; non ci sarebbe nell'AT una "Futurisierung des Heils" (futurizzazione della salvezza). Non sarebbe vero che la trasmissione ed evoluzione delle tradizioni all'interno dell'AT le purifichi e le porti verso Cristo. Il controllo sacerdotale postesilico teocratico, afferma Oeming, ha congelato le attese escatologiche e messianiche. E l'apocalittica presuppone una rottura con la storia precedente; dunque la storia non porta all'escatologia e al messia. Né si vedrebbe all'interno dello stesso Documento J quel disegno divino di salvezza che von Rad pretende di vedere. Se, del resto, ci fosse nell'AT quel crescendo e quella progressiva maturazione verso il NT che von Rad descrive, il NT sarebbe una semplice conclusione dell'AT, senza nessun salto qualitativo, senza la radicale novità con cui esso si presenta[17].

Dobbiamo però precisare che la questione non è se la storia manifesta delle tappe positive, dei progressi verso l'evento escatologico. Ci possono essere anche dei fallimenti, come mette in evidenza specialmente l'apocalittica. Anche questi, però, sono passi verso l'evento finale. Un po' di ottimismo, comunque, ci dovrebbe permettere di vedere nella storia, compresi questi due ultimi millenni, dei progressi. Teniamo presente che, contro lo scetticismo radicale (e teologico) di cui abbiamo parlato, nella difesa del valore della storia intesa come rivelazione e realizzazione del progetto divino di salvezza[18], i cattolici non sono i soli. Anche l'esegesi ebraica, di ogni tipo, antica e moderna, non è disposta a svalutare in questo modo i fatti della storia d'Israele, di cui l'ultimo frutto è l'attuale popolo tornato ora nella sua terra. Ma ancora una volta, qui,

15 Bologna 1965; ma la 1ª ed. francese risale al 1945.

16 *Gesamtbiblische Theologien der Gegenwart. Das Verhältnis von Alten Testament und Neuen Testament in der hermeneutischen Diskussion seit G. von Rad*, Stuttgart 1987² (1ª ed. 1985), specialmente 58-75. Anche questo autore è discepolo di Gunneweg.

17 Sembra ispirata a questo scetticismo teologico anche la discussione sulla storiografia. Si scomodano Mommsen, Momigliano o Husserl per dimostrare che una storia scientifica, in fondo, non è possibile. Si vedano, per es., le note bibliografiche 3.9.15 sull'argomento in R. Bartelmus, "Menschlicher Misserfolg und Jahwes Initiative. Beobachtungen zur Geschichte des deuteronomischen Rahmens im Richterbuch und zum geschichtstheologischen Entwurf in Ez 20", *BN* 70 (1993) 28-32.

18 Così il concilio Vaticano II. Basti ricordare, da una parte la *Dei Verbum*, dove si afferma che Dio si rivela con parole e con fatti, e dall'altra la *Gaudium et spes* che incoraggia l'impegno per il progresso come preparazione dell'evento escatologico (n. 39).

non pretendiamo di convincere i sostenitori dell'altra tesi. Vogliamo semplicemente mettere a nudo le premesse teologiche della loro esegesi messianica e rivendicare il diritto della nostra.

Principali problemi esegetici

Oltre alle precomprensioni discusse fin qua, ci sono però dei problemi esegetici particolari, non necessariamente connessi con quelle. Ne abbiamo indicato all'inizio tre.

a) *2Sam 7*. Oggi molti ritengono che il racconto non sia storicamente affidabile e sia esilico. Ma soprattutto la promessa di Natan ivi contenuta la si ritiene condizionata; siccome la condizione messa da Dio non si è verificata, la promessa non ha più valore[19]. Sulla centralità della profezia di Natan nella storia preesilica, però, abbiamo ora la dimostrazione data dagli studi già citati di Waschke[20]. Quanto alla pretesa "condizionalità" della promessa di Natan, gli esegeti non sempre fanno attenzione al fatto che le condizioni messe nella storia deuteronomista (in 1Re 8,25 e 9,4-5: se Salomone sarà fedele...) non riguardano la discendenza della stirpe davidica sul trono, ma la conservazione delle tribù del Nord, il mantenere "il trono d'Israele" al trono davidico, cioè al regno di Giuda. Esse servono per preparare il racconto dello scisma di Roboamo[21]. Ma, nonostante tale scisma, la validità della profezia di Natan per il regno di Giuda rimane. Essa è uno dei perni della storia deuteronomista, nella sua primitiva stesura; e l'infedeltà del regno del Nord deriva appunto dallo scisma politico e, di conseguenza, da quello religioso. Il Sud rimane al riparo della profezia di Natan. Il Nord è condannato alla distruzione; questo il messaggio dell'Opera dtr nella stesura giosiana. Così l'ha interpretata giustamente anche von Rad[22], nonostante le perplessità che un'altra tesi di M. Noth, quella

[19] Forse la citazione di merito dell'opera più caratteristica dev'essere quella di T. Veijola, *Die ewige Dynastie: David und die Entstehung seiner Dynastie nach der deuteronomistischen Darstellung* (AASF B 193), Helsinki 1975 e *Das Königtum in der Beurteilung der deuteronomistischen Historiographie: Eine redaktionsgeschichtliche Untersuchung* (AASF B 198), Helsinki 1977.

[20] Cf. la nota 8. Ma vale la pena di ricordare ancora D. McCarthy, "II Sam 7 and the Structure of the Deuteronomic History", *JBL* 84 (1965) 131-138.

[21] Come dimostra R.D. Nelson nella sua tesi *The Double Redaction of the Deuteronomic History* (JSOT SS 18), Sheffield 1981. Si veda il nostro "2Sam 7 e 1Cron 17: la profezia di Natan nell'opera deuteronomistica e cronistica", *Ant* 69 (1994) 141-155.

[22] "Die deuteronomistische Geschichtstheologie in den Königsbücher", in *Deuteronomium-Studien*, Göttingen 1948, 52-64 (poi in *Gesammelte Studien*, München 1958, 189-204). Da notare che, ora, una posteriore revisione della tesi di Noth che data la primitiva stesura dell'Opera deuteronomistica già ai tempi di Giosia, permette di riconciliare i due autori. La primitiva tematica (giosiana!) circa la monarchia era ottimistica e la sua revisione esilica, dopo la catastrofe del 587, era pessimistica.

sull'opera deuteronomistica (e antimonarchica), allora ritenuta solo esilica, gli creava. Dunque prima dell'esilio, e segnatamente ai tempi di Giosia, la profezia di Natan, sullo slancio degli interventi di Isaia fatti circa un secolo prima, suscitava certamente grandi attese. Se non si ammette che tali attese esistevano prima dell'esilio e si afferma che son sorte solo nell'esilio e nei secoli successivi, si finisce nell'assurdo: l'ideologia monarchica davidica sarebbe sorta in un periodo in cui non c'era re, non c'era quella struttura che ne costituiva la cornice. E, si noti, in questa ipotesi riduzionista, non doveva esserci stata una tale adeguata cornice neanche prima. Nel postesilio all'improvviso e senza stimoli né dal presente, né dal passato, dei sognatori si sarebbero messi a pensare ed aspettare un re!

b) *L'escatologia.* Ma questa attesa preesilica era un'attesa escatologica? Ecco l'altra questione che blocca l'esegesi messianica oggi. Negli anni '60, specialmente ad opera di G. Fohrer, si era imposta la tesi che l'escatologia fosse sorta solo dopo l'esilio[23]. Ma questa tesi era la conseguenza dell'opinione che un profeta preesilico che ha predetto la sventura radicale al regno di Giuda (o d'Israele) non può avergli rivolto anche un messaggio di speranza. Chi voleva opporsi a queste affermazioni, allora, si limitava per lo più a dire che le profezie di sventura non predicevano un castigo radicale, ma solo castighi passeggeri, "medicinali", i quali non escludevano, dopo di essi, la speranza. Ma così si finiva per perdere il significato profondo del messaggio profetico di sventura[24]. Allora si diffuse la tendenza a ritenere postesiliche tutte le famose profezie di salvezza dei profeti preesilici e specialmente di Isaia[25]. Chi si oppose a queste opinioni nel modo giusto, cioè senza perdere il significato radicale del castigo minacciato dai profeti e insegnando a distinguere tra i castighi profetizzati quelli "medicinali" e quelli "radicali", fu soprattutto G. von Rad, nel secondo volume della sua teologia. La profezia dei castighi "radicali" porta le speranze d'Israele al punto zero. Le attese salvifiche, cioè, che, secondo lo studio di partenza da noi considerato, erano limitate al tempo in cui viveva il popolo interpellato dai profeti preesilici, venivano, così, totalmente distrutte. Ma il messaggio profetico non finiva così. L'idea del "resto", così cara ad Isaia, le faceva, per così dire, rinascere al di là del castigo. Questa era la "escatologizzazione"

23 "Die Struktur der alttestamentlichen Eschatologie", *ThLZ* 85 (1960) cols 401-420, ora in *Gesammelte Studien* (BZAW 99), Berlin 1967, 32-58. Si veda per tutta la questione il nostro "Le sventure annunciate dai profeti preesilici e l'escatologia dell'AT", *Teologia* (Brescia) 1 (1977) 91-108, o "Escatologia del AT y Teologia de la Liberacion", *RevBíb* (Buenos Aires) 51 (1989) 129-141. Importante è la voce "Eschatologie" nella TRE, vol. X, Berlin 1982 (R. Smend per l'AT).

24 Tutta questa problematica è già presente in W. Cossmann, *Die Entwicklung des Gerichtsgedankens bei den alttestamentlichen Propheten* (BZAW 29), Giessen 1915.

25 Basta vedere come sono trattate queste profezie da C. Westermann, *Prophetische Heilsworte im Alten Testament* (FRLANT 145), Göttingen 1987.

delle speranze d'Israele, o, come la chiama von Rad, la "Eschatologiesierung der Geschichtsdenken". Una siffatta interpretazione dà al messaggio profetico tutta la sua profondità e attualità. Le profezie, sia quelle di castigo radicale che quelle di salvezza risultano così un vero messaggio escatologico, come quello di oggi sui "novissimi", inferno e paradiso, come quello dell'ira di Dio e della salvezza cristiana annunciati da S. Paolo (Rm 1-2). Ma, come in s. Paolo non diciamo che il suo messaggio dell'ira di Dio esclude che egli possa aver contemporaneamente annunciato la salvezza, così nei profeti preesilici dobbiamo dire che il messaggio di condanna radicale non esclude da parte loro quello di salvezza escatologica. Ecco perché dobbiamo dire che l'escatologia non inizia solo coi profeti postesilici e che i passi che annunciano la salvezza escatologica nei profeti preesilici non sono, necessariamente, aggiunte tardive.

Dire che le speranze escatologiche sono solo postesiliche non è comunque un errore da condannare senza remissione. Resta un'opinione che ha diritto di cittadinanza. L'importante è vederne tutti i risvolti e le conseguenze. Una delle quali è che il messianismo, in tale opinione, può essere solo postesilico, come molti esegeti, e non solo lo studio da cui siamo partiti, sostengono. È evidente, infatti, che l'escatologia è la cornice necessaria del messianismo; il messia è colui di cui Dio si serve per instaurare il regno escatologico. Perciò chi sostiene che l'escatologia è solo postesilica dovrà necessariamente affermare che i testi messianici o sono postesilici o, se proprio bisogna ammettere che qualcuno di essi è preesilico, acquisiscono una vera speranza messianica solo dopo l'esilio. Prima annunciano solo un'attesa "immediata" di salvezza e dunque hanno solo un "pre-messianismo".

c) "Messia collettivo" e "messianismo senza messia". Consideriamo queste due espressioni molto affini. La seconda risale almeno agli anni '50[26] (e dovrebbe essere cara soprattutto agli ebrei che tendono a ridurre la portata della figura messianica individuale nei testi dell'AT mettendo l'enfasi sul regno e su Dio come realizzatore di questo regno piuttosto che sul re). Essa vede le promesse messianiche non solo in testi tardo preesilici, ma anche in quelli premonarchici (p. es. Protovangelo, benedizioni di Giacobbe e oracoli di Balaam). Invece l'espressione "messia collettivo" sembra venire dalla specifica interpretazione dei poemi isaiani del Servo sofferente (e del Figlio dell'uomo di Dan 7). Tale interpretazione inizia già nel secolo scorso e s'impone, contro Duhm, agli inizi del nostro.[27]

26 F. Festorazzi, "Messianismo senza Messia? Ipotesi di lavoro sulla questione messianica", *RivBib* 39 (1991) 157-165, l'attribuisce a Gelin, da noi già citato.

27 Si veda la rassegna degli autori in H. Haag, *Der Gottesknecht bei Deuterojesaja*, Darmstadt 1985, 115ss.138-141. Tra essi citiamo P.E. Bonnard, *Le second Isaïe. Son disciple et leurs éditeurs. Is 40-66*, Paris 1972.

Un altro fattore che determina la nascita e lo sviluppo dell'interpretazione collettiva sembra essere la teologia di Sion nella sua fase esilica. Ma solitamente chi la sostiene confonde l'idea del Servo sofferente (difesa dal giudaismo) con quella del messia. Non possiamo metterci qui a difendere l'interpretazione del servo di Jhwh come individuo e a mostrare come essa abbia acquisito i tratti collettivi al momento dell'inserzione dei poemi, che riteniamo originariamente separati, nel corpus del Deuteroisaia[28]. Ricordiamo, però, che solo l'ipotesi di un'attesa messianica preesilica spiega bene le varie forme di messianismo sorte dall'esilio in poi. Improvvisamente in esilio il Deuteroisaia sembra tacere sul tema del messia e sviluppa, anzi potremmo dire "gonfia" la teologia di Sion. Questo non deve far concludere che il silenzio sul messia prova la non rilevanza del tema, che non sarebbe ancora stato sviluppato. Il rigonfiamento della teologia di Sion, qui, si spiega molto meglio se si considera che è un ripiegamento della speranza messianica verso l'unico polo che allora era possibile. Il re non c'era più ed era proibito farselo. Gerusalemme vien messa al posto del re.

Così pure il messia "figlio di Aronne" è un'idea sviluppatasi dopo l'esilio, quando il profeta Zaccaria, visto il crollo delle illusioni che ci si era fatti su Zorobabele, come realizzatore delle speranze messianiche monarchiche, dirotta, per così dire, quelle speranze sulla figura sacerdotale. Il sacerdozio, infatti, era l'unica autorità permessa dai persiani dopo l'esilio.

Conclusioni. Lettura cristiana dell'Antico Testamento

Da quanto abbiamo detto vanno dedotte alcune conclusioni che riguardano specialmente un dialogo con gli Ebrei sul messianismo.

L'Ebraismo in generale ammette un messaggio dell'AT sul messia individuale, contrariamente a quegli esegeti cristiani che ritengono tale messaggio un'invenzione del NT. Perciò nel dialogo con l'esegesi giudaica attuale è legittimo discutere sul significato messianico dei testi dell'AT.

Inoltre l'esegesi ebraica distingue tra il Servo sofferente, di cui tende a dare un'interpretazione collettiva (il Servo sarebbe l'Israele del passato o del presente), e il messia, che continua normalmente a ritenere una figura individuale. Le sofferenze d'Israele sono, semmai, le sofferenze del parto che fanno nascere il messia. Egli è colui che deve salvare l'Israele sofferente.

Forse la differenza fondamentale dell'esegesi ebraica rispetto a quella cristiana non riguarda tanto il fatto che Gesù sia il messia, quanto la convinzione

[28] Rinviamo allo studio di P.E. Dion, "Les chants du Serviteur de JHWH et quelques passages apparentés d'Is 40-55. Un essai sur leur limites précises et sur leurs origines respectives", *Bib* 51 (1970) 17-38.

che l'eschaton non è ancora arrivato. È perché non riconoscono questo fatto che negano la messianicità di Gesù e, logicamente, l'enfatizzazione della figura messianica che il NT ha operato: si veda specialmente Col 1,15-20.

Il NT proclama che "il regno di Dio" è arrivato e nel dialogo con l'Ebraismo sarà compito dell'esegesi (e soprattutto della vita!) cristiana tentare di dimostrarlo. Non si può negare all'Ebraismo il diritto di denunciare le lacune della bimillenaria dimostrazione cristiana della realtà escatologica.

Nello stesso tempo l'Ebraismo deve prendere coscienza delle conseguenze della sua negazione. L'eschaton, secondo il messaggio dei profeti, si è già realizzato parzialmente nella loro epoca. Così pure, secondo Daniele, in quella maccabaica si realizza parzialmente l'evento apocalittico. Il messaggio dei Vangeli dice semplicemente che, dopo quelle realizzazioni parziali, c'è stata quella definitiva (il "già"), dopo la quale c'è solo da aspettare la parusia e il trionfo finale (il "non-ancora"). Negando l'escatologia cristiana, si rischia di non capire neanche le realizzazioni escatologiche precedenti. E tutte quelle realtà che sono state interrotte o modificate (il culto, la profezia), lasciano i negatori dell'eschaton, dopo due millenni, come in un vicolo cieco[29]. Invece la prospettiva cristiana le vede riprese e completate in Gesù, messia, sacerdote, profeta, incarnazione della Sapienza.

Paradossalmente quello che per il Giudaismo è l'ostacolo al riconoscimento dell'eschaton e della messianicità di Gesù, cioè il mistero del male e della croce, per noi cristiani è l'evento escatologico stesso e la chiave di lettura della nuova realtà.

Per questa interpretazione cristiana del messianismo le difficoltà sono costituite dal ritardo della parusia e dal non saper cogliere ed anche fornire "i segni dei tempi" con una lettura della nostra storia e del nostro presente più serena e più piena di speranza.

A questa interpretazione era già arrivato Saulo di Tarso duemila anni fa. Pur continuando a perseguitare i cristiani, non cessava di riflettere sull'AT e di rivedere coraggiosamente le categorie rabbiniche con cui lo leggeva. Facendo collegamenti esegetici del tipo di cui abbiamo parlato, dev'essere arrivato gradatamente alla conclusione che proprio Gesù Cristo era l'unica chiave per dare un senso completo ai suoi libri sacri e alle istituzioni che egli cercava di difendere perseguitando i cristiani. È così che si spiega la sua conversione, la folgorazione sulla strada verso Damasco e la caduta delle squame dai suoi

[29] Secondo Maimonide il messia sarebbe un re che dà il suo contributo alla realizzazione del regno messianico, ma poi muore e scompare, come qualsiasi altro individuo: *Encyclopaedia Judaica*, vol. 11, Jerusalem 1971, 1419. Il tempio, distrutto dai romani, non è più ricostruibile e il relativo culto impossibile. Per ricostruirlo bisogna essere liberi dall'impurità da cadavere, ma senza il tempio e il suo culto da essa non ci si può liberare: *Encyclopaedia Judaica*, vol. 15, 1971, 990-991.

occhi (At 9,3.18). Solo in Gesù le Scritture si possono davvero dire adempiute: "Tutte le promesse di Dio in lui sono diventate 'sì' " (2Cor 1,20). Paolo, a questo proposito, parla di velo sugli occhi, che impedisce la piena comprensione dell'AT (2Cor 3,14) a chi si limita ad una concezione messianica ristretta, "carnale": "anche se abbiamo conosciuto Cristo secondo la carne, ora non lo conosciamo più così" (2Cor 5,16). Le sue sofferenze affrontate nel successivo ministero missionario gli hanno fatto capire sempre più quanto la croce fosse la chiave necessaria per completare l'interpretazione dell'AT.

All'esegesi "razionale" cui ci siamo contrapposti in questo studio possiamo dunque rispondere che l'esegesi messianica più completa dell'AT è proprio quella fatta dal NT[30]. Un'esegesi che eviti i collegamenti indicati, che si fermi a limitate argomentazioni filologiche, non spiega niente. È essa che non è "razionale". Sullo slancio, i Padri della Chiesa hanno commesso certamente delle esagerazioni, nel tentativo di vedere adempimenti in Cristo in ogni pagina della Scrittura. Ma l'indirizzo esegetico giusto è quello. Quella è la vera esegesi messianica "razionale".

[30] Si veda il Documento della Pontificia Commissione Biblica *Bibbia e Cristologia*, pubblicato con questo titolo nel 1987, Milano (Paoline) e, ivi, tra gli studi che lo commentano, in particolare quello di P. Grelot, specialmente pp. 135-138 ("Lettura critica e lettura 'spirituale' della Scrittura").

ISAIA OGGI. TAPPE DELLA RICERCA, BILANCI E TEOLOGIA

Sono ormai lontani i tempi in cui, di fronte ai profeti scrittori, si cercava di ricostruire un primitivo oracolo, possibilmente elegante e laconico, che si supponeva essere l'opera originale del profeta. Già Westermann, una quarantina d'anni fa, aveva mostrato che la struttura fondamentale del discorso profetico più comune, quello minaccioso, aveva una denuncia come premessa indispensabile all'oracolo del castigo[1]. Cioè i profeti facevano dei veri discorsi attorno all'oracolo vero e proprio. Ma non ci si è fermati lì. Coscienti della lunga storia della formazione dei libri profetici, gli esegeti hanno cercato di ricostruirne le varie tappe. Le difficoltà incontrate in questo lavoro hanno portato a delle posizioni estreme, quali quella dello strutturalismo, o quella del New Criticism, che sembra dominare ormai il campo a circa trent'anni dalle sue origini[2], o quella che, esagerando l'apporto della redazione finale, considera il libro profetico come una *fiction* tardiva, dalla quale è impossibile risalire al profeta storico e a suoi eventuali discorsi[3]. Su questa strada si è arrivati a dire che la figura classica del profeta, che appare soprattutto nei libri di Geremia e dei Re, nasce solo dopo l'esilio[4], dimenticando quanto tale figura sia documentata nella letteratura dell'Antico Oriente in corrispondenza all'epoca storica monarchica dell'AT[5].

Una panoramica aggiornata ed autorevole degli attuali approcci esegetici ai profeti è quella di Jeremias[6], che giustamente non tiene in considerazione queste ultime esagerazioni. Anche chi ne tiene conto, come Lang[7], che presenta un

1 C. Westermann, *Grundformen prophetischer Rede* (BEvTh 31), München 1960. Si veda sopra il mio: "Le sventure annunciate dai profeti preesilici e l'escatologia dell'AT", *Theologia* (Milano) 1 (1977) 91-107.

2 M. Oeming - A.R. Pregla, "New Literary Criticism", *ThR* 66 (2001) 1-23.

3 Tale è la posizione di J. Becker, "Ez 8-11 als einheitliche Komposition in einem pseudepigraphischen Ezechielbuch", in J. Lust (ed.), *Ezechiel and his Book. Textual and Literary Criticism and their Interrelation* (BETL 74), Leuven 1986, 136-150, o di K. Schöpflin, *Theologie als Biographie im Ezechielbuch. Ein Beitrag zur Konzeption alttestamentlicher Prophetie* (FAT 36), Tübingen 2002.

4 Auld, in vari articoli, indicati (assieme a quelli degli oppositori) dalla stessa Schöpflin, *Theologie als Biographie im Ezechielbuch*, 14, nota 75.

5 Basti ricordare lo studio di P. Merlo, "Profezia neoassira e oracoli di salvezza biblici. Motivazioni, forme e contenuti di un possibile confronto", *RivBib* 50 (2002) 129-152, con la recente bibliografia segnalatavi.

6 Nelle rispettive voci del nuovo *RGG* (Stuttgart 2003): "Prophet" e "Prophetenbücher".

7 Nel suo NBL (Düsseldorf 2001). Ivi, inoltre, la voce sui profeti nell'Antico Oriente, di M.

ventaglio più vario degli approcci, non sembra dar loro molto credito. Egli dà maggior importanza a coloro che studiano le redazioni (anche perché presenta i propri lavori entro tale categoria) e a coloro che parlano di *Fortschreibungen* o, come si diceva un tempo nel mondo francese, "riletture" o, come si potrebbe dire, "nuove formulazioni" del messaggio profetico. Non a caso egli fa notare che l'esegesi nord-americana sta tornando al metodo della storia della redazione.

Quanto alla presentazione generale deuteronomistica del profetismo biblico, sarebbe bene che finalmente si tenesse conto del fattto che la letteratura deuteronomistica e la stessa Opera deuteronomistica è fondamentalmente presilica, dell'epoca giosiana, e non esilico-postesilica.

I due metodi, della storia della redazione e delle riformulazioni, sono complementari e spesso sono usati assieme dall'esegesi odierna dei profeti. Solo coloro che amano il New Criticism, ovviamente, occhieggiano alle esagerazioni recenti, della terza categoria, come le signore alle vetrine dei negozi alla moda.

Qualcuno di loro resterà deluso del nuovo commentario a Isaia della OTL, di Childs, dal quale si sarebbero aspettati un'esegesi del libro totalmente "sincronica", in omaggio al suo ormai famoso approccio "canonico", se non a quello del New Criticism. Vale la pena riferire quanto afferma contro la lettura sincronica di Isaia, che, lamenta, è sempre più difesa nelle cerchie sia letterarie ("literal") che conservatrici ("conservative")[8]. Egli si richiama ripetutamente all'esegesi di Beuken, che sembra godere della maggior autorità nel campo attuale degli studi. Effettivamente, tra tutti i libri profetici, è proprio quello di Isaia che mette in crisi certi nuovi metodi esegetici. Non si può negare che il libro di Isaia consti di tre parti (1-39; 40-55; 56-66, il primo, il deutero e il trito Isaia), stilisticamente, contenutisticamente e storicamente distinte.

Messi dunque da parte gli approcci indicati e criticati e tenuto conto dell'esegesi attuale, procediamo nella presentazione delle tre parti del nostro libro. Queste pagine non vogliono affatto essere una rassegna degli studi, neanche incompleta, ma una chiave di lettura, proposta alle alunne ed agli alunni miei, dopo un tentativo di bilancio delle correnti esegetiche degli ultimi decenni.

Il primo Isaia (Is 1-39)

Is 1-12.13-23+24-27 e 28-35 (+36-39) è un'ulteriore suddivisione del primo Isaia comunemente accettata, per motivi sia contenutistici e sia storici. Si riconoscono tuttora varie tappe nella composizione del complesso.

a. Cominciando dalla prima parte va evidenziato l'antico libretto, il cui

Weippert, fornisce un'ampia rassegna del profetismo extrabiblico, dal sec. XVIII al VI a.C., specialmente quello neoassiro (sec. VII), contemporaneo ai principali nostri profeti scrittori.

[8] B. Childs, *Isaiah* (OTL), Westminster 2001, 440.

nucleo è costituito da 6,1-8,18 e si può considerare molto vicino ai fatti storici di cui parla, cioè nei primi anni della missione profetica, avvenuta nel 740 a.C.; esso è ben presto ampliato nel capitolo precedente e con la profezia, che termina in 9,6, con l'aggiunta delle minacce e i "guai", all'inizio e alla fine (in 5 e 10), ed è coronato da una redazione tutto sommato ancora piena di speranza al tempo di Giosia, prima della sua morte inaspettata e deludente, avvenuta nel 609 a.C.[9].

Nei primi e negli ultimi capitoli (1-4 e 11-12) bisogna ammettere una redazione o riformulazione finale tardiva (ma Is 11, la terza grande profezia messianica, può essere ritenuta isaiana), sulla cui estensione si discute tra gli esegeti: alcuni vedono anche qui quasi esclusivamente la menzionata redazione giosiana[10], altri vi enfatizzano la redazione finale, quella che ha messo assieme tutto Isaia, dal primo al terzo Isaia, redazione che non si può negare in Is 1-2 e forse 12, ma che va discussa ancora, dopo aver esaminato le altre due parti del primo Isaia. A parte questa novità e prima di passare ad esse, concludiamo osservando che i commenti delle Bibbie che abbiamo solitamente in mano non richiedono dunque un grande aggiornamento. Tant'è vero che quella di Gerusalemme, nella ormai vecchia versione italiana, corrisponde ancora alla revisione recente, per ora solo in francese, fatta sempre dalla scuola domenicana di Gerusalemme e pubblicata nel 1998[11].

b. Is 13-23 è il complesso degli oracoli contro i pagani, che, nella sostanza sono antichi, ma sono stati rielaborati in una o più edizioni o riformulazioni, sulla cui datazione ci troviamo nuovamente di fronte ai due schieramenti descritti a proposito dei capitoli precedenti. Sweeney parla di redazione giosiana, mentre i seguaci di Beuken enfatizzano quella postesilica[12]. Rinviando anche qui alla successiva discussione, facciamo notare soltanto che un confronto sinottico con i paralleli libretti di oracoli contro i pagani in altri profeti e specialmente in Amos e Geremia (Sofonia ed Ezechiele), mostra che questo tipo di discorsi o poemi doveva avere un Sitz im Leben cultuale o politico e che i profeti, non solo quelli biblici ma anche quelli di corte, entravano in

[9] Oltre al citato Childs, si veda il nuovo commentario tedesco di W.A.M. Beuken, *Jesaja 1-12* (HTKAT), Freiburg 2003, 30ss.

[10] M.A. Sweeney, *King Josiah of Judah: the lost Messiah of Israel*, Oxford 2001, 237-243. Per E. Bloom, "Jesajas prophetisches Testament. Beobachtungen zu Jes 1-11", I: *ZAW* 108 (1996) 547-568; e II: *ZAW* 109 (1997) 12-29, tutto Is 1,21-11,5 è opera dello stesso Isaia, dopo la distruzione di Samaria e prima dell'occupazione di Gerusalemme da parte di Sennacherib.

[11] Non si può pretendere che gli editori italiani (Dehoniane) ci diano subito la nuova traduzione rivista del commentario, dal momento che in Italia stiamo aspettando il nuovo testo biblico della CEI, anch'esso in corso di revisione.

[12] In mancanza di una traduzione del suo commento in olandese a Isaia, ci riferiamo a U. Berges, *Das Buch Jesaja. Komposition und Endgestalt* (HBS 16), Freiburg i.Br. etc. 1998, una preziosa sintesi recente, anche se voluminosa e, a quanto mi pare, su posizioni un po' più radicali.

azione solo contro una singola nazione, con oracoli poi raccolti e riletti in altre occasioni simili, come prima o dopo una battaglia, probabilmente in riti in cui a nome del re ci si lamentava dei pericoli dei nemici (si vedano nel Salterio le cosiddette lamentazioni individuali). Tali oracoli con l'andar del tempo venivano ritoccati o riadattati, o subentrava a farli un altro profeta con suoi interventi personali. Se è così, spesso è un po' difficile e forse inutile tentare di ricostruire l'intervento profetico primitivo, ma, d'altra parte, è anche sbagliato attribuire tutte le modifiche ad una sola redazione antica o tardiva.

Un discorso a parte va fatto per Is 24-27, una composizione riconosciuta già da tempo come tardiva, ma omogenea (a parte Is 27, se ha ragione Sweeney a ritenerlo antico), di carattere apocalittico, su un giudizio universale a Gerusalemme, che, come forse 2,12ss, è di epoca postesilica (come già Ez 38-39, Gl 2ss, parti del Tritoisaia e Zac 12 e 14). Is 24ss è stato giustamente inserito dai redattori dopo gli oracoli contro i pagani, perché è la sintesi finale di questo messaggio, che studieremo meglio nel Tritoisaia.

c. Si riconosce ancora oggi che molto materiale di Is 28-32 è antico, anche se dell'epoca finale dell'attività di Isaia. Gli eventi presentati, un po' come minaccia e un po' come speranza, ruotano soprattutto attorno al famoso assedio di Sennacherib, nel 701 a.C., di cui narrano più diffusamente i capitoli di 2Re, non a caso riportati appena dopo, con arricchimenti, in Is 36-39. Ad essere più precisi, in Is 28 il primo pezzo riferisce le minacce contro Samaria, che devono essere anteriori al 721, data della sua distruzione finale, ma i redattori vi aggiungono poi minacce a Giuda che devono essere state pronunciate anch'esse prima del 701. Ci troviamo di nuovo, comunque, nell'alternativa delle due posizioni: quella che sostiene prevalentemente una redazione antica, cioè giosiana, e quella che enfatizza la redazione molto tardiva, tritoisaiana. Ad ogni modo bisogna fare attenzione a non confondere le minacce sulla distruzione di Gerusalemme del 587 a.C., con quelle sull'assedio della città, i saccheggi e le deportazioni di Giuda del 701, che sono predette dal vero Isaia. Inoltre l'idea del resto superstite, applicata a quest'ultimo evento dal profeta, è già simboleggiata dal figlio Shear-jashub (Is 7,3).

Per poter fare finalmente il discorso sulla redazione tardiva, rimandato sin qui, bisogna che consideriamo anche Is 33ss, che va ritenuto veramente tardivo, come ammette lo stesso Sweeney, a differenza dei precedenti, redatti secondo lui al tempo di Giosia[13]. Se si fa attenzione alle attese messianiche, infatti, ci si rende conto che esse sono molto vive nella prima parte che abbiamo visto, continuano, se pur in misura minore fino a Is 32,1, dove il re e i principi non possono ancora essere interpretati come si fa per il re di 33,17-

[13] Sweeney, *King Josiah of Judah*, 248ss.

22. Qui gli uditori sono invitati a pensare ormai solo al re divino (v. 22), in un'epoca in cui ogni possibilità di monarchia davidica è completamente sparita. Si passa poi, con Is 34,2-3 alla già nota prospettiva tardiva di giudizio universale, dove 34,5-17 parla del castigo a Edom in termini sorprendentemente simili a quelli del Tritoisaia in Is 59,15-20 e Is 63,3-6, come vedremo a suo tempo.

d. Anche se un giudizio ed una presa di posizione più precisa tra le due alternative non abbiamo la pretesa di pronunciarlo, tenendo conto di altri grandi lavori come quello di Wildberger e dei suoi tre volumi di commento al solo primo Isaia[14] e del fatto che i redattori, proprio perché stimavano molto il testo profetico antico, non potevano permettersi di manipolarlo a piacere, propendiamo per la posizione di Sweeney e non per quella di Berges. I capitoli tardivi, a loro volta, più che riformulazioni arbitrarie di parole profetiche genuine, sono nuovi discorsi, che hanno la loro autorevolezza non come rielaborazioni letterarie, fatte a tavolino, ma come nuovi interventi solenni, fatti nel culto o in altre manifestazioni ufficiali. Ai redattori allora va attribuito solo l'assemblaggio e non la composizione di tutti i pezzi; il che non sminuisce la portata della loro teologia finale. Se dovessimo descriverla, parleremmo di "ibernazione del messianismo", operazione che risulta chiaramente se ammettiamo il salto indicato, tra Is 32 e 33. Se è così, si capisce bene come il messianismo dell'antico profeta e delle antiche redazioni non sia affatto distrutto, ma lasciato rispettosamente dalla redazione finale, come "sotto la cenere", usando un'altra immagine, opposta alla precedente. L'esame del Tritoisaia mostrerà meglio le caratteristiche teologiche e gli intenti di tale redazione: è opera della teocrazia. Cioè di quel controllo religioso ed anche un po' politico, che la classe dirigente e responsabile della comunità postesilica doveva esercitare per evitare che le attese messianiche suscitate in alcuni ambienti dagli antichi testi portassero a delle forme di ribellione che avrebbero scatenato le terribili reazioni dell'impero persiano. Ma prima di questa ibernazione c'è un'altra tappa entusiasta nella storia della formazione del nostro libro: il secondo Isaia.

Sul primo Isaia, specialmente sulle famose profezie messianiche (in Is 7; 9 e 11) non è necessario dilungarci, perché possono bastare i commenti delle nostre Bibbie usuali. Invece sulle due successive parti del libro di Isaia ora dobbiamo cercare di essere più esaurienti. È lì infatti che si sono ottenuti importanti risultati (e creati nuovi problemi) negli ultimi decenni di studi.

[14] Tali sono infatti i suoi tre volumi del *Biblischer Kommentar* (Neukirchen), l'ultimo dei quali è del 1982.

Il Deuteroisaia (Is 40-55)

a. Anche per questa parte possiamo cominciare da Westermann e dal suo commento del 1966, preceduto da uno studio apposito[15]. Egli fa il tentativo di scomporre nelle unità primitive i discorsi di Is 40-55, ma sembra che siamo ancora nell'ottica di ricercare gli oracoli primitivi nei testi profetici, come quelli che a quei tempi si faceva ancora per il primo Isaia. Per di più si immaginava che gli oracoli e gli inni del secondo Isaia avessero come *Sitz im Leben* il culto e le istituzioni relative, mentre si sapeva che il discorso primitivo di quel profeta era fatto in esilio, senza queste strutture. Entrati ormai nell'epoca del nuovo approccio, più globale, si è arrivati ben presto a considerare tutti quei capitoli nel loro assieme. Ricordo l'approccio strutturalistico della tesi del mio amico Lack[16], che, a condizione di non tralasciare quello della critica letteraria e storica, rimane un lavoro prezioso ma trascurava l'ambientazione storica e la storia della formazione di Is 40-55. Perciò si va ben presto all'eccesso opposto, quello di Merendino, che credeva di scoprirvi numerose stratificazioni redazionali[17]. Tentativi finiti male[18]! Fortunatamente è apparso all'orizzonte il *Biblischer Kommentar*, sulle prime ad opera di Elliger, presto scomparso, e poi di Hermisson, che lo sta ancora continuando. Ritengo che questo grande e lungo lavoro abbia il merito di superare da una parte lo spezzettamento del messaggio in unità troppo piccole o in troppi strati redazionali e dall'altra la considerazione piatta del testo finale, senza prospettive diacroniche e storiche. Inoltre egli si è opposto al dissolvimento rischiato dai carmi del Servo di YHWH (42,1-4; 49,1-6; 50,4-9a; 52,13-53,12) negli approcci precedenti[19]. Forse non si raggiungerà presto un accordo generale sulle varie tappe del messaggio deuteroisaiano, ma sulle principali esso si comincia a delineare. Grazie all'apporto di Berges, la divisione in due parti, già evidenziata dallo studio strutturalistico di Lack (40,1-49,14, rivolto agli esuli, e 49,14-55,13, rivolto a Sion), evidenzia le due principali tappe storiche del secondo Isaia. Nella prima parte inoltre, seguendo in generale la ulteriore suddivisione proposta da Hermisson, possiamo, dopo l'introduzione in Is 40, seguire drammaticamente gli

[15] Questo studio, *Sprache und Struktur der Prophetie Deuterojesajas* (ThB 24), München, è del 1964. Il successivo suo commentario, ATD, del 1966, è stato tradotto a Brescia nel 1978.

[16] R. Lack, *La symbolique du livre d'Isaïe. Essai sur l'image comme élement de structuration*, Roma 1973; contemporaneamente lo invitai a Milano, dove allora insegnavo alla Facoltà Interregionale, per una conferenza di sintesi, pubblicata col titolo "La strutturazione di Is 40-55", in *La Scuola Cattolica*, dello stesso anno.

[17] R.P. Merendino, *Der Erste und der Lezte. Eine Untersuchung von Jes 40-48* (VT SS 31), Leiden 1981. Ricordo lo sconcerto che provavo di fronte a certi suoi articoli, come quello di "Literarkritisches, Gattungskritisches und Exegetisches zu Jes 41,8-16", *Bib* 53 (1972) 1-42.

[18] Chi è al corrente delle vicende sa perché parlo così.

[19] "Voreiliger Abschied von den Gottesknechtsliedern", *ThR* 49 (1984) 209-222.

eventi: annuncio della liberazione mediante un innominato personaggio (41,1-42,9), l'esortazione ai ciechi esuli di vedere per esserne testimoni al mondo (42,10-44,23), l'esplicita presentazione del liberatore Ciro (44,24-46,11), la fine di Babilonia e dei suoi idoli (47,1-48,21, ma senza Is 46?). Va considerata aggiunta la polemica sugli idoli: 40,19-20; 41,5ss; 42,17; 44,9-20; vari ritocchi in Is 45, dove culmina il nuovo universalismo o apertura ai pagani; 46,5s. e poche altre frasi. È importante segnalare la nuova prospettiva universalistica, nel contesto della maturazione del monoteismo, ora non più solo pratico. Il profeta esilico raccoglie anche le suggestioni della religione iraniana e del suo "Dio del cielo" e fa capire a Israele che anche gli altri popoli sono retti da YHWH e non vanno più considerati automaticamente dei nemici, guidati da altri dei.

b. Un momento a se stante rappresentano i quattro poemi citati sulla missione e le sofferenze del Servo. Mantenendoli separati dal resto e aggiunti dopo, si evita di ridurre il personaggio ad una figura collettiva e lo si può (e deve) interpretare come messia sofferente[20]. Ciò, senza negare l'aggiunta del significato collettivo al momento del loro inserimento nel contesto; "Servo di YHWH" è infatti chiamato anche Israele negli altri capitoli.

c. A parte il primo dei quattro carmi, gli altri sono intrecciati con i *canti a Sion*, tipici della seconda parte del Deuteroisaia, compreso il secondo carme (49,1-6), che se ne può considerare anche l'inizio. Una Sion considerata come madre che ritrova i suoi figli reduci dall'esilio (49,14.26), una città che riprende la sua missione di centro religioso del mondo (in 51, come già in 2,2-5, per me antico, e come negli antichi salmi di Sion: Sal 46ss[21]) e come sposa ripresa dopo il ripudio (in 54). Era spontaneo lasciarsi prendere dall'entusiasmo, pur tra le tante, immaginabili difficoltà del rientro in patria. Ogni esule sogna il suo paese e si commuove quando può rivederlo. Per di più il ritorno al paese costituiva l'unico adempimento delle profezie contenute nelle prime tappe del messaggio. Nella città nel 520 a.C. è stato ricostruito il tempio, sulla spinta di Aggeo e Zaccaria, e lì, nel culto, i canti avevano la loro più naturale cassa di risonanza. Oltre alle note esortazioni di questi due profeti a Zorobabele, il discendente davidico messo inizialmente a guida della nuova comunità, assieme al leader sacerdotale Giosuè, si veda come in Zac 8 il profeta dia, per così

[20] Si veda il mio "Il 'Servo di JHWH' (SdJ)", in R. Fabris (ed.), *La giustizia in conflitto. XXXVI Settimana Biblica Nazionale (Roma, 11 Settembre 2000) = RicStBi* 14 (2002) 81-95. Per Hermisson sarebbe un profeta, anche se egli ne riconosce le caratteristiche regali.

[21] Is 2,2-5, quasi identico a Mi 4,2ss, ha un universalismo che potremmo dire ancora trionfalista ed è simile, nella sua brevità ai salmi di Sion citati. Che questi salmi siano preesilici lo attesta Sal 137: sui fiumi di Babilonia gli esuli si rifiutano di cantarli. Li riprendono in patria, dove, appunto, ne creano loro dei nuovi, nella seconda parte del deuteroIs. Così come i salmi di YHWH-re di Is 42,1 e dei Salmi 96 e 98 sono detti canti nuovi in rapporto agli altri (Sal 93; 97; 99) e ne sono una ripresa, dall'esilio in poi.

dire, il tono alla composizione dei nuovi inni a Sion della seconda parte del Deuteroisaia.

d. L'inserzione dei quattro carmi del Servo poteva anche scuotere dallo shock della misera fine dei re Ioiachin e soprattutto di Sedecia, accecato e privato di ogni discendenza, perché faceva intravedere lo scopo positivo della loro sofferenza ed umiliazione, uno scopo positivo, che, di fronte alla ricomparsa di Zoroabele e forse già anche all'arrivo di Sesbassar (Esd 1,8 e 5,14-17; si veda Is 52,11ss!), che l'ha preceduto appena emanato l'editto di Ciro (538 a.C.), poteva far nascere pericolose illusioni e agitazioni politiche. Chissà se Sesbassar o Zorobabele, anche per la reazione dei governatori stranieri messi nella zona dai Persiani, non hanno pagato col sangue, o almeno con delle umiliazioni simili a quelle dei loro ultimi avi echeggiate nei carmi, le illusioni e le speranze affrettatamente riposte ora in loro.

Forse quelle disillusioni non hanno neanche permesso che si cominciasse ad accostare e a cucire assieme il primo e il secondo Isaia. Del resto l'opera di cucitura di cui abbiamo già visto gli interventi nel primo Isaia non può ancora essere quella entusiasta del secondo Isaia appena esaminata.

Il Tritoisaia (Is 56-66)

a. Con la grande maggioranza degli esegeti riteniamo che la parte relativamente più antica sia Is 60ss. Ma si fa presto a uscire dalla maggioranza quando si tratta di interpretarli. Non dovrebbe essere una singolarità dire che Is 60 e 62 sono la continuazione dei canti a Gerusalemme che costituivano la parte finale del secondo Isaia[22]. Pochi hanno notato che Is 60 ricalca il Sal 72 e quei pochi affermano quasi tutti, erroneamente, che il salmo è posteriore a quel canto[23]. Oggi, dopo il lavoro recente di Arneth sul Sal 72 e i suoi paralleli neo-assiri, nessuno dovrebbe rifiutare la nostra posizione[24]. Affermare dunque che Is 60 ricalca il famoso salmo monarchico significa aprire già la lettura del capitolo alla nuova teologia del terzo Isaia, quella dell'ibernazione del messianismo, come l'abbiamo definita a proposito della redazione tardiva del primo Isaia. Gerusalemme sta al posto del re... e per il momento bisogna accontentarsi.

[22] E mi sembrano posteriori all'evento della ricostruzione del secondo tempio (contro Berges, *Das Buch Jesaja*, 429ss), e, comunque, composti in occasione di qualche festa (delle Capanne, come lui suggerisce?).

[23] Si veda già il mio "Sal 72. Che Messia? Per quali poveri?", *LA* 41 (1991) 45-46.

[24] Difesa già nel mio studio del 1991 appena citato. Il lavoro di M. Arneth è *"Sonne der Gerechtigkeit". Studien zur Solarisierung der Jahwe-Religion im Lichte von Psalm 72* (BZABR 1), Wiesbaden 2000. Si veda inoltre il suo "Psalm 72 in seinen altorientalischen Kontexten", in E. Otto - E. Zenger (ed.), *"Mein Sohn bist du" (Ps 2,7). Studien zu den Königspsalmen* (SBS 192), Stuttgart 2002, 135-172.

Anche il profeta che si presenta in Is 61 è in questa nuova linea. Non mi sembra che il profeta debba identificarsi con la comunità stessa, quella dei "servi di YHWH", come vorrebbe Beuken e la sua scuola[25]. Ne vuole essere il leader e, come tale, consola la comunità stessa e le dischiude meravigliose prospettive per incoraggiarla. È uno di quei profeti a cui in 59,21 è stata data una certa autorizzazione a continuare il messaggio dei predecessori e prima di tutto del profeta di Is 40-55 e dei già visti Aggeo o Zaccaria, che però credevano ancora troppo nel messianismo e in Zorobabele. Ormai anche questa illusione è sparita e qui abbiamo a che fare con qualche profeta più in sintonia con l'incipiente teocrazia[26].

b. La comunità dei servi di YHWH, comunque, entra pienamente in azione non solo nei restanti capitoli (56-59 e 63-66), ma anche nell'assemblaggio e redazione di tutto Isaia.

Qui va accettata l'interpretazione di Beuken e della sua scuola. Seguendo Berges[27], pensiamo che la redazione da noi chiamata ibernante si preoccupi di smorzare gli entusiasmi che possono suscitare ribellioni politiche all'autorità persiana. Inoltre essa cerca di rispondere alle delusioni per i mancati adempimenti di tanti punti della profezia deuteroisaiana, additandone le cause nell'infedeltà della comunità. Queste sono denunciate spesso in 56-59, nella bella preghiera di 63-64,11 e negli ultimi due capitoli. Leggendoli bene, infine, mi sembra che le ammonizioni si rivolgano in particolare a gente che non partecipa al culto e che pratica culti segreti, condannati dalla teocrazia. Le espressioni di 57,5ss; 65,3ss; 66,17-18 (quest'ultimo, da connettersi con 1,29!) non sembra si riferiscano alle vecchie colpe d'Israele, come le altre denunce, ma a gente che, di fronte alla posizione ibernante delle autorità, conservano in culti segreti le loro speranze e coltivano le loro illusioni. Di fronte alle inadempienze di vario tipo rimproverate dal Tritoisaia, si arriva, ad ogni modo, all'idea che il giudizio divino finale non è più contro tutti i nemici di Gerusalemme e in suo favore, ma è contro i cattivi, siano essi ebrei o gentili, secondo un nuovo universalismo dove i non ebrei sono equiparati agli ebrei senza passare attraverso

[25] W.A.M. Beuken, "The Main Theme of Trito-Isaiah: 'the Servants of Yhwh'", *JSOT* 47 (1990) 67-87, riconosce che "servi di YHWH", dopo 56,6 compare solo a partire da 63,17, è frequente in 65 e infine è in 66,14. Del silenzio dell'idea in 60ss dà una spiegazione non convincente. Inoltre identificare la comunità con il servo, con il profeta e con Gerusalemme mi sembra fare una gran confusione.

[26] Nel mio "Per una teologia dello Spirito nel tardo profetismo", *LA* 47 (1997) 19-20, ipotizzo che un profeta a questo punto, tra la disillusione monarchica e la teocrazia, si sia arrogato lui il potere politico e sia poi stato tolto di mezzo da quella. Ciò spiegherebbe le pagine del secondo Zaccaria (Zac 11-12).

[27] *Das Buch Jesaja*, si veda la sintesi, pp. 532-533, e le tabelle finali, con le riserve sulla sua esagerata estensione della redazione finale che abbiamo già espresso e sull'esagerato numero di redazioni da lui postulate.

l'assimilazione e il proselitismo (Is 56,1-8 e 66,18-24).

c. A proposito di quel giudizio, però, mi permetto ora di proporre una particolare interpretazione del già citato testo contro Edom di Is 35,5-17, di 59,15-20 e 63,1-6; non per contestare l'interpretazione della scuola che, se pur criticamente, seguiamo, ma per precisarne lo sfondo e qualche particolare. Mi sembra che un nemico d'Israele e l'ostilità all'Edom contemporaneo, nonostante il nuovo universalismo, rimane[28]. E non hanno torto coloro che vedono nei castighi proclamati dai nostri testi lo sfondo di incursioni arabe che, nel 500-450 a.C., ne hanno provocato la definitiva scomparsa. Del resto non si può neanche sottovalutare la particolare ostilità sorta un secolo prima contro Edom, alla distruzione di Gerusalemme: Ez 35s. e relative rivendicazioni della terra non si possono ignorare. Si può allora immaginare che la fine di Edom abbia portato finalmente a formulare nel culto il giudizio espresso dai nostri testi. Ma aggiungerei ancora le mie riserve su un'interpretazione di 63,1-6 che vi vede un Dio "insanguinato" e vendicatore. Mi sembra un'immagine troppo grossolana, anche per il Tritoisaia. Credo che sullo sfondo di questa pagina si intraveda una figura confusa del messia sofferente, eco dei quattro famosi carmi e anche di qualche altra dolorosa vicenda di Sesbassar, o Zorobabele, o del profeta descritto dal secondo Zaccaria. Nessuno bada a quell'antica descrizione del discendente di Davide che lega l'asinello alla vite e del vino che ne illumina gli occhi (Gen 49,11-12). Pochi la mettono in relazione all'immagine del vendemmiatore: il verbo è bṣr, come nel nome geografico Bosra. Sullo sfondo, se ci lasciamo suggestionare da tali collegamenti, c'è dunque una misteriosa figura di messia che si sta allontanando.

Conclusioni

Con le correzioni proposte alla sintesi di Berges, noi semplifichiamo anche le redazioni da lui proposte, che sono ancora quasi una decina. Bisogna riconoscere che la sua sintesi, a parte le riserve espresse, dà una vera unità alla composizione finale del libro di Isaia, una visione che ancora mancava, dopo i pur lodevoli tentativi di esegeti come Vermeylen ed altri menzionati nelle introduzioni alle varie parti di Isaia in *Logos 3*[29], tentativi che lasciano il testo in una grande frammentazione e noi in grande confusione. In questa prospettiva, così semplificata e "storicizzata", il libro di Isaia, nella sua complessità, ci presenta oggi un messaggio teologico più preciso e profondo, che non riguarda solo le epoche antiche del profeta e non è appiattito, all'opposto, in un'unica redazio-

[28] Contro l'opinione di Berges, *Das Buch Jesaja*, 215-216.

[29] B. Marconcini (e altri), *Profeti e Apocalittici*, Torino 1995, introduzioni delle quali dobbiamo essere grati agli amici B. Marconcini e G. Boggio.

ne finale, in cui tutto si confonde. Esso si rivela anche come il libro della storia di tutta la profezia d'Israele, dal sec. VIII al V, alternando suggestivamente le fasi dell'entusiasmo messianico, degli inizi o della fine dell'esilio, a quelle dell'angoscia, dell'attesa e della controllata speranza tardo-postesilica.

Credo quindi che sia valsa la pena ascoltare alcune voci dell'esegesi recente di Isaia, accanto alle tante precedenti, che è anche impossibile citare. Ma vale anche la pena di ascoltare, tra le tante, ancora quella di Girolamo, che viene dalla tomba romana di S. Maria Maggiore, dove giace da tanti secoli e dopo tutte le peregrinazioni e il lungo soggiorno finale a Betlemme. Là il suo lavoro sulla Bibbia ha portato l'esegesi a vertici che sembrerebbero irraggiungibili con le forze di un solo studioso. Il suo commentario a Isaia lo intraprende verso la fine delle sue fatiche, quando è ormai ottantenne e la sua Volgata è terminata. Forse non si rende ancora conto neanche lui delle prospettive che ha aperto alla Chiesa. Essa continuerà ancora un po' nella sua posizione di stallo, attestata sui LXX, prima di recepire i principi della nuova esegesi sul testo originale. Anche allora si era un po' come adesso inclini alla "esegesi canonica", se mi si permette la battuta. Dopo tanto lavoro e dall'alto della sua conoscenza della lingua ebraica, Girolamo poteva anche permettersi, ormai, di giudicare lo stesso Origene, di cui pure era stato grande ammiratore. Dietro la secolare diatriba origeniana credo ci sia, in fondo, lo scontro della nuova esegesi sul testo originale contro la posizione comune. I nemici che Girolamo si fa sono in gran parte i difensori dell'esegesi comoda, sul testo greco, protetto dall'autorità della Chiesa. Paradossalmente, quando molto tempo dopo la sua morte si darà ragione a lui, si arriverà all'eccesso opposto: il Concilio Tridentino accamperà lo stesso motivo dell'uso della Bibbia nella Chiesa universale, vietando traduzioni del testo che non siano basate sulla Volgata.

La voce di Girolamo, se sappiamo ascoltarla, ci dice anche questo. Ma è utile dare uno sguardo al meraviglioso prologo del suo commentario a Isaia. Lo leggiamo nel breviario alla sua festa, il 30 di settembre. Ci dice che ignorare la Scrittura è ignorare Cristo, che questo libro della Scrittura "contiene tutti i misteri del Signore" e che ivi "il Signore viene predetto come l'Emmanuele nato dalla vergine, come autore di miracoli e di segni grandiosi, come morto e sepolto, risorto dagli inferi e salvatore di tutte le genti... Tutto ciò che riguarda le Sacre Scritture, tutto ciò che la lingua può esprimere e l'intelligenza dei mortali può comprendere, si trova racchiuso in questo volume". Ma anche le introduzioni ai singoli 18 libri in cui egli divide il commentario sono molto interessanti. Spesso si lamenta dei suoi avversari, che sparlano senza sapere che cosa e su chi sentenziano. Se la prende con quello scorpione velenoso di Rufino, che da amico era diventato nemico, appunto per la questione origeniana. Quasi sempre si raccomanda alle preghiere della sua Eustochio prima di ogni tappa della sua fatica, che paragona all'avventura rischiosa di un nocchiero nell'affrontare sulla sua nave le insidie del mare. È commovente il suo sforzo di prendere sul serio, criticamente e storicamente, il testo e il profeta, contro l'esegesi comune ed anche contro quella degli Ebrei, che, ovviamente, non accettano il senso messianico dei cristiani, anche se alcuni suoi tentativi oggi ci fanno sorridere e sono superati. Ciò che non è superato è il suo amore per Isaia e la carica che trasmette anche a noi, al momento di intraprendere oggi la lettura del profeta.

COME LEGGERE IL DEUTEROISAIA

Premesse di critica letteraria e storica

L'esegesi odierna del DeuteroIsaia (DtIs) si è liberata, mi sembra, di vecchi ostacoli, come quello di isolare brevi detti, alla ricerca del primitivo oracolo, poi sommerso da posteriori elaborazioni, o quello di frammentare ogni capitolo in tanti strati redazionali attribuiti ad altrettante redazioni trasversali di tutto il libro, trasportato sempre più lontano dalla primitiva fase, ridotta a poche frasi[1]. Ma di ostacoli ne sono sorti o rimasti degli altri. In reazione ai vari modi di spezzettare il testo, è sorta all'opposto la tendenza a considerarlo come un tutto unico e originale o grazie al metodo strutturalistico o ad altri di nascita più recente, come quelli della lettura retorica o narrativa o canonica[2]. Un metodo questo che sembra permettere solo due conclusioni opposte, entrambe errate: di ritenere che fin dall'inizio tutto il messaggio del libro sia stato composto così com'è ora o che esso sia sorto molto dopo e non contenga più nessun messaggio originale del profeta.

A chi dunque non accetta queste letture antiche o recenti del DtIs, non rimane che la suddivisione in pericopi, possibilmente né troppo corte né troppo lunghe. Cosa che, del resto, quasi tutti i commentari ormai fanno[3]. Purtroppo permangono ancora grosse incertezze sulla suddivisione delle pericopi e sull'individuazione dei brani o delle inserzioni posteriori. Ognuno dei commentari o studi recenti, di questa linea esegetica, che resta la principale, come quantità e qualità di autori, differisce quasi sempre da tutti gli altri nella delimitazione delle pericopi e nell'individuazione delle aggiunte. Queste ultime vengono in fondo stabilite col criterio della difformità del passo in questione rispetto al messaggio generale, che però è quello che si è creduto di scoprire, personalmente o alla stregua di altri autorevoli esegeti, e dunque è un po' ideologico.

Credo che questi inconvenienti si possano evitare almeno in parte nella presente proposta di lettura. Essa si basa su importanti studi recenti che hanno

[1] E. Cortese, "Isaia oggi. Tappe della ricerca. Bilanci e teologia", *Lateranum* 70 (2004) 279.

[2] Un esempio recente di analisi retorica globale è la tesi dottorale di A. Tharekadavil, *Monotheism, Redemption and the Formation of Israel as the Servant of Yahweh. A Rhetorical Reading of Isaiah 40-53*, Jerusalem 2007, tesi di cui è stata subito pubblicata una Pars Dissertationis.

[3] Si vedano p. es. B. Childs, *Isaia*, Brescia 2005 (inglese 2001) e J. Blenkinsopp, *Isaiah 40-55* (AB), New York 2002.

evidenziato la fase storica primitiva del messaggio del DtIs nella sua sostanza[4]. Non si può negare che una buona parte di esso si riferisce all'imperatore persiano Ciro, che spunta all'orizzonte, come re dei Persiani, nel 555 a.C. e come re dei Medi e dei Persiani nel 549 e che espugna Babilonia nel 539. Egli è nominato ad un certo punto due volte esplicitamente (Is 44,28 e 45,1)[5] e dunque non si può ambientare altrimenti, né molto prima del 550-530 a.C. né molto dopo, il messaggio sostanziale e la missione dell'autore dei discorsi del libro, né ipotizzare come destinatari primitivi dei suoi discorsi degli uditori vissuti in altre epoche.

Questo non vuol dire che messaggio e libro non abbiano avuto ulteriori sviluppi. Evitiamo però le ipotesi di una composizione completa già fin dall'inizio o, all'opposto, tutta in epoca molto più tardiva e anche la ricerca di eventuali piccole aggiunte o glosse ad ogni discorso, come pure le loro pretese sistemazioni in redazioni trasversali o in quella che oggi si suole chiamare *Fortschreibung* consistente cioè in continui e progressivi ampliamenti e sviluppi di un messaggio primitivo che si va riducendo sempre più[6].

1. Anzitutto non neghiamo che siano delle aggiunte tardive quelle della *satira e dell'umorismo sulle statue* delle divinità (40,[18]19-20; 41,5ss; 42,17; 44,9-20 e qualcosa in 45), una redazione omogenea, che finisce però molto probabilmente lì, a parte altri piccoli inserti, come 48,5b. Il tema è poi sviluppato soprattutto in Bar 6, cioè nella lettera di Geremia, e poi ancora in Sap 13, anche se le sue radici si trovano in Is 46[7], testo genuino, e poi negli Hallel dei Sal 115 e 135. La teologia di quella redazione tardiva del DtIs va distinta dal messaggio centrale e caratteri-

[4] R.G. Kratz, *Kyros im Deuterojesaja-Buch. Redaktionsgeschichtliche Untersuchungen zu Entstehung und Theologie von Jes 40-55* (FAT 1), Tübingen 1991, studio che si concentra su Is 40-48 (49), cioè sugli oracoli che si riferiscono a Ciro; H.-J. Hermisson, autore di vari studi e continuatore, dal 1987 (Vol. II), del commentario di K. Elliger, *Biblischer Kommentar*, Vol. I, interrotto al cap. 45 per la sua morte. Attualmente il commentario è arrivato solo a Is 49.

[5] Già Elliger, *Biblischer Kommentar*, 466, indicava i passi che lo riguardano: Is 41,1-4.21-26; 42,5-9 e, dopo che è stato nominato (44,28 e 45,1), nella prima parte di 45, in 46,9-11 e 48,12-18.

[6] Tra i principali promotori della tendenza alle macro-redazioni oggi in voga possiamo indicare J. Vermeylen, *Du prophète Isaïe à l'Apocalyptique*, Tome I, Paris 1977; e Tome II, 1978, il quale nel primo volume studia il Primo Is, ma nel secondo passa al Trito Is (e ad Am e Mi), ma soprattutto O.H. Steck, di cui ricordiamo specialmente *Der Abschluss der Prophetie im Alten Testament. Ein Versuch zur Frage der Vorgeschichte des Kanons* (BTS 17), Neukirchen - Vluyn 1991, contro la cui moltiplicazione e datazione molto bassa degli strati si veda il mio "Per una teologia dello spirito nel tardo profetismo", *LA* 47 (1997) 9-32, specialmente pp. 11-15. E lì siamo ancora lontani dalle ultime esagerazioni che tolgono ai profeti tutto il relativo messaggio, definito una "fiction" tardiva.

[7] Molti considereranno parte di queste aggiunte anche Is 46, ma l'umorismo sulle statue trasportate a Babilonia nelle processioni (qui per metterle in salvo nell'assedio di Ciro) non è sulla fabbricazione delle statue ed è un'osservazione troppo viva e geniale che va attribuita al profeta; così come l'acuta riflessione su Dio che invece non è portato ed è lui che porta Israele.

stico del profeta sul monoteismo; un monoteismo che si può finalmente definire "teorico" (non ci può essere che un Dio solo), a differenza di quello della fede israelitica precedente, che chiamiamo "pratico" (Non avere altri dèi oltre a me).

2. Riteniamo inoltre che siano stati inseriti posteriormente, ma non troppo tardi, i quattro poemi del Servo sofferente (42,1-4; 49,1-6; 50,4-9a e 52,13-53,12), qui non esaminati, se non nelle conclusioni teologiche finali, perché già oggetto d'uno studio specifico[8]. Li ritengo originati nella prassi delle lamentazioni funebri per i re, nelle quali la loro morte, e gradatamente lo stesso fallimento della monarchia, assume un valore espiatorio e genera la teologia delle sofferenze espiatorie del messia.
3. Non si può inoltre negare che almeno da Is 48 inizi qualcosa di nuovo. È una redazione o un tono nuovo della predicazione del profeta o dei suoi seguaci[9]. È innegabile inoltre un nuovo indirizzo e ambientazione dei discorsi: Gerusalemme. Non lo ritengo uno strato redazionale tardivo, anche per le mie cautele espresse sopra contro la tendenza a scoprire nel testo troppe aggiunte e redazioni tardive. Ritengo che si debba parlare piuttosto di una nuova tappa, più severa, della predicazione del profeta o di suoi seguaci, di fronte ai nuovi scetticismi degli uditori, sorti dopo i primi adempimenti delle profezie, quando la presa di possesso di Babilonia senza colpo ferire ha lasciato le cose come prima per gli esuli, che preferivano restare là, nella loro acquisita, comoda sistemazione, e non affrontare le fatiche di un viaggio e di una ricostruzione di Gerusalemme che non si prospettavano così trionfali e facili come il profeta aveva detto e diceva. In questa nuova fase, poco entusiasta, il messaggio sembra avere ancora una fiammata di nuove speranze per l'annuncio del gruppo degli esuli che verranno portando i vasi sacri (52,11-12), un annuncio che non necessariamente va ritenuto cronologicamente successivo all'invito di 48,20-21, che, come accennato, non avendo trovato grande ascolto, può essere stato ripetuto spesso e ha provocato la fase della predicazione severa.
4. Quanto alla delimitazione delle prediche o degli oracoli, preferiamo evitare i soggettivismi e ci limitiamo a far leva su quelle che potremmo

[8] Ho esposto gli argomenti della critica letteraria e del contenuto (anche teologico) in "Il 'servo di JHWH' (SdJ)", in R. Fabris (ed.), *La giustizia in conflitto*. XXXVI Settimana Biblica Nazionale (Roma, 11-15 Settembre 2000) = *Ricerche storico bibliche* 14/1-2 (2002) 81-95.

[9] È detto da Hermisson *Naherwartungsschicht*. Nel suo "Einheit und Komplexität Deuterojesajas. Probleme der Redaktionsgeschichte von Jes 40-55", in J. Vermeylen (ed.), *The Book of Isaiah. Le livre d'Isaïe. Les oracles et leurs relectures. Unité et complexité de l'ouvrage* (BETL 81), Louvain 1989, 286-312, Hermisson fa iniziare questo strato già in 42,18-25 e finire 55,6-7. Poi però nel commentario citato sembra che lo faccia partire da 46,8.12-13.

chiamare "dossologie" (come le quattro che delimitano i cinque libri del Salterio), inni a Dio, messi abbastanza presto nella storia della formazione del libro a separare le varie sezioni. Quelli veri e propri sono solo 42,10-13; 44,23 e 49,13 e sono riconosciuti tali dalla maggior parte degli esegeti, che li considerano conclusione di quanto precede o introduzione di quanto segue[10]. Grazie ad essi, dopo l'introduzione (Is 40) siamo agevolati nello scoprire tre sezioni che lasciano intravedere all'analisi anche le tappe cronologiche della predicazione del profeta.

5. Infine è innegabile che alla predicazione orale del profeta siano seguite ben presto le raccolte, prima orali e poi scritte, dei vari discorsi o detti, raccolte fatte non sempre secondo il criterio cronologico, ma anche secondo i temi. Senza negare quest'ultimo criterio, è facile però rendersi conto che le sezioni riflettono abbastanza le tappe cronologiche di fondo di quella predicazione.

Analisi

Accontentiamoci dunque, all'inizio, di suddividere la primitiva raccolta così: introduzione (Is 40); prima sezione (41,1-42,9*); seconda sezione (42,13-44,8 e 21-22, senza la grande aggiunta di 44,9-20); terza sezione (44,24-49,12*); ultima sezione (49,14-52,12*); conclusione (54-55). Senza enfatizzare altre eventuali dossologie, redazioni, inserzioni e aggiunte tardive, le varie tappe del messaggio primitivo emergeranno nella lettura; gli asterischi ricordano solo la presenza dei già indicati quattro poemi del Servo, inseriti posteriormente e considerati qui solo alla fine[11].

Tralasciando per ora introduzione e conclusione, esaminiamo dunque le quattro sezioni del Dt-Is.

1) 41,1-42,9

Ben tre volte qui si parla di Ciro, senza ancora nominarlo (Is 41,1-4.21-29; 42,5-9), presentandolo prima, in un discorso rivolto *ai gentili* (41,1; ma soprat-

[10] Non sembrano tali 40,9ss; 45,8 (lì è Dio che parla!); 48,20-21 e 52,7-10, presentati così da A. Tharekadavil. Lo stesso dicasi per la lista, ancora più lunga, proposta da F. Matheus, *Singt dem Herrn ein neues Lied. Die Hymnen Deuterojesajas* (SBS 141), Stuttgart 1990.

[11] A partire dalla terza sezione mi scosto un po' dalla suddivisione proposta da Hermisson nell'articolo citato, sia perché non ritengo una redazione ma una nuova tappa della predicazione quella che parte da Is 48 e sia per il nuovo slancio da me ipotizzato nella predicazione finale (51,9-52,12) e nell'inno conclusivo a Gerusalemme (Is 54). La divisione proposta da B. Marconcini, *Il libro di Isaia (40-66)*, Roma 1996, si basa, come questa mia, sui tre inni, ma alla fine pone una differente suddivisione, senza occuparsi delle differenti tappe finali del messaggio, da me ipotizzate.

tutto a beneficio di Gerusalemme: 41,27) come il nuovo dominatore della storia, miracolosamente predetto solo dal profeta.

Ma il discorso centrale è rivolto a Israele (41,8-20), già interpellato come "servo" (41,9), che Dio, suo imminente redentore (41,14), vuole liberare, nella prima grande profezia del ritorno trionfale in patria (41,8-20).

Il secondo discorso su Ciro è rivolto *alle divinità dei gentili*, nessuna delle quali ha saputo prevedere e annunciare ai propri devoti l'arrivo dell'imperatore.

La terza volta Dio si rivolge direttamente *a Ciro*, chiamandolo ad una grande missione in favore di Israele: aprire gli occhi ai ciechi e liberare i prigionieri (42,6-7). Da segnalare qui la comparsa del tema giustizia (*ṣdq*: 41,2.10; 42,6) ripreso poi nei capitoli 45.48.51.

La dossologia (42,10ss), la più celebre del libro, potrebbe anche essere considerata l'introduzione alla sezione seguente. Il che va già detto anche delle successive.

Gli eventi qui profetizzati, anche se non ancora pienamente realizzati (42,9), mirano già a far riconoscere JHWH come il vero unico Dio, com'è detto nel discorso centrale su Ciro (41,21-29). Un Dio *creatore dell'universo e di Israele* (*br'*: 40,26.28; 41,20; 42,5 per Israele; 43,1.7.15; 45,7bis.8.12.18bis; 54,16bis + nifal 48,7); di un creato che ha al centro l'uomo e la sua storia della salvezza. Nella tappa seguente infatti Dio è il creatore d'Israele (anche il verbo *'śh*, usato solitamente per gli eventi storici: 44,24; 45,7.12.18). Non c'è dunque la supposta separazione tra il Dio della natura e il Dio della storia. Anche nel racconto sacerdotale della creazione l'uomo è al centro e quella distinzione, se mai ci fosse stata, è sparita. Il tema sarà ripreso nella terza tappa, in Is 45.

2) 42,13-44,22

Riprendendo 41,9 su Israele servo in 42,19bis; 43,10; 44,1-2 e 21bis, qui il popolo è descritto come cieco e prigioniero e il discorso diventa un'ampia riflessione sulla sua cecità (42,16). Va notato che in questa sezione non si parla affatto di Ciro.

Qui il tema di Israele, da prima cieco, sordo, prigioniero e infine testimone, con tutti i suoi contorni è troppo lungo e bisogna pensare che sono stati messi dai raccoglitori vari interventi del profeta sull'argomento. Se ne possono individuare almeno tre specialmente con due delle tre "formule ambasciatorie" (43,1.14 e 16), che nella tarda profezia, anziché da passaggio dalla denuncia all'annuncio del castigo negli oracoli classici, spesso fungono qui da introduzione, anche di un detto breve (48,17; 49,22; 50,1). L'ultimo intervento sembra iniziare con l'invito "ascolta" (44,1); se non lo facciamo già iniziare, per il contenuto, in 43,22.

Fin dalla prima parola del *primo discorso di Dio* (42,14-25) c'è un verbo la cui radice è la stessa di una delle parole-chiave di tutta la sezione. Il verbo è essere "sordo(-muto)" (*ḥrš*-II) e si dovrebbe tradurre "ho fatto il sordo-muto". Per tanto tempo infatti sembrava a Israele che Dio non vedesse la sua situazione dolorosa e non sentisse le sue accorate preghiere. Ma l'accusa è subito ritorta e l'aggettivo "sordo" è applicato a Israele, risalendo alla vecchia accusa del primo Isaia (Is 6,9-10, lì però con altri verbi: ascoltare senza intendere e vedere senza capire); "sordo" è usato solo qui (42,18-19 e 43,8). Più usato è invece "cieco" *ʿwr* in Is (42,7.16.18-19 e 43,8 e anche 29,18; 35,5; 56,10 Qumran e 59,10). Dio potè sembrare sordo e muto per tanto tempo, ma ora esplode e interpella i sordi e i ciechi, cioè il suo servo, qui chiamato *ml'k* (42,19), perché, secondo il successivo intervento, è destinato a essere *testimone*. Eppure egli non sa vedere le cose nuove, oppresso com'è, nella sua prigionia e schiavitù, una situazione dolorosa che è presentata come castigo divino (42,22-25).

Ma è suggestivo pensare che, da Is 42,14 in poi sia inserita[12] anche un'allusione a quella figura speciale di cieco prigioniero che era il re Sedecia, accecato dai Babilonesi. *ʿwr* è detto di lui in 2Re 25,7 e Ger 39,7 e 52,11; in Ger 52,11 si dice che rimase in prigione fino alla morte e il Greco aggiunge: "nella casa del mulino", condannato a lavorare alla mola.

Se consideriamo l'altro termine enigmatico *mšllm*, attaccato a Israele-cieco in 42,19 e lo interpretiamo come "colui che è (stato) sostituito"[13], l'accostamento è ancora più chiaro. Forse il profeta gioca sulle parole (*šllm*, da cui "sostituire" e *mšl*, da cui "dominare") e fa pensare sia a Israele servo dei dominatori (*mšljm*: 49,7[14]) e sia a Sedecia, che con i suoi successori, tutti sgozzati davanti ai suoi occhi prima del suo accecamento, avrebbe dovuto esserne il legittimo "dominatore" (*mšl*; si vedano le profezie di Mi 5,1 e Ger 30,21). Un'altra suggestiva (contemporanea?) allusione a Sedecia, a conferma della nostra ipotesi, la troveremo in 51,1-8.

Se è così, dobbiamo ritenere che chi fa questi ritocchi cominci già a preparare il terreno per l'inserzione dei poemi del Servo, composti in altra sede, per spiegare i fallimenti della monarchia davidica introducendo l'idea che il re-messia deve arrivare al compimento della sua missione diventando vittima espiatoria.

Nel *secondo intervento profetico* (43,1-12) primitivo, a Israele appena descritto nella sua oscurità dolorosa si ricorda l'annuncio solenne della liberazione

[12] Secondo il BK Is 42,19b è un'aggiunta. Mi sembra lo siano anche interventi come 42,23 (53,1); 49,7; 50,10.

[13] Così propone il Dizionario HALAT, seguendo M. Noth.

[14] Il versetto sembra essere stato messo dopo l'inserzione del secondo poema del Servo, a far da collegamento tra questo e l'ultimo discorso su Ciro.

e l'ordine di Dio "al settentrione" di restituire i suoi figli (43,6-7) e farli uscire (43,8). È qui che si aggancia al tema della cecità quello della *testimonianza*. La missione d'Israele *'d* (43,10.12; 44.8-9) è descritta soprattutto come annuncio su Dio ed è una missione nuova (anticipata dal *ml'k* di 42,19), di un Israele ormai credente nel solo Dio, il quale compie il prodigio, dopo averlo, Lui solo, annunciato. Questo Dio non è solo il forgiatore d'Israele (o vasaio *jṣr*: 43,1.7.21; 44,2.21.24), del suo popolo e del creato (45,7.9.11.18) ma di Ciro (44,11; 49,5). Abbiamo qui una prima apertura universalistica della prospettiva religiosa d'Israele, che porterà a quella completa che vedremo nella successiva sezione. Dio è chiamato ancora qui *salvatore* (*mšjḥ*: 43,3.11), ma lo sarà soprattutto nella prossima sezione: 45,15.21 e poi in 49,26. È frequente da Is 43 in poi anche il verbo relativo e i sostantivi derivati: di Dio che salva (43,12; 45,20; 49,25); Israele che è salvato (45,17 e 22; mentre gli idoli di Babilonia non la salvano: 46,7.13); il dono è quello della salvezza definitiva (*jšw'h*: 52,7.10: anche per Ciro in 49,8?; *jš'*: 45,8: 51,5; *tšw'h*: 45,17; 46,13). Dio è ora anche *g'l* (41,14).

Nel *terzo intervento* (43,14-21) si sviluppa, riprendendola da 41,14, una terza qualità di Dio, d'ora in poi la più frequente: "redentore" (*g'l* o liberatore) da Babilonia e dai Caldei, entrambi qui nominati per la prima volta (43,14; 44,6 e poi 44,24; 47,4; 48,17; 49,7.26; 54,5.8), con il verbo relativo (43,1; 44,22-43; 48,20; 51,10; 52,9). È significativo che il profeta senta il bisogno, dopo tutti i titoli divini dati nei tre interventi, di sintetizzarli così in 43,15: "JHWH santificatore, creatore e re" (regalità ripresa verso la fine della sezioni: 44,6-7 e poi il verbo in 52,8), sintesi subito seguita (non dovrebbe trattarsi di un nuovo intervento) da un'altra formula ambasciatoria (43,16) che apre all'annuncio del nuovo esodo, mirabilmente contrapposto e illuminato da quello antico (43,16-21).

L'ultimo (43,22-44,8 e 21-22 escludendo la tardiva satira sugli idoli di 44,9-20), è un discorso penitenziale (verbo *šwb*), che sembra iniziare già in 43,22, con dei rimproveri (rivolti al passato?) d'Israele per la mancata corrispondenza e fedeltà religiosa (da 22 a 28). Il discorso sembra un invito alla confessione delle colpe e si conclude benignamente promettendo la ricostruzione, cioè il deserto vivificato, e lo Spirito, profezia tanto singolare e rimarchevole alle soglie del grande corpus centrale (44,3). Lo Spirito altrimenti nel DtIs originale non sembra avere una presenza rimarchevole (41,16 = vento; 29 = vento; 42,5 = respiro; 54,6 = animo), se si eccettua quello per il profeta in 48,16. Ce l'ha invece nel primo carme del Servo (42,1) e, logicamente, nell'introduzione (40,7 e 13), che è come il riassunto (finale) di tutto il libro, inserti compresi.

Il discorso primitivo di 43,22-44,22 si direbbe tenuto in occasione di una cerimonia liturgica in cui si recitava o cantava Deut 32, perché solo in Is 44,2 e Deut 32,15 (e 33,5.26) si usa per Israele il nome *Ješurun* e in entrambi si allude a Dio-roccaforte per Israele (*ṣwr* 44,8 e Deut 32,4.15.30-31); e non per i nemici (Deut

32,37). *Ješurun*, secondo Deut 32, ha ricevuto doni abbondanti nel passato, ma i benefici lo hanno ingrassato e reso recalcitrante. Sembra che il canto si riferisse originariamente alla storia dell'Israele del Nord, meditata nel 700 a.C. dopo la sua dolorosa fine, e che poi vi siano state fatte aggiunte finali (Deut 32,39-43), per includervi, con le colpe di Giuda, anche le speranze dopo la sua fine.

3) 44,24-49,12

Per delimitare i vari brani e discorsi di questo amplissimo corpus, che si conclude in Is 52, abbiamo anzitutto l'unica, ultima dossologia, quella di 49,13, ma anche all'interno delle due parti, in cui essa lo divide, l'impresa è spesso molto difficile[15]. Il testo primitivo ad opera dei primi raccoglitori è poi stato ampliato da grossi successivi interventi. Per non parlare delle tre grandi inserzioni dei carmi del Servo (2.3.4), una molto consistente è Is 48. Già abbiamo detto che esso e gran parte di quanto lo segue è ritenuto da molti redazione tardiva, la medesima che troviamo nel TrIs. A me invece sembra che costituisca piuttosto una ulteriore tappa della predicazione dello stesso profeta e della sua scuola. Ma procediamo con ordine, partendo dal discorso indiscutibilmente primitivo.

Anzitutto si porta a termine il messaggio della liberazione d'Israele, mediante Ciro, finalmente e per due volte nominato, e solo qui. Nel lungo oracolo (44,24- 45,17, unico o doppio?) egli anzitutto è destinato da Dio alla ricostruzione di Gerusalemme e di Giuda e alla liberazione degli esuli, ma nella cornice di un compito più vasto, quello del dominio su tutti i popoli. Il discorso però diventa subito duro per gli esuli: Ciro è detto "unto" (45,1) e sembra che venga sostituito al re d'Israele, nell'ottica monoteistica del DtIs: un unico re per un unico piano salvifico voluto e realizzato dall'unico Dio. Solo più tardi, con l'inserzione dei carmi del Servo le istanze messianiche d'Israele saranno paradossalmente riequilibrate, proprio nella sua umiliazione. Ma la prospettiva primitiva del DtIs non era facile da accettare e non bisogna lasciarsi sfuggire la drammaticità di questo messaggio profetico.

Per questo si richiedono due importanti discorsi, uno sull'umile accettazione dei progetti divini (45,9-13) e l'altro (45,14-25), dove culminano nel DtIs la pienezza dell'*auto-rivelazione divina* (accanto al frequente *jhwh* qui si ammucchiano *jhwh w'jn 'd*: 45,5-6.14.18.21-22[16]) e il tema della sua *giustizia* (*ṣdq*: 41,2.10; 42,6.21; 45,8.13.19; 51,1.5.7; *ṣdqh*: 45,8.23-24; 46,12-13; 48,1.18; 51,6.8; 54,14.17; aggiungiamo le forme verbali: 43,9.26; 45,25; e l'aggettivo: 41,26; 45,21 e 49,24), per dischiudere la grande prospettiva *universalistica* (già in 44,5)

[15] Basti leggere ora le varie suddivisioni proposte solo per 49,14-50,3 nell'ultimo fascicolo del BK di Hermisson (2007) XI,12, alle pp. 9-14: un vero ginepraio.

[16] Tharekadavil, *Monotheism, Redemption and the Formation of Israel*, 67ss.

della salvezza (45,14-25), la quale include, contro le tradizionali chiusure, "i superstiti delle nazioni" (45,20), un universalismo poi respinto dalle aggiunte (45,14ss. 20b.24b-25).

Is 46,1-47,15

Il successivo messaggio della satira, qui particolarmente vivace, sugli dèi di Babilonia e del loro e suo imminente crollo (46,1-2: il resto del capitolo è tardivo) sembra complementare a quello gioioso della liberazione d'Israele e dell'universalismo e dunque non è un'aggiunta (eccetto qualche versetto). Si deve però ricordare che il vecchio tema dei castighi, dopo la svolta positiva predicata dal DtIs, è sparito e ricompare poi nel TrIs, dove essi sono di nuovo minacciati, non solo ad una parte dei gentili, ma anche a quelli di Israele, che ricominciano con le loro infedeltà. Ad ogni modo, anche se in 47 l'annuncio del crollo non è nello stile più frequente negli oracoli contro i popoli gentili e dei relativi castighi, ma in quello compassionevole delle lamentazioni, la profezia della fine di Babilonia deve risalire a prima del 539 a.C., data in cui Ciro la prese senza colpo ferire. Altrimenti il profeta si sarebbe espresso più moderatamente[17].

Is 48

Ma dopo il 539, basandosi anche sui lati deboli delle previsioni profetiche, gli esuli preferiscono stare relativamente comodi nell'intatta Babilonia anziché lasciarsi convincere ad un ritorno pieno di pericoli nell'ancor distrutta Gerusalemme. È qui che bisogna pensare ad una seconda fase, dolorosa, delle ammonizioni e degli incoraggiamenti profetici, anziché parlare di una impersonale redazione, tardiva e ormai lontana dalla vita del profeta e dei suoi uditori.

Adesso il profeta, sperimentando di nuovo l'atteggiamento già rimproverato a Israele "cieco", deve ribadire la propria autorizzazione profetica (fine di 48,16) e intensificare i suoi ammonimenti prima agli esuli che, nonostante il compimento (parziale) delle profezie, sono diventati ancora più scettici e non hanno voglia di rientrare in patria (48,20-21; si veda anche 50,2).

Forse ha ragione Hermisson a ritenere 48,1-11 posteriore a 48,12-21. Se fosse così e il nuovo redattore fosse quello che ha inserito i quattro carmi del Servo, dando loro anche il senso collettivo, allora le "cose nuove e segrete" di 48,6 potrebbero essere precisamente i nostri quattro gioielli. In Is 48 i vv. 14ss sono fondamentali per la nostra tesi della seconda fase di predicazione genuina del profeta.

Gli ammonimenti successivi, da 49,14 in poi sono rivolti a Gerusalemme e ai suoi abitanti, tra i quali vanno annoverati quei pochi reduci che pure hanno

[17] Così fa notare giustamente Hermisson. Per lui sono aggiunte 47,12-15 (prima) e 3-4 e 6-7 (poi).

ascoltato coraggiosamente ed eventualmente seguito il profeta, se lui ha potuto ritornare in patria (49,14-51,8: si veda 49,14.24 e 50,1)[18].

Definite queste nuove profezie come una seconda fase della predicazione del DtIs e non una redazione tardiva, bisogna però completare lo sguardo su alcuni passi che, dopo Is 48, sembrano risalire alla prima fase e il cui spostamento richiede un po' di critica letteraria e redazionale.

L'ultimo brano su Ciro (49,8-13), qui non più nominato, sembra infatti una conclusione genuina della primitiva fase del messaggio profetico e andrebbe immaginato, con la sua dossologia finale, dopo Is 47, la profezia sulla fine di Babilonia. Rappresenta un'ottima inclusione, che riprende e ribadisce quanto detto sull'imperatore all'inizio della sezione (44,24-45,8).

Del resto gli adempimenti delle profezie su Ciro non si potevano negare neanche nella nuova fase deludente, quando Ciro non c'è più. Quanto a 49,7, invece, mi sembra una osservazione aggiunta dopo, dalla redazione che ha inserito il (precedente) secondo carme del Servo, da essa interpretato anche in senso collettivo.

La nuova predicazione severa (Is 48) è stata intromessa dai redattori prima di Is 49,13, perché la si voleva presentare come avvenuta ancora in esilio, mentre l'altra (49,14-51,8) la si voleva fatta a Gerusalemme, dal profeta stesso o da suoi seguaci, che avevano preso coraggiosamente sul serio l'invito a tornare di 48,20[19].

4) 49,14-52,12

Prima di inoltrarci nella seconda parte del corpus del DtIs, è bene notare che l'ipotesi d'una nuova fase della predicazione profetica, da una parte rende più storico il relativo messaggio e dall'altra spinge a ritenerlo anteriore all'inserzione dei carmi del Servo, cosa che non è facile nell'ipotesi di chi come Hermisson la ritiene tardiva e redazionale.

Dopo 49,13 e gli eventuali spostamenti redazionali, risulta comunque evidente, almeno agli occhi dei redattori, non l'inizio della seconda tappa nella predicazione profetica del DtIs, bensì la sua nuova ambientazione: non più a Babilonia, ma a Gerusalemme.

[18] Hermisson, che nel suo commentario preferisce parlare di redazione successiva, sembra ancora influenzato dalla posizione del suo predecessore, K. Elliger, che nel commento alla parte precedente aveva già sostenuto qui l'ipotesi di una redazione trito-isaiana, la quale partiva dai brani severi del DtIs (J. Blenkinsopp, *Isaiah 40-55* [AB], New York 2002, 75); ma il DtIs ha poco a che fare col TrIs, come vedremo in appendice.

[19] Kratz e Steck e molti con loro ritengono che gli indirizzi a Gerusalemme non siano più del DtIs, ma siano *Fortschreibungen* degli editori successivi. Ma il contrario è sostenuto energicamente da Hermisson: si veda l'ultimo fascicolo del commentario citato, per bibliografia e argomenti, alle pp. 19-24. Di lì si può dedurre la possibilità che lo stesso profeta (si veda 51,9-52,12*), se non i suoi discepoli, abbia partecipato al ritorno coi primi reduci.

49,14-50,1: I rimproveri continuano, allo scopo di vincere il triplice scetticismo: di *Gerusalemme* (49,14 e 24) e dei suoi *abitanti* (50,1), che non rispondono concretamente alle convocazioni per la partenza e la ricostruzione (50,2[20]); vedere la triplice risposta, "così dice il Signore" (49,22 e 25; 50,1). Una nota di critica testuale: in 49,24 correggiamo l'ebraico "il prigioniero giusto" con "il prigioniero del tiranno" parallelo a 49,25. Tale messaggio fa capire anche il fallimento e le incomprensioni sofferte dal profeta nella fase finale della sua predicazione, cosa, del resto, in linea con la missione di tanti e forse tutti i suoi colleghi, precedenti e seguenti.

50,2+9b e 51,1-8: Dopo il rimprovero significativo a quelli che non rispondono alle convocazioni (50,2a; come al tempo di Aggeo e Zaccaria) si citano delle frasi per descrivere la situazione dolorosa simile al giorno del Signore di Sof 1,15ss: vv. 2b.3 e 9b. la frase è stata spezzata dall'inserzione del terzo carme del Servo del Signore.

50,10ss sono aggiunte che commentano il terzo carme (analoghe a quelle del precedente)[21]. La situazione dolorosa del discorso primitivo era solo l'introduzione dell'annuncio della salvezza per Sion, salvezza indefettibile anche se crollasse il mondo.

Nell'ultima fase della predicazione del Dt-Is, riprende però gradatamente anche la consolazione e la speranza, se non ci lasciamo ingannare dalla (solo) apparente minaccia di 50,3+9b, le due frasi entro le quali fu poi operato l'accennato inserimento del terzo poema (50,4-9a).

Il fatto che da 49,14 in poi ha il sopravvento il nome Sion (ancora in 51,3.11.16 e 52,1-2.7-8; contro il nome Gerusalemme in 51,17; 52,1-2 e 9), mentre prima era il contrario (Gerusalemme in 40,2.9; 41,27; 44,26 e 28, contro Sion in 40,9; 41,27 e 46,13) ci dice già che abbiamo a che fare con la teologia di Sion, alla luce della quale si vuol superare la crisi.

Lo svolgimento del discorso di salvezza è in 51,1-8, con i *tre inviti all'ascolto* (51,1.4[22].7). Essi riprendono più serenamente i precedenti rimproveri, compresi quelli di 43,22-28; 48,8-13 e per di più sembrano alludere ancor più esplicitamente che in 42,14-25 al fatto doloroso di Sedecia, probabilmente già morto[23].

[20] Questa sembra essere la spiegazione specifica del rimprovero, non immaginata dai commentatori, Hermisson compreso (XI.12, 79-80). Si pensi tuttavia alla situazione di sfiducia per la riedificazione del tempio, riflessa nella predicazione di Aggeo, e alle vicende descritte in Esd 3.

[21] Così, giustamente, molti esegeti. Escluderei la possibilità dell'ipotesi (Hermisson) che 50,9b sia una ripresa tardiva, redazionale, in seguito all'inserzione del terzo poema (50,4-8). Se non altro perché il tema di 50,3+9b è lo stesso di 51,6, che non va giudicato affrettatamente come tardivo, ma facente parte della nuova fase della predicazione del DtIs.

[22] Secondo il TM l'invito è al popolo (v. seguente) e non ai popoli (LXX), ma si tratta probabilmente di una correzione restrittiva posteriore: si veda il discorso universalista parallelo e precedente di Is 45,15-25, anch'esso poi ritoccato.

[23] È frequente il nome *ṣedeq* (51,1.5.7) – *ṣedaqah* (51,6.8), base etimologica del nome Sedecia, ed è probabile l'allusione alle speranze messianiche di Ger 23,5-6, qui non troppo condivise.

Il v. 3 su Gerusalemme sembra inserito, perché non è discorso del Signore come nel contesto. Ma è un commento antico che esplicita la speranza insita in Gerusalemme. Il Signore conforta Sion. In Is 51 si afferma rispettivamente che, con gli sconvolgimenti politici profetizzati e compiuti da Ciro, qualcosa per Gerusalemme (vv. 1ss) e per i gentili (vv. 4ss) si è realizzato e, nonostante la fine di Sedecia e tutti i castighi subiti, la giustizia divina si realizza. Gerusalemme, anche se ancora in rovina, ora è in grado di riprendersi. Anche le prospettive universalistiche, aperte in 45,14-24a rimangono aperte. Anzi proprio in Is 51 (vv. 5-6.8) si riprende il tema della *salvezza* (proclamato in Is 45,8.17.15 e 21) e specialmente quello della *giustizia* (iniziato fin da 41,2.10 e 42,6). Il tema della giustizia rimane quello prevalente rispetto ai passi di Is 45, perché la salvezza o liberazione dall'esilio si è realizzata, ma le cose sono ancora da mettere a posto e perché si vuole di nuovo alludere, con *ṣedeq*, alla situazione dolorosa di *Sedecia*[24].

Ma una completa comprensione di questa consolazione per Sion si ha solo se si collegano i cenni ai cataclismi, di 50,3 e 9b e di 51,6 e 8, con i Sal 46-47; 85,10-14 gemme antiche della teologia di Sion nella collezione di Core, coi Salmi di JHWH-re e specialmente col Sal 102 (si vedano i vv. centrali del salmo, 13-23, paralleli a Is 51,3 su Gerusalemme): *anche se crollasse il mondo Tu o Dio rimani e sei con noi, a Gerusalemme*. Is 51,6 e 8, come si vede, commentano la frase iniziale sui cataclismi (50,2-3 e 9b).

51,9-52,12: Dopo gli inviti all'ascolto seguono simmetricamente *tre inviti alla gioia* (51,9 e 17 e 52,1), ultima tappa del nostro corpus centrale (52,4ss è l'aggiunta più consistente). Dopo la profezia sulla fine di Babilonia non bene compiuta, abbiamo qui la profezia su Gerusalemme in fase di realizzazione. Così il messaggio di speranza di Is 51 si completa e arriva al traguardo finale della gioia (51,9-52,12). Tale gioia sembra causata dalle prime notizie di un nuovo arrivo di esuli, che dovrebbero riportare in patria i vasi sacri menzionati in 52,12, un evento riferito in passi dell'Opera Cronistica e progettato ancora sotto Ciro (scomparso nel 529), con Sesbassar, come sembrerebbe dalle prime notizie di Esd 1,7-11 e 5,14ss, e realizzato sotto Dario (521-486; non sotto Cambise, regnante dal 529 al 522 e non nominato nella Bibbia), con Zorobabele, come dice poi Esd 6. Fuori della nostra ipotesi, c'è chi, come Hermisson, lo ritiene magari più antico, ma lo stacca dal contesto degli ammonimenti visti, i quali vengono catalogati indebitamente come aggiunte redazionali tardive.

5) Is 54

A questo punto, se il quarto poema del Servo di JHWH (52,13-53,12) è inserito dopo, rimaneva eventualmente solo la conclusione dell'opera primitiva: Is

24 Perciò i sinonimi *ṣedeq* (51,1.5.7) e *ṣedaqah* (51,6.8) confluiscono nel nostro brano, pronti ad essere presi e sviluppati poi nei poemi terzo e quarto del SdJ.

54, se non è già un aggiunta. È infatti un inno liturgico a Gerusalemme. Come tale è composto (o modificato redazionalmente) già quando il tempio è ricostruito (520 a.C.) e il nostro profeta dovrebbe essere scomparso, anche se le prospettive dischiuse sulla ricostruzione di Gerusalemme tuttavia non sono vicine; fu ricostruita nel 450, da Neemia. Qui va segnalato il prezioso cenno al patto di Noè (54,9) e la sua sintonia con la letteratura sacerdotale (Gen 7ss), non solo per il suo messaggio pacifico rasserenante (e un po' universalista: l'arcobaleno dopo il diluvio), ma anche per la sua rivalutazione dell'alleanza noachica (e abramitica), fatta per superare lo smarrimento del Deuteronomista esilico di fronte al fallimento di quella sinaitica[25]. In Is 54 si vede che Gerusalemme va ripopolandosi e comincia a sognare la ricostruzione.

Introduzione e conclusione (Is 40 e 55)

Al canto seguono le considerazioni finali (Is 55) del compilatore, che ha fatto probabilmente anche l'introduzione (Is 40). Is 55 riassume in tre punti tutto il libro: importanza del messaggio per Gerusalemme; Dio creatore, che fa da cornice teologica ai fatti profetizzati e commentati; Israele liberato. Il compilatore finisce l'opera raccogliendo nel suggestivo, ultimo sprazzo messianico (55,3ss: il progetto davidico), le attese salvifiche dei reduci, che dopo il compimento delle profezie della liberazione si aspettavano ancora quella della restaurazione della monarchia.

La bella introduzione, dove fa parte della descrizione dell'operato misterioso e grandioso di Dio anche il contrasto con l'attività degli artefici degli idoli (40, da 19 in poi), fa pensare che la cornice (Is 40 e 55) del quadro possa essere dello stesso aggiuntore delle ripetute satire sugli idoli di cui esso è disseminato.

Ci rendiamo meglio conto degli sviluppi e sconvolgimenti della complicata parte finale del DtIs dal cap 48 in poi, se teniamo presente che, dopo la seconda fase della predicazione del profeta e dei suoi discepoli, appena descritta, vanno messi anche i grandi inserti che hanno modificato qui il libro: i poemi del Servo in 42,1-4; 49,1-6; 50,4-9a e quello finale (52,13-53,12) e successivamente i reiterati cenni satirici sulle statue idolatriche, inclusa la più lunga, quella di 44,9-20.

Ma questi sconvolgimenti, e altre eventuali aggiunte minori, non oscurano le tappe della profezia che sono emerse in questa ricostruzione. Anche se non sappiamo, né vogliamo entrare in altri dettagli, appare chiaro che le profezie sino a Is 47 sono del periodo anteriore alla espugnazione di Babilonia (539 a.C.), che sarebbe stata formulata meno tragicamente se fosse *post eventum*.

[25] Si veda il mio *Le tradizioni storiche di Israele. Da Mosè a Esdra*, Bologna 2001, 141-142.

Anche la promessa della ricostruzione di Gerusalemme alla fine di Is 44, e gli elogi a Ciro, non vi sarebbero stati fatti così entusiasticamente se composti dopo gli eventi.

Invece la predicazione da Is 48 in poi è sostanzialmente posteriore al 539 e tenta di rilanciare anzitutto il ritorno degli esuli che, vista la situazione soddisfacente di Babilonia, più liberata che espugnata, non avevano voglia di lasciarla per un'avventura che si prospettava poco entusiasmante e hanno impiegato parecchio tempo a decidere, ad organizzarsi e a partire in vari scaglioni. In questa seconda fase il profeta e la sua scuola vogliono scuotere inoltre la fiducia dei rimpatriati e di tutta la nuova comunità di Gerusalemme per le iniziative difficili della ricostruzione. Una ricostruzione cominciata dal tempio, a fatica e dopo tante spinte, e solo più tardi continuata con le mura della città.

In questo modo otteniamo una visione diacronica delle varie tappe molto più soddisfacente e storica di quelle della congerie di aggiunte e redazioni o *Fortschreibungen* comunemente proposta.

Alcune conclusioni teologiche

Una teologia completa del DtIs e una sua esegesi completa, le lasciamo ai tanti esperti, del passato, del presente e del futuro, con la speranza che i nostri risultati e l'inquadratura storica qui presentata siano un valido contributo a migliorarle.

Ma una personale conclusione teologica sul Dio del DtIs e sul suo Servo, sopratutto sul Servo-Messia dei quattro poemi inseriti, mi sembra obbligatoria, data la mia posizione particolare su quest'ultimo argomento, nel lavoro già indicato all'inizio, assieme alla relativa indicazione bibliografica.

Anche prima del DtIs si lodava Dio come creatore del mondo e padrone della storia, arrivando anche ad una certa concezione monoteistica. Ma il DtIs concepisce JHWH come Dio universale in un senso nuovo.

Alla nuova concezione del monoteismo, che chiamiamo "teorico", Israele e le sue guide spirituali sono giunti gradatamente, anche se, praticamente, la scintilla del Jahwismo l'ha sempre tenuto nel monoteismo[26]. Il tradizionale Dio creatore, col DtIs diventa forgiatore di un nuovo Israele, quello che nasce dalle ceneri della distruzione operata dai Babilonesi. Anche le nuove prospettive politico-religiose dei Persiani, con il loro Dio del cielo, creatore dell'universo, possono aver contribuito a tale maturazione[27]. Ma questa nuova fede monoteistica è presentata splendidamente e autonomamente anche dalla contemporanea scuola sacerdotale, in esilio, nel

[26] Si veda il mio "I tentativi di una teologia (cristiana) dell'Antico Testamento", *LA* 56 (2006) 9-28.

[27] A. Tharekadavil, *Servant of Yahweh in Second Isaiah. Isaianic Servant Passages in Their*

primo racconto della creazione (Gen 1,1-2,4). In entrambi gli autori e le relative scuole la teologia della creazione non è affatto staccata da quella della storia, come si è a lungo creduto. Al centro della creazione c'è l'uomo e sostanzialmente tutta la storia dell'umanità (da Gen 1,26 in poi; per il DtIs non c'è più bisogno di dimostrarlo).

Però la vera caratteristica del Dio monoteistico del DtIs è l'enfasi con cui Egli viene ora percepito come il Dio di tutti i popoli e non solo d'Israele. Cadono così i privilegi, compreso quello monarchico-messianico, che sarà ricuperato specialmente con l'inserzione dei carmi del Servo. Ad ogni modo i privilegi d'Israele vanno rivisti in una nuova ottica, che non esclude più dalla salvezza chi non è ebreo.

Invece il documento sacerdotale continua a postulare, nella nuova ottica, una separazione netta tra il suo popolo e gli altri, separazione che è meno imbarazzante per la fede tradizionale, perché il centro della salvezza è sempre e più che mai in Israele. Solo in Israele è il popolo dell'alleanza sinaitica; gli altri (proseliti) solo di quella di Noè.

L'universalismo tipico del DtIs, specialmente in Is 45,18-25, pone l'enfasi sulla salvezza dei "superstiti delle genti" (anche se il profeta s'immagina ancora per Babilonia una strage che poi non avverrà), pur ammettendo che devono lasciare gli idoli e avvicinarsi a JHWH, del che Israele deve, appunto, essere messaggero.

A questo proposito si deve osservare, col commentario di Hermisson, che abbiamo soprattutto qui, dove JHWH viene presentato in prospettiva salvifica ai pagani, l'enfasi sull'auto-rivelazione divina. Come il Documento sacerdotale enfatizza la rivelazione del Nome per il popolo eletto al Sinai (Es 6) e come Ezechiele conclude ogni oracolo con la famosa formula "riconosceranno che sono JHWH", così nello stesso contesto storico e teologico dell'esilio, Is 45 ripete spesso l'autorivelazione del nome[28].

Ed è solo in questa ottica universalistica che si capisce anche bene come un non ebreo, Ciro, possa essere eletto da Dio a strumento di salvezza, senza che con ciò venga tolta a Israele la sua posizione centrale. La prospettiva universalistica verrà ulteriormente allargata e mirabilmente equilibrata dai poemi del Servo di JHWH.

Per segnalare la difficoltà di stabilire i nuovi equilibrii, tra l'elezione speciale d'Israele e la salvezza dei pagani, dobbiamo fare allora una seconda osservazione: sull'uso dei termini re, messia, servo nel DtIs, prima dell'inserzione dei quattro poemi del Servo di Jhwh. Accanto alla regalità divina (41,21;

Literary and Historical Context (Europäische Hochschulschriften. Reihe XXIII. Theologie 848), Frankfurt a.M. ecc. 2007, 61-69.

[28] Molto utile la tabella di Tharekadavil, *Monotheism, Redemption and the Formation of Israel*, 67ss, che conferma l'osservazione di Hermisson.

43,15; 44,6 e il verbo in 52,7), neanche troppo enfatizzata, si menzionano in maniera ovvia gli altri re (45,1; 49,7.23; 52,12), addirittura come sottomessi a Ciro (41,2). Ma di lui, anche se non è definito "re", si dice che è *l'unto* (45,1: messia! mai detto del Servo di Jhwh!), e non il re, un procedimento piuttosto circospetto per indicare la sua particolare missione. D'altra parte il DtIs non lo chiama mai *servo* (al contrario per Geremia lo è Nabucodonosor: Ger 27,6; 25,9, glossa?; 43,10, tardivo). In Is 44,26 il parallelismo e il contesto indicano che "servo" (alcuni propongono di correggere la punteggiatura masoretica e di leggere "servi") qui è il profeta e i suoi discepoli. E il testo, a questo proposito più eloquente è Is 45,1-7: chi comanda è Dio e chi è il suo servo e il suo eletto è Israele, nonostante il grande potere conferito a Ciro (Messia).

Ad ogni modo se talvolta la parola "servo" indica la schiavitù nei confronti dei potenti (49,7), il suo significato principale e frequente è quello del rapporto religioso privilegiato di Israele con Dio. Dire però che "servo", spesso applicato a Israele, indica la sua regalità[29] è contro il senso dei testi addotti, specialmente là dove Israele è detto servo dei potenti (49,7) o è interpellato al plurale (servi in 43,10-13 e 54,17); la posizione di privilegio d'Israele non è descritta come regale e il vedere la regalità in queste descrizioni è piuttosto una manovra per arrivare a dire che i quattro poemi del Servo di Jhwh parlano di una regalità che non è quella del messia individuale ma d'Israele.

Qui arriviamo al problema e alla mia accennata interpretazione dei quattro poemi. Li ritengo originariamente indipendenti, non solo per motivi criticoletterari ma anche per il contenuto, laddove il Servo non è affatto Israele ma il suo redentore, come si vede soprattutto nel quarto, ma anche nel secondo poema, in 49,5[30]. Dobbiamo notare che i primi due sono inseriti chiaramente in contrapposizione a Ciro, appena prima dei passi che parlano di lui, ad indicare, ora, che il vero mediatore della salvezza non è propriamente l'imperatore persiano ma il messia. Ciò secondo un disegno che ha le radici nella monarchia davidica e nella profezia di Natan, ripetuta costantemente dai salmi nel culto (Sal 2 e 110, ma anche in tanti altri, come 18.132.119. 22 e, a suo modo, 89[31]). La missione del messia nei carmi, anche se egli non è detto messia, ha prospettive universali, com'è detto fin dal primo di essi. Essa si compie paradossalmente in tutt'altra maniera di quella di Ciro: con l'estrema sofferenza. Già il secondo carme anticipa questo argomento parlando di grandi e apparentemen-

[29] Così Tharekadavil, *Servant of Yahweh in Second Isaiah*, da p. 73 in poi.

[30] È perciò una glossa 49,3, dove il Servo è Israele, glossa messa al momento dell'inserzione del poema.

[31] La mia interpretazione di essi, anche per l'aspetto della sofferenza espiatrice del re, si può vedere nel mio *La preghiera del re. Formazione, redazioni e teologia dei "Salmi di Davide"* (ABI. Supp. RivBib 43), Bologna 2004. Sui poemi del Servo le considerazioni specifiche si possono vedere nel mio studio apposito del 2002, già citato.

te inutili fatiche (49,4, col verbo *jg*ʿ). Ma l'argomento è affrontato in pieno negli altri due carmi. Nel terzo è rimasta un'introduzione del profeta, che consola lo stanco (*l*ʿ*wt*, *'t-j*ʿ*f*), seguita immediatamente dalle parole del messia sofferente, rincuorato da quello. Non è troppo fantasioso pensare che vi sia un cenno a qualche colloquio del povero Sedecia, cieco e prigioniero, col nostro profeta. L'eventuale incoraggiamento del profeta, accennato all'inizio di 50,4, non era che l'espressione delle idee che venivano fuori da tanto tempo nelle lamentazioni sulle sofferenze e la morte dei re di Giuda. Erano già lamentazioni del genere molti salmi, che finivano con un oracolo consolatorio, e lo erano ancor più le lamentazioni funebri in voga almeno a partire dalla morte di Giosia, come ci ricorda 2Cron 35,25. L'ultimo carme, che è il più commovente e che descrive finalmente anche il frutto di queste sofferenze messianiche, fino alla morte e al sepolcro, è difficile poterlo spiegare diversamente. La sua inserzione alla fine di tutto il libro è la meravigliosa soluzione di tutti i problemi, le ansie, le speranze del libro e, dopo l'inserzione dei carmi, diventa la chiave e la conclusione di tutto il messaggio del DtIs.

Appendice: *Come non leggere il TritoIsaia (TrIs)*

Descrizione generale

Le composizioni poetiche del TrIs non sono composizioni letterarie fatte a tavolino per prolungare ed aggiornare il messaggio del libro del DtIs come molti oggi sostengono[32]. Sono fatte per il culto. Un culto completamente diverso da quello precedente, degli esuli, in territorio babilonese. Il nuovo culto va ambientato a Gerusalemme, anche se bisogna capire bene i rapporti di queste poesie con esso. Che si tratti di culto a Gerusalemme lo provano testi come 60,7.13; (61,6); 62,9, che parlano del tempio. Anche 61,11 sembra far riferimento (dopo 45,8) al Sal 85, che va ambientato nel culto. La preghiera di 63,7-64,11 si definisce una supplica collettiva e non ha ambientazione migliore che quella nel culto. I suoi lamenti sul tempio devastato (63,18 e 64,10) vanno intesi come quelli sulla devastazione di Gerusalemme e delle altre città di Giuda (64,9). Esse sono cioè lamenti che esprimono

[32] Si veda, p. es., J. Goldenstein, *Das Gebet der Gottesknechte. Jesaja 63,7-64,11 im Jesajabuch* (WMANT 92), Neukirchen - Vluyn 2001, che data la preghiera nel tardo postesilio: 302/301 (pp. 232-247), seguendo O.H. Steck, da lui ripetutamente citato. È più che mai nel TrIs che è diventato di moda parlare di *Fortschreibung*. Per Goldenstein a furia di Fortschreibungen in Is 65-66 si arriva alle soglie dei LXX, cioè al sec II a.C. (p. 246)! Questa pista, oggi molto battuta, era già stata aperta trent'anni fa da J. Vermeylen, il quale, nel suo secondo volume *Du prophète Isaïe à l'Apocalyptique*, 449-517, esamina il TrIs, tralasciando il DtIs. Nel TrIs egli vede molteplici strati redazionali in buona parte tardivi (fino a tutto il sec. III a.C.).

enfaticamente la poco entusiasmante situazione postesilica, comunque la preghiera venga datata.

Gli autori e l'angolatura di queste poesie liturgiche non è però quella rituale dei principali protagonisti e professionisti del culto. Sono piuttosto laiche. Fanno da cornice ai riti veri e propri, anche se sono proclamate, magari negli atri del tempio, mentre quelli vengono compiuti.

Dire che i loro autori sono dei profeti sembra anche plausibile, ma non si tratta quasi mai di profezie, come mostra l'assenza delle vere e proprie formule profetiche introduttive "(così) dice JHWH" e "oracolo di JHWH". Troviamo quest'ultima in 56,8; 59,20 e 66,2.17.22, mentre l'altra è ripetuta in un unico testo: 57,15.19.21; ed effettivamente 57,14-21 potrebbe essere un vero oracolo profetico, proclamato nel corso della liturgia iniziata probabilmente in 57,3; troviamo la prima in 59,21, che sembra un'introduzione redazionale ai canti centrali rivolti a Gerusalemme di 60ss; e poi solo in una strana ammucchiata iniziale (56,1.4.8) e finale (65,7.8.13.26 e 66,1.9.12.20.21.23).

Anche l'avvenire glorioso predetto a Gerusalemme nei poemi centrali, che infatti non hanno quella formula, è tema d'obbligo in questo genere di composizioni, che continuano (nelle feste liturgiche e non sui libri!) l'inno analogo finale del DtIs. Tali composizioni erano ciascuna la conclusione delle tre rispettive prediche penitenziali dei capitoli precedenti: il già menzionato 57,3-21[33], 58 e 59.

E la risposta di Dio alla preghiera di 63,7-64,11 e al tutto è in 65-66. Più che il loro carattere profetico, va notato il loro silenzio sul re, che avrebbe dovuto essere il tema centrale. Paradossalmente coloro che succhieranno alle mammelle dei re (60,16; ma poi senza re in 66,11!), sono senza re. Anzi in Is 60 vengono attribuite precisamente a Gerusalemme le caratteristiche regali di cui parla Sal 72 (contro Steck, il salmo è ben anteriore a Is 60[34]). Si tratta di quella che ho chiamato "ibernazione del messianismo"[35]. I poeti qui sono in accordo con la teocrazia, la quale, pur credendo nelle antiche profezie messianiche, deve cercare di soffocare i fermenti politici monarchici e le relative eventuali ribellioni alla suprema autorità persiana e scongiurare nuovi castighi, come quello inflitto dai precedenti dominatori, dal quale il popolo sta faticosamente riprendendosi.

In questa luce va visto anche il difficile Is 63,1-6, dove (nell'articolo appena citato) vedo una figura confusa del messia sofferente, eco dei quattro

[33] Alla prima, in qualche occasione, fu aggiunto 56,9-12, contro i governanti, con il tocco redazionale 57,1-2, cambiando così i destinatari degli ammonimenti. Queste suddivisioni e modifiche in 56,9-59,20 non sono in disaccordo con quelle proposte da P.A. Smith, *Rhetoric and Redaction in Trito-Isaiah. The Structure, Growth and Authorship of Isaiah 56-66* (VT SS 62), Leiden 1995, da p. 67 in poi (capp. 4 e 5).

[34] Si veda il mio "Isaia oggi. Tappe della ricerca. Bilanci e teologia", 287, con la relativa documentazione bibliografica.

[35] Ivi, 288.

carmi del DtIs e di qualche dolorosa vicenda posteriore, di cui furono vittime Sesbassar o Zorobabele o qualche profeta, com'è echeggiato in Is 61 e in Zac 9-14[36]. Qui aggiungo che anche altri hanno rivendicato l'ambientazione liturgica di Is 63,1-6[37], che sarebbe la risposta alla recita nel culto del Sal 60. Faccio notare che il lungo titolo di tale salmo davidico (per me: del re!) rievoca una vittoria conseguita mediante Joab, il generale di Davide, contro Edom (menzionato nel v. 11), uccidendo 12.000 soldati. Proprio la vittoria su Edom era il sogno di chi recitava il salmo nel tardo periodo postesilico, epoca alla quale va fatto risalire tale titolo. Se in Is 59,15b-20 abbiamo un anticipo parziale del tema della vittoria di Dio su Edom (come pure in Is 34)[38], qui sembra che si sovrapponga la figura del messia insanguinato, più che di Dio insanguinato. Tanto più se si collega l'idea al testo messianico di Gen 49,10ss, dove di Giuda e del suo scettro si dice che lega alla vite il suo asino e lava nel vino la sua veste. Il nome Bosrah (Is 63,1) indica non solo la località ma anche la vendemmia (*bṣr* = vendemmiare) e forse allude anche al nome di Ses*bassar*[39]! Anche il nome Edom, che significa il colore rosso (63,2) favorisce tutti questi accostamenti. Perciò non va disprezzata e dimenticata l'allusione di Apoc 19,13.15 (e 14,17-20) a Is 63,1-6, nella sua stupenda descrizione del messia.

Nel contesto della ibernazione messianica di Is 60ss, in Is 63,1-6 abbiamo dunque anche l'ultima visione del messia sofferente, assieme all'ammonimento a rinunciare a ulteriori sogni e tentativi pericolosi di restaurazione messianica, dopo le esperienze del tragico fallimento degli ultimi discendenti di Davide: da Sedecia fino a dopo l'esilio, esperienze viste qui anche come castigo.

La caratteristica polemica cultuale

Questa interpretazione sul carattere ibernante del testo apre la strada alla difficile interpretazione dei discorsi precedenti (Is 57ss). Fuori di tale prospettiva, gli ammonimenti religiosi e morali che essi contengono possono sembrare simili a quelli della seconda tappa della predicazione del DtIs e favorire la menzionata ed erronea interpretazione della continuazione letteraria o *Fortschreibung*. In realtà questi capitoli del TrIs hanno una caratteristica nuova e inconfondibile: la polemica con un culto strano, polemica rilevabile specialmente in

[36] Si veda il mio "Per una teologia dello Spirito nel tardo profetismo", *LA* 47 (1997) 15-20.

[37] Specialmente G.S. Ogden, "Psalm 60: its Rhetoric, Form and Function", *JSOT* 31 (1985) 83-94.

[38] Bisogna pur tener conto che Edom è diventato dall'esilio in poi il nemico per eccellenza, quello che ha sottratto a Giuda molto del suo preesilico territorio meridionale, anche se già sotto Nabonide aveva subìto distruzioni: Smith, *Rhetoric and Redaction in Trito-Isaiah*, 40-41.

[39] A prescindere dalla etimologia accadica suggerita in HALAT.

57,5ss e 9; 65,3ss e 11; 66,3 e 17-18. Tale polemica ha portato fuori strada tanta gente (che la interpreta alla stregua di Ger 44 e delle offerte alla regina del cielo ivi denunciate), anche sulla spinta della erronea opinione oggi diffusa, che sostiene il politeismo generale d'Israele prima del DtIs, come se molto dopo l'esilio il popolo fosse caduto (o tornato?) ad un'idolatria così crassa.

In queste polemiche dobbiamo invece vedere delle allusioni ironiche di controllori che cercano di tenere ibernate le promesse messianiche e combattono le riunioni segrete dei fanatici che le coltivano per scopi politici contrari all'ordine (persiano) stabilito[40]. Così si possono capire molto meglio le espressioni e i cenni a delle misteriose cerimonie cultuali, che troviamo specialmente nella prima predica (Is 57; ma anche in 59,5) e nelle pagine finali (Is 65-66).

Una conferma della mia supposizione è data da P.A. Smith, che, nella sua citata monografia-commentario, parla di culto funebre regale a proposito di Is 57,3-13[41]. Lì, bollando alcuni uditori come dediti alla magia, come ribelli e falsi (o nascosti: vv. 3-4), li si accusa di eccitarsi sotto alberi sacri (*'elim*, come in Is 1,29 e, in senso positivo, in 61,3: in 1,29 gli alberi sono associati ai giardini, di cui parleremo a proposito di Is 65,3ss e 66,17), immolando figli nei torrenti e dentro grotte (v. 5: in senso metaforico e alludendo ai cruenti riti del passato, sono i rischi di nuove invasioni e schiavitù cui si espongono i figli). Questa allusione a riti funebri del passato, la cui descrizione continua nei successivi versetti, mi sembra fatta per rimproverare quei fanatici che, nelle loro congreghe (*qibbûṣîm*, al v. 13), coltivavano le loro nostalgie messianico-politiche. Anche quel "correre dal re" del v. 9 (*melek*: non necessariamente va corretto con *molek*!), autorizza il passaggio dal senso immediato del rito rimproverato a quello metaforico che ipotizziamo e definisce appunto come monarchiche le trame politico-religiose qui condannate. Lo studio di Smith e altri studi da lui citati vedono pure nel culto su colli elevati del v. 7 dei riti funebri monarchici. Di lì possiamo arrivare ad interpretare il v. 10 come un ammonimento sull'inutilità (*nô'aš*) di tanto andirivieni e della venerazione di quelle steli funebri (*jad*, come nel v. 8!) che non danno la vita sognata da quei cospiratori. Così possiamo interpretare il testo, anche se il commentario citato non arriva a darvi il nostro significato ibernante.

Ma sostando ancora su questa predica e andando oltre, nella nostra linea dell'interpretazione ibernante contro le nostalgie monarchiche, anche 57,6, il testo sulle "pietre levigate" del torrente, testo enigmatico per tutti, sembra che acquisti un significato soddisfacente se lo mettiamo in connessione con 1Sam

[40] Così suggerivo nel "Isaia oggi. Tappe della ricerca. Bilanci e teologia", 288.

[41] Smith, *Rhetoric and Redaction in Trito-Isaiah*, 78-79. Ivi segue T.L. Lewis, *Cults of the Dead in Ancient Israel and Ugarit* (HSM 39), Atlanta GA 1989.

17,40, su Davide, ragazzo, che raccoglie dal torrente le pietruzze (solo lì ricorre la stessa espressione nell'AT) da scagliare contro Golia. I fanatici sognatori pensano ad una rivolta contro il gigante persiano illudendosi di poterla spuntare in nome di Davide nonostante l'enorme, palese inferiorità.

Prima di passare ai capitoli finali e alle loro allusioni ai culti proibiti, vale la pena di segnalare un'altra probabile allusione ironica di 59,5 alle promesse messianiche richiamate dai fanatici. Le uova di vipere, che essi schiacciano e diventano vipere, si contrappongono alla famosa profezia di Is 11,8: non si illudano i nostalgici di poter giocare col potere persiano come fa il bambino sul covo della vipera nei tempi messianici.

Chi ci aiuta a portar avanti il discorso dei riti funebri monarchici condannati in Is 65-66 è F. Stavrakopoulou[42], la quale, sulla base di 2Re 21,18.26 e di vari paralleli ugaritici (è ad Ugarit che il culto dei re defunti porta ad una loro esaltazione divina) evidenzia la prassi delle sepolture dei re nei giardini. È appunto ad esse e al relativo culto che alludono le condanne dei riti nei giardini (e i pasti sacrificali con carne di porco) in Is 65,3-4 e 66,3 e 17, con tutto il contorno rituale là descritto.

Se è così, le condanne del culto nei passi indicati del TrIs hanno un significato plausibile e ci fanno capire meglio le contrapposizioni sulle quali gli esegeti si sono cimentati con risultati insoddisfacenti e divergenti: nel TrIs non si deve pensare cioè all'opposizione da molti ipotizzata[43] tra sacerdoti e profeti, o tra sadoqiti e aronnidi[44], o tra sadducei e farisei[45]. Vi appare piuttosto lo sforzo del controllo ufficiale dei fermenti politico-messianici pericolosi. Che ci fosse questo fermento lo si vede specialmente in tutto Zaccaria[46] e si ha l'impressione che anche il suo messaggio sia bersaglio delle critiche del nostro TrIs: ma per approfondire questo atteggiamento di critica a Zaccaria ci vorrebbe altro spazio e tempo.

Qui dobbiamo chiudere con una breve osservazione sull'inizio (Is 56,1-8) e la fine (66,18-24) del nostro TrIs, finora non considerati. Ci limitiamo ad osservare il carattere redazionale, di introduzione e conclusione, della raccolta esaminata, già evidenziata dall'ammucchiata di formule profetiche introduttive o conclusive.

[42] "Exploring the Garden of Uzza: Death, Burial and Ideologies of Kingship", *Bib* 87 (2006) 1-21.

[43] Per la ridda di ipotesi si può vedere lo studio di Smith, *Rhetoric and Redaction in Trito-Isaiah*, 189-203.

[44] Così recentemente B. Schramm, *The Opponents of Third Isaiah. Reconstructing the Cultic History of the Restoration* (JSOT SS 193), Sheffield 1995.

[45] A. Rofè, "Isaiah 66:1-4: Judean Sects in the Persian Period as Viewed by Trito-Isaiah", in A. Kort - S. Morschauser (ed.), *Biblical and Related Studies Presented to Samuel Iwry*, Winona Lake IN 1985, 205-217.

[46] Si veda il mio "Per una teologia dello Spirito nel tardo profetismo", già citato.

I temi nuovi rispetto al corpus della raccolta sono una generica riconferma del *patto* in 56,4.6 (come pure in 59,21 e 61,8), in aggancio a tutti quelli del DtIs appena precedenti: di 42,6 e 49,8 (di Ciro), di 54,10 (di pace) e 55,3 (di Davide!) e soprattutto del suo *universalismo*.

Sull'universalismo dei passi introduttivo e conclusivo del TrIs tutti sono d'accordo, ma è difficile capire il motivo di questo richiamo se non si tien conto del loro carattere redazionale e del loro intento di unire DtIs e TrIs. Il redattore vuole che si superino le polemiche e le preoccupazioni del TrIs e che si vedano le cose più dall'alto. Egli invita alla pace: la nega agli empi (57,21 e 59,8) e la promette ai buoni (57,2 e 19; 60,17; 66,12). Sono infatti ricomparse le nuvole dei nuovi castighi che sono di nuovo minacciati, dopo il sereno del DtIs. Da una parte rispunta nel TrIs il desiderio indiscriminato di vendetta e di odio per i gentili (59,17; 61,3; 63,4 e, parallelamente nei tardivi 1,24; 34,8; 35,4: ed anche p. es. in 47,3); dall'altra ricompare l'invocazione dell'ira divina e tanta polemica sui fanatici delle profezie messianiche (63,3.6; 65,5; 66,15). Il punto di vista più alto indicato dal redattore per pacificare gli animi è precisamente la prospettiva dell'universalismo della salvezza, quella dischiusa dal DtIs al centro del suo libro, in Is 45, e richiamata alla fine, in 55,3ss, dove è molto suggestivo il fatto che l'apertura ai pagani, sotto l'influsso dell'universalismo sublime dei carmi del Servo di JHWH, è vista come conseguenza del ristabilimento della discendenza davidica, quando Dio vorrà.

IL 'SERVO DI JHWH'

Faremo anzitutto una breve discussione critico-letteraria sulla posizione e inserzione dei quattro canti del Servo, accompagnandola già con alcune osservazioni di critica testuale, da continuare nella tappa successiva. Di essi daremo una breve analisi, soprattutto globale, cioè del loro insieme, dalla quale arriveremo alla nostra tesi dell'interpretazione messianica. Nel quadro delle conclusioni teologiche su tali poemi, ci occuperemo specialmente di alcuni aspetti della giustizia, come problema e missione del Servo e come situazione e problema attuale.

Critica letteraria

Is 42,1-4

Siccome nel v. 4 il primo verbo *l' jkhh* è intransitivo (non si affievolisce), conviene leggere il secondo, *jrwṣ*, non al Qal, ma al Ni., con i LXX e il Targ. (così BHS): "non si lascia incrinare". Il vocabolario e il tema è quello dei versetti precedenti. Infatti 2 e 4 descrivono l'atteggiamento non trionfalistico né violento del Servo e, al centro, il v. 3 indica chi ne è beneficato, con gli stessi verbi (del v. 4): canna *incrinata* e lucignolo *fievole*. Così, in maniera concisa e artisticamente pregevole, è già indicata una partecipazione, non ancora tragicamente sofferente, del personaggio alla dolorosa situazione dei beneficiari della sua missione.

Non sembra che i successivi versetti (42,5ss) sviluppino già questo tema. Anche per questo va accettata la delimitazione proposta del poema[1]. Si ha ragione di pensare che il personaggio di 42,5ss non è più il Servo. Più che il profeta, sembra Ciro, che, secondo tali versetti, non agisce in maniera altrettanto dimessa e dolorosamente partecipe.

Se 42,5ss non sono un'aggiunta posteriore al poema, ma sono anteriori ad

[1] Contro P. Grelot, "Serviteur de Yhwh", *DBS*, fasc. 69, Paris 1994, 958-1016, qui 980, e altri autori precedenti ivi citati. Come bibliografia generale precedente va ricordato il volume dello stesso Grelot, *Les poèmes du Serviteur: de la lecture critique à l'herméneutique* (LD 103), Paris 1981; H. Haag, *Der Gottesknecht bei Deuterojesaja* (EF 233), Darmstadt 1985 e, ancor prima, C.R. North, *The Suffering Servant in Deutero-Isaiah. An Historical and Critical Study*, London 1956².

esso e parte del primitivo Deuteroisaia, allora è del tutto chiaro che il personaggio descrittovi è Ciro e non il profeta. Di Ciro infatti si è parlato, anonimamente, in 41,25 e ora il discorso prosegue (42,5-9), fino alla sua conclusione: l'inno 42,10ss (simile al Sal 96). Il nome del liberatore Ciro sarà poi rivelato esplicitamente in 44,28 e 45,1 continuando e sviluppando il discorso, che risulta in tal modo molto omogeneo. Che egli sia *běrît 'am* (42,6b) sarà ripetuto in 49,8. Dunque originariamente 42,5ss non parlavano neppure del Servo dei quattro poemi. Tutt'al più il brano fu poi applicato a quest'ultimo quando essi furono inseriti.

L'inserzione di 42,1-4, allora, è veramente indovinata. La liberazione ad opera di Ciro predetta dal Deuteroisaia è stata abbastanza deludente. Perciò il poema inserito in un secondo tempo consola i delusi e fa salire il messaggio ad un livello più alto e misterioso.

Is 49, 1-6

Solo due sono i punti che vogliamo discutere nella critica letteraria: l'inserimento di "Israele" nel v. 3 e il *l'* invece di *lw* in 5b. Nel primo caso si tratta di una modifica fatta quando il poema fu inserito nel contesto dell'opera, nella quale il Servo è principalmente Israele. Nel secondo seguiamo le indicazioni in margine dei masoreti.

Sulla delimitazione del poema non ci sono problemi. Quanto alla datazione del successivo 49,7-13, la tesi della sua anteriorità e genuinità questa volta non sembra sostenibile[2]. Infatti 49,10ss sarebbe simile al Tritoisaia (Is 60), anche se 49,8-9 pare indirizzato a Ciro, come nel brano che segue il primo poema, e,

[2] Ci discostiamo da Grelot, che ritiene parte del poema del Servo pure 49,7-9ab ("Serviteur de Yhwh", 984-987), accettando in parte H.-J. Hermisson, *Studien zu Prophetie und Weisheit. Gesammelte Aufsätze* (FAT 23), Tübingen 1998, 255-260, che ritiene aggiunta tardiva 49,7.8-12 (ma ora, BK X e XI, 2002-2003, essa è pienamente difendibile). Di Hermisson va ricordato già il suo studio "Voreiliger Abschied von den Gottesknechtsliedern", *ThR* 49 (1984) 209-222, salutare difesa dei nostri poemi contro la moda del tempo (tuttora perdurante) di vederli "olisticamente" parte originaria del Deuteroisaia e, ovviamente vanno ricordati i tre fascicoli fin'ora usciti (XI,7-9), dal 1987 in poi, del *Biblischer Kommentar* [= BK], AT, Neukirchen, iniziato da K. Elliger (fascicoli 1-6, 1970-78), e continuato da lui alla morte di questi. Elliger dimostra che la delimitazione giusta del primo poema è appunto quella scelta nel nostro studio: XI, 3, 1971, 199. Va tuttora ricordato, a mio parere, anche P.E. Dion, "Les Chants du Serviteur de Jahweh et quelques passages apparentés d'Isaie 40-55. Un essai sur leurs limites précises et sur leurs origines respectives", *Bib* 51 (1970) 17-38. Oggi infine va citato J. Werlitz, "Vom Knecht der Lieder zum Knecht des Buches. Ein Versuch über die Ergänzungen den Gottesknechtstexten des Deuterojesajabuches", *ZAW* 109 (1997) 30-47, che però non ammette una composizione previa molto organica del Deuteroisaia e i carmi, inseriti in tappe successive e slegati l'un dall'altro, farebbero parte di redazioni poco omogenee, letterariamente e teologicamente molto diverse dal primitivo Deuteroisaia.

d'altra parte, 49,7 sembra rivolto all'umiliato Israele.

Questa strana molteplicità di soggetti o "servi" si spiega probabilmente senza dover ipotizzare una corrispondente molteplicità di redazioni. Siamo alla fine della prima parte del Deuteroisaia, rivolta agli esuli. Da 49,13 inizia la seconda parte, rivolta a Gerusalemme. Nello spazio intermedio era stato inserito il nostro secondo poema. Un redattore o predicatore finale, unico, mette assieme le tre figure di Servo della prima parte, aggiungendo a quella del poema le altre due, Ciro e Israele, in questa specie di somma finale.

Egli proclama così due volte Ciro "alleanza popolare", politica, distinguendola dall'alleanza di JHWH, religiosa, che è di competenza del Servo e per la quale si usa anche l'altra più frequente espressione *bĕrit 'ôlām*. Dovrebbe essere dovuta a questa redazione l'inserzione di "Israele" in 49,3, come pure tutto il v. 48,22, uguale a 57,21.

Is 50,4-9a

La delimitazione del terzo poema è abbastanza pacifica[3]: 50,9b è l'immediata continuazione di 50,3 e probabilmente viene dal Sal 102, lamento deuteroisaiano[4] per Gerusalemme in rovina, alla fine del quale spunta un po' di speranza. La terra e i cieli possono perire, ma Dio no; Lui darà nuovamente una dimora ai figli dei suoi servi (102,26-29).

Esamineremo dopo le caratteristiche del personaggio, che sembrano profetiche, almeno inizialmente, a differenza di quelle degli altri tre poemi. Cerchiamo qui di capire le ragioni dell'inserimento di esso e i ritocchi relativi. Lo sfondo e il contesto primitivo qui è l'indirizzo a Sion, caratteristica della seconda parte del Deuteroisaia, iniziata da poco (49,13). La ripresa delle relazioni sponsali di Sion è descritta per il momento sullo sfondo della sua umiliazione. Poi, specialmente da Is 52 in avanti, prevale l'aspetto trionfale della città rinnovata. D'altra parte il nostro poema, con le umiliazioni del personaggio, sembra voler già preparare il tema di quello successivo, il quarto. Inserendo dunque il terzo poema, 50,4-9, il redattore fa partire le sconvolgenti considerazioni sulle sofferenze del Servo, dal tema delle sofferenze di Gerusalemme, nella cornice dello sconvolgimento escatologico di cielo e terra (50,3 e 9b).

Accettando l'opinione che il successivo 50,10-11 sia un'aggiunta (potrebbe essere dello stesso redattore), notiamo che con essa il Servo diventa chiaramente il profeta, o la classe profetica in generale, che si è esortati ad "ascol-

[3] Ma Grelot, "Serviteur de Yhwh", 988ss, sembra considerare conclusione del poema anche 50,10-11. In tal modo egli cerca di caratterizzare come non-profetico ma "regale" (o messianico) quanto precede (50,4-9) e così tutti e quattro i poemi tratterebbero più chiaramente di un re.

[4] Si veda il mio studio "Sulle redazioni finali del Salterio", *RB* 106 (1999) 81-82.

tare" (10), mentre sono minacciati gli agitatori politici (11). In tal modo ci si aggancia ai successivi inviti all'ascolto: *šm'w* in 51,1 e 7, rivolti agli israeliti, e *hqšjbw* rivolto agli altri popoli in 51,4! E, d'altra parte, il tema del "risveglio dell'orecchio" (50,4b) resta agganciato al lieto messaggio del "risveglio di Gerusalemme", che inizia subito dopo (51,9.17 e 52,1), come causa ed effetto. Così, ora, il redattore interpreta il personaggio principale del poema come il profeta, che d'ora in poi consola Gerusalemme.

Per la critica testuale consideriamo solo il difficile 50,4aβ, che preferiamo lasciare intatto: "Per la conoscenza dell'umiliazione dello stanco (Dio) ha suscitato[5] una parola".

Is 52,13-53,12[6]

L'ultimo poema è inserito dopo le felicitazioni al messaggero del ritorno degli esuli e il relativo messaggio (52,7-12: "come sono belli i piedi..."). Effettivamente le sofferenze del Servo, solo qui pienamente annunciate e spiegate, risultano ora la causa della più profonda realizzazione di quella gioiosa profezia. Il giubilo finale del libro (*rnn*), (54,1 e 55,12), è ben staccato dalla fine del quarto poema immediatamente precedente. Quel giubilo è anticipato in 44,23, ripreso alla fine della prima parte (48,20), all'inizio della seconda (49,13) e in 51,11, ma ora, dopo l'inserzione del poema, acquista un significato più profondo, almeno per i cristiani.

Esso però rimase oscuro per lungo tempo, e lo mostra la tribolata situazione testuale, che riflette i tentativi secolari di capirlo o magari di oscurarlo.

Scegliendo tra le tante considerazioni di critica testuale, partiamo da quella su *mišḥat*, di 52,14. Il senso ovvio è "unzione" (messianica) e i rabbini del TM non l'hanno eliminato con altre vocalizzazioni, come hanno fatto invece i LXX (*adoxesei apo anthropon to eidos*), che lo rendono invece ptc. Hof. di *šḥt* (lett: "distrutto da uomo il suo aspetto"; ma quest'ultimo sost. *mar'ēh* è femm.!), anziché sost. da *mšḥ*. Questa scelta ci orienta già verso l'interpretazione messianica del poema, confermata nel successivo v.15 dal cenno allo stupore dei re (15a), che capiranno finalmente il mistero (15b), il che s'intende, così, come una meravigliosa allusione e commento al Sal 72,11 (tutti i re lo adoreranno). Dopo di che 53,2 risulta una chiara continuazione del discorso messianico, col suo cenno al virgulto dalla radice.

Proseguendo il discorso della critica testuale, osserviamo che in 53,4b

[5] Il verbo *j'jr*, inizio di 4b, lo aggiungiamo a 4a, come fanno Kittel e BHS.

[6] Si può citare ora un ennesimo e bibliograficamente abbondante studio di S. Sekine, "Identity and Authorship in the Fourth Song of the Servant. A Redactional Attempt at the Second Isaianic Theology of Redemption", *AJBI* 21 (1995) 29-56 e 22 (1996) 3-30.

mukkēh 'ĕlohîm è un ptc. Pu. in st.cs.: "colpito di Dio" e che 53,5b può tradursi: "il castigo è per la nostra pace[7], a suo danno, e nelle sue ferite è sanato, a nostro vantaggio", senza modifiche del testo. E soprattutto si potrebbe tradurre 53,8: "da oppressione e sentenza fu tolto (di mezzo), ma *alla* (*'et* = "con") sua discendenza chi parlerà?", tenendo presente l'eloquente parallelo (altrettanto messianico) di Sal 22,31b (*generationi futurae narrabitur*). Ma anche la traduzione abituale di 53,8 ("chi può descrivere la sua generazione?"), secondo le antiche versioni[8], non nasconde affatto il senso messianico che stiamo scoprendo. La sorpresa del parallelismo col Sal 22 aumenta là dove, con meno analogie di vocabolario, il salmo continua ricordando gente sepolta (22,30a), come il nostro 53,9a, dove modifichiamo solo l'ultima parola (*bĕmotājw*) seguendo Qumran: "diede (mise) il suo sepolcro con gli empi e col ricco la sua stele funeraria (*bômātô*)". Il versetto 9b, sull'agire non violento del Servo, si ricollega alla descrizione che ne dava già il primo poema (42,2ss.).

Anche il seme o discendenza (*zera'*) in 53,10b è in sintonia con Sal 22, (24 e) 31.

Infine, coll'aiuto della allusione ad un altro salmo messianico, il Sal 2,8 (ti darò genti in eredità) in Is 53,12, possiamo interpretare le preposizioni di *bārabbîm 'et 'ăṣûmîm* come complemento oggetto[9]; tanto più che i "molti" destinatigli come porzione in 12a (e non come *partners* nella preda) sono anche i "molti" per cui egli ha espiato (12b) e perciò l'ha meritata.

Analisi e interpretazione

1. Continuando il discorso sul IV poema, ma passando a forma e contenuto di tutti e quattro i nostri testi, ricordiamo la sua struttura stilistica[10], soprattutto il fatto che all'inizio e alla fine del poema parla Dio e, in mezzo ai Suoi due interventi, c'è il coro conclusivo. Passando al primo poema, costatiamo che anche lì è Dio che parla. Inizio e fine dei poemi, dunque, sono oracoli divini. Il secondo e il terzo poema sono invece dichiarazione del Servo.

Per l'ultimo poema abbiamo già anticipato la nostra opzione circa l'identità del Servo, facendo le osservazioni di critica testuale. La stessa opzione è da farsi anche nei primi due: la missione di decretare la sentenza e stabilire la giustizia, soprattutto se si tratta di essere salvezza per tutti i popoli e non per il solo Israele, non è compito di un profeta ma di un re. Le caratteristiche monar-

7 L. Koehler - W. Baumgartner, *Hebräisches und Aramäisches Lexikon zum Alten Testament* [= HALAT], Leiden 1995, 528: "Zuchtigung zu unserem Heil".

8 E secondo lo stesso HALAT, 1231.

9 Contro Hermisson, *Studien*, 228, nota 39 e p. 232.

10 È evidenziata da O.H. Steck, "Aspekte des Gottesknechts in Jes 52,13-53,12", *ZAW* 97 (1985) 36-58, citato da Hermisson, *Studien*, 229, nota 45, e accettata comunemente.

chiche di questa figura oggi dovrebbero essere riconosciute indiscutibilmente, se si dà al triplice *mišpāṭ* del primo poema il significato fino a ieri poco conosciuto, di cui parleremo presto: significa gesti politici *del re* più che sentenze di un tribunale.

Invece il terzo poema sembra che cominci descrivendo il Servo come profeta. La lingua (50,4) è il principale strumento della missione profetica. Ma poi essa serve poco. Si tratta infatti di accettare insulti e sputi, cioè quelle umiliazioni poi descritte più ampiamente nel quarto.

È difficile spiegare 50,4 anche per lo stato quasi incomprensibile di 4aβ. Se lo lasciamo com'è e come s'è detto nella critica testuale, chi parla è un profeta, che deve consolare lo stanco. Ma lo stanco sembra essere il Servo del secondo poema (49,4a!), cioè il re o messia, che va incoraggiato di fronte alle umiliazioni imminenti. Si intravede perciò un testo primitivo dove il profeta interviene per sostenere il Servo, che poi inizia a parlare in 50,5. L'orecchio apertogli da Dio, per intervento del messaggio profetico (del primitivo 50,4), sembra alludere alla foratura (verbo *ptḥ*) dell'orecchio dello schiavo, quando decide di non essere liberato nell'anno sabbatico, ma di essere Servo perenne del suo padrone. Il testo principale cui si alluderebbe è Es 21,6 (lì il verbo forare è *rṣ'*). Però anche la famosa pagina della profezia di Natan parla di disvelamento all'orecchio di Davide (2Sam 7,27: verbo *glh*), quando Dio gli rivela il progetto di costruirgli "un casato"! In questa luce andrebbe inteso anche Sal 40,7 (col verbo *krh*). Dunque originariamente anche nel terzo poema si parla soprattutto del messia. Quando esso fu inserito nel Deuteroisaia, nel cap. 50, il Servo diventa anche il profeta che consola Gerusalemme.

Risolta così la difficoltà, non ci sono più ostacoli ad interpretare in senso regale e messianico anche il terzo dei nostri poemi, nella sua forma primitiva.

2. Fin qui abbiamo citato soprattutto due studiosi che sono autorevoli per più titoli: per competenza, per aggiornamento e perché rappresentano i due campi principali della ricerca biblica, l'uno cattolico e l'altro protestante. Ad entrambi dobbiamo la spinta a superare finalmente le ancora abituali remore causate soprattutto dalla tesi del significato solo collettivo della figura del Servo[11] e quelle sulla genuinità dei poemi nel contesto deuteroisaiano. Negli studi

[11] Ovviamente l'esegesi ebraica sostiene l'interpretazione solo collettiva. Per una storia delle interpretazioni nel giudaismo si veda J. Rembaum, "The Development of a Jewish Exegetical Tradition regarding Isaiah 53", *HTR* 75 (1982) 289-311. Appoggia (troppo) questa interpretazione M. Remaud, *Cristiani di fronte a Israele*, Brescia 1985, per richiamare l'attenzione sulla shoà e la sua forza espiatrice. Qui possiamo ricordare l'affermazione già di H.E. von Waldow, "Der Gottesknecht bei Deuterojesaja", *TZ* 41 (1985) 201-219, che le interpretazioni collettiva e individuale non sono affatto in contrasto, affermazione ripresa e sviluppata dall'importante articolo di B. Janowski, "Er trug unsere Sünden. Jesaja 53 und die Dramatik der Stellvertretung",

citati essi si mostrano sempre più convinti che i poemi sono inseriti ma autentici e che la figura è originariamente individuale; e Grelot precisa giustamente che non è quella di un sacerdote[12].

Resta però da discutere in entrambi: chi sia questo Servo. Dalla tesi di Hermisson, che cioè il Servo è il profeta, ci siamo già dissociati, dimostrando il contrario e risolvendo la difficoltà costituita dal terzo poema. Non vale la pena fare altre discussioni. Osserviamo soltanto che lo stesso autore ripetutamente riconosce le caratteristiche regali del Servo[13]. D'altra parte non esistono tracce di una fine del Deuteroisaia così tragica com'è quella del Servo[14].

La tesi di Grelot, invece, richiede più spazio. Anche la nostra opzione monarchico-messianica è già chiara, dopo le osservazioni di critica testuale. Ma, all'interno di questa linea interpretativa, non accettiamo la sua successiva ipotesi che si tratti di Zorobabele, né la sua ambientazione generale dei poemi e di tutto il Deuteroisaia in Palestina[15], dopo l'esilio, anziché anteriormente e a Babilonia. A parte il fatto che non c'è nessuna prova, né verosimiglianza, che questo personaggio postesilico abbia subìto tutte le umiliazioni del Servo[16], la descrizione di queste e tutto il Deuteroisaia dovrebbero essere ambientati in esilio, luogo d'azione del profeta.

3. Chi è dunque la figura monarchica cui i drammatici poemi si ispirano e che descrivono?

Grelot stesso attira l'attenzione sulle umiliazioni di Jojachin e Sedecia e cita Sal 89,39-46, che ci autorizza a ritenere regali le sofferenze e le umiliazioni del Servo[17]. Peccato che la sua errata ambientazione, cronologica e geografica, dei poemi gli impedisca di fermarsi lì, in pieno esilio.

A Sedecia[18] erano in qualche modo connesse da Geremia le speranze messianiche appena prima della fine di Giuda, come mostra Ger 23,5-6 e 33,15-16 (*Jhwh ṣidqēnû*). Da parte sua il Deteronomista esilico le collega a Jojachin (2Re 25,27-30), beneficato alla corte imperiale dopo la tragedia. Anche l'altro re, Sedecia, finisce in esilio. Accecato dopo l'espugnazione di Gerusalemme e la sentenza imperiale o *mišpāṭ* (2Re 25,6-7; Ger 39,5 e, al pl., 52,9), stando ai

ZTK 90 (1993) 1-24.

12 Grelot, "Serviteur de Yhwh", 978.

13 Hermisson, *Studien*, 181-182, 191, 208, 215, 233. Egli dichiara che la missione del Servo ai gentili non può essere di un profeta, contro il parere di Elliger, BK, XI,3, 220-221. La interpretazione "profetica" di Hermisson sembra una strada obbligata, cui è costretto dal lavoro e dalla posizione del suo predecessore, nella precedente parte del commentario, interrotto a Is 45,7.

14 Non sono affatto convincenti le sue pp. 220-240, per dimostrare la morte tragica del profeta.

15 Grelot, "Serviteur de Yhwh", 960 e 975.

16 Grelot, "Serviteur de Yhwh", 997ss.

17 Grelot, "Serviteur de Yhwh", 979.

18 Interessante è l'articolo di C. Begg, "Zedekiah and the Servant", *ETL* 62 (1986) 393-398.

LXX è schiavo, forse in un mulino, a girare la mola (Ger 52,11).

Era d'altra parte in uso, a partire dalla morte di Giosia, anch'essa ingloriosa e tragica, fare dei lamenti sul re. Lo stesso Geremia ne compose; tutti i cantori, uomini o donne ne hanno poi sempre parlato: divenne una regola in Israele; sono scritti nelle lamentazioni (2Cr 35,25). Era inevitabile, dopo le ultime tragedie, aggiungervi ulteriori riflessioni, corrispondenti alle tragedie dei due ultimi re.

Anche prima di Giosia, specialmente in occasione dei funerali di corte, si dovevano fare lamentazioni. L'ambiente più adatto e probabile di tali lamentazioni era il culto del tempio e molti salmi di lamento ne sono probabilmente l'eco. In esilio si sceglievano altri luoghi[19] e dopo si tornò a ripeterle soprattutto in esso. Questi sembrano gli ambienti originali, per es., del Sal 31, dove uno con gli occhi imputriditi (v. 10) corrisponde probabilmente a Sedecia[20].

Nel culto, del resto, era da sempre ambientata l'ideologia regale, qualunque fosse la connessione di questa con la festa del nuovo anno. Se nel culto i re o chi per loro esprimevano i loro lamenti, era logico che, di fronte alla tragedia della monarchia, lì si cercasse di darsene ragione. Nel culto di Babilonia, del resto, era addirittura contemplata l'umiliazione rituale del re, nella festa dell'Akitu, prima della (rinnovata) incoronazione. Di lì gli esuli avevano nuovi spunti per cercare di capire quella tragedia e continuare possibilmente a sperare nel messia.

Ecco qual è la culla dei nostri poemi ed ecco perché essi, e con essi il Sal 22, anche se non chiamano esplicitamente re il personaggio sofferente e umiliato, erano sostanzialmente ed originariamente messianici, nel senso che costituiscono delle riflessioni sul destino della monarchia davidica alla luce della profezia di Natan e delle tragedie finali degli ultimi re.

4. Tale messianismo non si è aggiunto dopo. Semmai, dopo, il messaggio messianico vi si è affievolito. Il Deuteroisaia stesso deve considerarsi autore dei poemi, che originariamente erano solo indipendenti, ma non in contrasto con le altre sue profezie. Dopo l'esilio, invece, scomparso definitivamente il re, si è cercato di deviare su altri soggetti e di adattare alle nuove situazioni le speranze del passato. Per il giudaismo, così, il significato originale della figura del Servo comincia a diventare incomprensibile. Così, in particolare, quando si inseriscono i nostri poemi nell'opera deuteroisaiana, si danno alla figura altri significati: diventa il profeta o la collettività. Con tutto questo, la riflessione sul messianismo non è abolita, ma solo affievolita ed in qualche modo addirittura

[19] "Sui fiumi di Babilonia" (Sal 137) o presso i profeti (Ez 20,1).

[20] Cf. E. Cortese, "Dio rifugio nella preghiera del re e la storia della formazione delle raccolte davidiche", *RB* 108 (2001) 481-502.

ampliata. Cominciano le "riletture"[21]. Ma prima essa era più ambientata nel suo contesto e più in continuità con le speranze messianiche del profetismo e del culto e voleva semplicemente completare la loro antica descrizione del progetto messianico, aggiungendo la faccia negativa della medaglia.

La "giustizia" nei canti del Servo e nel DeuteroIsaia

1. La difficoltà del tema della giustizia nei poemi del Servo inizia dal significato di *mišpāṭ* e *ṣedeq*/*ṣĕdāqāh* in tutto l'AT. Di fronte ad un problema così vasto, la prima cosa da fare è offrire una semplificata sintesi generale sul tema e poi fare delle riflessioni più particolari e personali.

La radice semitica *ṣdq* significa principalmente ordine civile e morale-religioso, personale o collettivo[22]. È eloquente il fatto che in arabo *ṣaddîq* significa "amico fedele", colui con cui ci si sente in buone e sicure relazioni. Il nostro significato giuridico "giustizia" (da cui viene "giudice" o "ministero di grazia e giustizia") è raro e secondario, mentre siamo nella linea del significato originale quando parliamo della giustizia-virtù o di uomo giusto.

Quanto al sostantivo *mišpāṭ* i significati sono principalmente due: oltre a quello giuridico della sentenza di un tribunale, esso ha quello politico generale di governo giusto e si riferisce specialmente ai re[23].

Bisogna anche considerare il significato complementare dei due sostantivi (è soprattutto Weinfeld ad insistervi), che spesso formano un'endiadi, *mišpāṭ ûṣĕdāqāh,* quando si parla della politica regale. Naturalmente, poi, tutti questi significati sono pure usati metaforicamente, specialmente nel linguaggio religioso biblico, per descrivere l'operato divino, e perciò essi si moltiplicano ed acquistano finalmente il timbro escatologico. Un *mišpāṭ* o intervento di Dio in favore dell'individuo, con o senza un vero processo giuridico, o quello di JHWH-Re per il suo popolo, si attendeva sovente fin dalla prima monarchia e si capisce come poi, nell'esilio, gli attesi sconvolgimenti politici operati dai Persiani vengano indicati con questo nome in una dimensione ormai escato-

21 Grelot, "Serviteur de Yhwh", 1000-1005, esamina i LXX, Dan, Henoch, Qumran...

22 Si veda la voce "Gerechtigkeit" in M. Gorg - B. Lang (ed.), *Neues Bibellexikon*, Zürich 1992, voce di D. Michel, anche se la sua distinzione tra *ṣdq*-collettivo e *ṣdqh*-individuale e concreto non sembra convincente, né necessaria per mantenere al vocabolo il significato giuridico. È importante ora vedere HALAT, 943, per il sostantivo, e anche 940-941 per il verbo e 942-943 per l'aggettivo. Ben impostato mi è sembrato, infine, J. Scharbert, voce "Gerechtigkeit (I. AT)", in *Theologische Realenziklopädie*, XII, Berlin 1984.

23 Il significato giuridico è stato messo ben in luce da P. Bovati, *Ristabilire la giustizia*, Roma 1986 e l'altro, quello politico, da M. Weinfeld, di cui possiamo ora citare l'inglese *Social Justice in Ancient Israel and in the Ancient Near East*, Jerusalem 1995. Si veda anche la voce *špṭ* del ThWAT, Stuttgart 1994, di H. Niehr, che riconosce come primo significato di *špṭ* "governare" e non "giudicare".

logica[24]. Mi sembra molto importante sottolineare ancora quanto sia preziosa l'acquisizione dell'esegesi recente circa il significato "regale" di *mišpāṭ*: non solo per l'interpretazione monarchica del Servo, ma anche per i salmi: anch'essi diventano soprattutto "preghiera monarchica"!

Infine, partendo dal quadro generale presentato da K. Koch su *ṣdq* nel dizionario di Jenni - Westermann[25], faccio osservare che l'aggettivo *ṣaddîq* ha spesso valore sapienziale, ma non è così per il sostantivo. In Prov l'aggettivo c'è 66 volte, ma ricorrono ben poco *ṣedeq* (9) e *ṣĕdāqāh* (18). Nei salmi viceversa le due forme del sostantivo ricorrono in totale 83 volte e solo 52 l'aggettivo, il quale tuttavia ha il significato sapienziale solo raramente e nei salmi del genere (specialmente in 34 e 37); spesso è titolo attribuito a Dio o è aggiunta finale redazionale. Ma negli altri casi, spesso c'è da domandarsi se "i giusti" dei salmi non siano i cittadini fedeli della Gerusalemme preesilica. Del resto, se si tiene presente che tema e relativo vocabolario è pressoché assente nell'opera cronistica e nell'apocalittica, queste istanze non vanno oltre il primo periodo postesilico e dunque non hanno niente a che fare con l'ipotizzata classe dei pii, che secondo molti era in auge negli ultimi secoli prima dell'era cristiana.

Viceversa gli antichi nomi teoforici Melchisedec (Gen 14,18 e Sal 110,4) e Adonisedec (Gios 10,1.3) e il loro contesto gerosolimitano indicano che si ha ragione a postulare un carattere divino e gerosolimitano molto antico per *ṣedeq*, e la tesi di Weinfeld ne conferma l'antichità, nonché la prerogativa monarchica. L'ideologia regale davidica si è appropriata della cosa. Koch mostra che fino a Geremia (23,5 e 33,15) tale teologia è accettata (ma nei profeti precedenti non molto sviluppata) e che vi si oppone poi Ezechiele (e P), difendendo una giustizia basata sulle opere della legge, probabilmente in opposizione alla monarchia. Invece quella teologia viene ripresa ed esaltata dal Deuteroisaia. Per lui, che predice e proclama il ritorno degli esuli nella rivivificata Gerusalemme, è naturale tornare su quel tema e svilupparlo, nel suo aspetto esaltante, sulla città, e nel suo aspetto doloroso, sulle umiliazioni regali. Si noti bene: non è il Deuteroisaia che fornisce il tema alla tradizione e al salterio. È il salterio e la tradizione che ispirano il Deuteroisaia, il quale, a sua volta, elevando il tema ai massimi vertici, influisce sui nuovi salmi o sulla

[24] Nella raccolta dei salmi di JHWH-Re, nel nucleo primitivi molto antico, c'è già questa idea e terminologia. Essa è poi ripresa o sviluppata nell'esilio in sintonia col Deuteroisaia. Senza precisare qui le tappe letterarie e redazionali, ricordiamo Sal 94,15; 96,13; 97,2-6; 99,4. Per i dettagli si veda il mio "Sulle redazioni finali del Salterio", specialmente pp. 72ss, e H. Leene, "History and Eschatology in Deutero-Isaiah", in J. Van Ruiten - M. Vervenne (ed.), *Studies in the Book of Isaiah. Festschrift Willem A.M. Beuken* (BETL 132), Leuven 1997, 223-249.

[25] E. Jenni - C. Westermann, *Dizionario Teologico dell'AT*, II, Casale Monferrato 1982, 456-477; si veda la tabella iniziale dei dati.

redazione dei salmi vecchi.

Fatte queste osservazioni, ora possiamo vedere l'impiego del vocabolario su giustizia e giudizio nei nostri quattro poemi:

- La radice *ṣdq* è rara e càpita solo negli ultimi due: il Servo è sicuro che Dio lo "dichiara giusto" (Is 50,8; il verbo è all'Hi.); il che è ripreso in 53,11, dove appunto Dio dice che il suo Servo, perché "giusto", "giustificherà molti" (sempre all'Hi.), così almeno si usa tradurre. Nel primo caso però si dovrebbe piuttosto tradurre "renderà giustizia", non precisamente in senso giuridico[26]. Neanche nella nostra particolare tesi messianica, che sostiene l'allusione alla citata sentenza subita da Sedecia a Ribla, si può accettare un senso giuridico vero e proprio della profezia. Quella di Sedecia, semmai, è stata una sentenza ingiusta, che non gli ha reso giustizia! Nel terzo carme si tratta dunque di senso metaforico. Nel quarto si usa far scivolare il significato già verso la "giustificazione paolina" o remissione delle colpe, cioè verso la pienezza del significato religioso e teologico. Ma se conserviamo anche in 53,11 quello di "rendere giustizia", dato precisamente in 50,8, si dovrebbe pensare anzitutto ad una liberazione degli esuli e di tutti i poveri, beneficiari dell'operato del Servo. In tal caso il verbo *ṣdq* si accorda perfettamente con *mišpāṭ*. Il rendere giustizia alle moltitudini non è altro che la grandiosa operazione che il popolo attende secondo la predicazione dt-isaiana. Anche l'aggettivo *ṣaddîq* usato per il Servo nello stesso 53,11 sembra allora più comprensibile: non si tratta del pio giustificato, ma del programma messianico, del messia, che è pienamente giusto nel suo governo, conforme al suo Dio, tante volte proclamato giusto.
- *mišpāṭ* nei nostri poemi è più frequente. C'è in tutti e quattro: 42,1.3-4; 49,4; 50,8 e 53,8. Possiamo aggiungere, qui, che in 50,8 si trova anche il verbo *rjb*, che indica la contesa giuridica, cui seguiva, benché non necessariamente, la sentenza del tribunale[27]. Nella nostra tesi è facile constatare che all'inizio, cioè nel primo poema, abbiamo a che fare con gesti e attività di governo del messia. Ma già nel secondo il significato comincia a restringersi apparentemente verso il campo giuridico, quello della sentenza che il messia deve *subire*. Ed è questa che è indicata negli ultimi due poemi: il Servo sfida gli antagonisti del processo (50,8) e da esso è tolto di mezzo (53,8); un processo che, come abbiamo detto, ha un significato metaforico.

2. Prima delle considerazioni finali sui carmi e sulla giustizia è bene dare brevemente e senza troppe pretese uno sguardo allo stesso vocabolario in tutto

[26] HALAT, 942, traduce "Recht schaffen für" in 50,8 e "jmdm zu seinem Recht helfen" in 53,11. Perché questa differenza?

[27] È merito del lavoro di Bovati, *Ristabilire la giustizia*, aver precisato i contorni delle due forme: sentenza e contesa giuridica.

il Deuteroisaia. Al di fuori dei poemi, *mišpāṭ* è relativamente più raro di *ṣedeq*, ma vi è quasi assente il significato giuridico che ha nei poemi[28]. Un significato un po' simile del verbo *špṭ*, al Ni., è in 43,26: "discutiamo" (lett.: "lasciamoci giudicare"), nel contesto della remissione dei peccati (si vedano i vv. 25 e 27) e ancor più vicino è il significato del sostantivo nel tardivo 54,17. Invece negli altri passi la radice indica l'evento della liberazione dall'esilio e in 51,4 addirittura la salvezza per le nazioni, nel contesto in cui è ampiamente usato l'altro vocabolo *ṣedeq*.

Quest'ultima radice è molto impiegata nel Deuteroisaia, specialmente nei due sostantivi *ṣedeq*[29] e *ṣĕdāqāh*[30], che non sembrano avere significati molto differenti l'un dall'altro. Essi indicano una salvezza operata da Dio, che, per lo più è quella d'Israele (si veda specialmente 41-42) ed è collegata alle gesta di Ciro[31], volute da Dio, talvolta (Is 45 e 51,1-10) è salvezza anche per i gentili. Hermisson fa notare la grande concentrazione del nostro vocabolario nell'importante 45,8-25[32]. Va detto, però, che Is 51,1-8 secondo Hermisson è leggermente posteriore al primitivo Deuteroisaia[33]; potrebbe apparire quando i poemi del Servo vi vengono inseriti. In 46 e 48, per Hermisson pure essi tardivi, si parla di una situazione peccaminosa d'Israele, lontano dalla giustizia. Lì il senso spirituale dei nostri vocaboli sembra ancora illuminato dai nostri poemi, nei quali esso è maturato.

Invece in Is 54,11-17, il più tardivo, si dice che la *ṣĕdāqāh* divina sarà la base della salvezza d'Israele dagli assalti pagani. Prima tale piano salvifico era descritto col verbo *ṣdq* in 43,9.26[34], che indicava semplicemente l'intervento politico liberatore operato da Ciro; ora, invece, la "giustizia" di Gerusalemme è l'ordine salvifico offerto da Dio a Israele nel "giudizio" (*mišpāṭ*) o scontro con le nazioni. Invece nello stesso 51,1-10 e specialmente in Is 45 queste sono

[28] Tralasciando, ovviamente, i quattro poemi, lo incontriamo in 40,14.27 (e il ptc. pl. al v. 23); 41,1; 43,26, verbo al Ni.; 51,4 (vi è anche il verbo) e 54,17.

[29] 41,2.10; 42,6.21; 45,8.13.19; 51,1.5.7

[30] 45,8.23-24; 46,12-13; 48,1.18; 51,6.8; 54,14.17. Si aggiungano le forme verbali: 43,9.26; 45,25; e l'aggettivo: 41,26; 45,21 e 49,24.

[31] Comunque l'operato di Ciro non appare mai con le caratteristiche salvifiche (umiliazione propria e salvezza per tutti) che ha invece l'operato del Servo.

[32] Is 45,8.13.19.21.23ss. Cf. BK, XI,7 (1987) 4. Egli tiene conto qui anche del verbo (45,25) e dell'aggettivo (45,21). Sull'universalismo di questa pagina e del Deuteroisaia, con il citato BK, 1-80 e BK XI,8 (1991) 81-84, si veda anche A. Gelston, "Universalism in Second Isaiah", *JTS* 43 (1992) 377-398.

[33] Sul carattere tardivo di questi testi si veda H. J. Hermisson: non solo *Studien*, 245-252, ma anche già "Einheit und Komplexitaet Deuterojesajas. Probleme der Redaktionsgeschichte von Jesaja 40-55", in J. Vermeylen (ed.), *The Book of Isaiah. Le livre d'Isaïe. Les oracles, leurs rélecture. Unité et complexité de l'ouvrage* (BETL 81), Leuven 1989, 286-312. Ma vedi sopra, nota 2, l'aggiornamento e lo studio precedente.

[34] Altrove nel Deuteroisaia è solo in 45,25, e in senso salvifico universalistico.

dette anch'esse beneficate dalla salvezza divina. In Is 54,11-17 si torna alla tradizionale visione delle nazioni intese come nemiche d'Israele e non destinatarie della salvezza, si affievolisce la spiritualizzazione ed universalizzazione del concetto di *špṭ* e di *ṣdq* sviluppati nei nostri quattro poemi e si riaccende l'ostilità verso i gentili, come nel Sal 149.

3. I quattro poemi allora sembrano inserirsi esattamente tra il primitivo Deuteroisaia e i suoi ampliamenti. Sviluppano anche in maniera originale le idee del primo Isaia ed influenzano la concezione spirituale ed universale delle tappe redazionali successive[35]. Essi sembrano tra loro omogenei e perciò tanto più belli. Si comincia descrivendo la missione regale-messianica del Servo, presentato prima da Dio, il quale qui non agisce più direttamente, come nel resto degli oracoli deuteroisaiani, ma per mezzo del Servo. Poi questi si presenta e rivela che la sua missione è anche per i gentili. Egli comincia però a parlare di *mišpāṭ*, una sentenza che dovrà affrontare. Questa è infine descritta, prima dal Servo stesso nel terzo poema ed infine da Dio e dal coro del quarto. Ma l'esito approda al significato del contesto deuteroisaiano: la liberazione degli ebrei e "di molti". Può sembrar paradossale che il significato si restringa nei carmi su caratteristiche giuridiche, ma intese in senso metaforico e passivo: l'evento non è opera del Servo; egli lo deve subire. Come abbiamo visto c'è l'eco del tragico processo dell'ultimo discendente della monarchia davidica. Va sottolineata la linea paradossale del giudizio, che prima è operato dal Servo e poi lo subisce, linea opposta a quella degli esuli e di Gerusalemme, che, invece, va dall'umiliazione all'esaltazione. Il contrasto rende il paradosso del passaggio dalla politica regale al processo (escatologico) subito dal re letterariamente e teologicamente finissimo ed è proprio questo fatto che stimola le riflessioni e fa approfondire la teologia del messia sofferente.

Del resto un re d'Israele vittima di ingiustizie da parte dei suoi nemici, interni od esterni, non era una novità. E tali situazioni erano state descritte talvolta con la terminologia da noi considerata: p. es. nell'antico salmo monarchico 18,21 e 25 o in tutto il Sal 35 (vv. 23-24 con *mišpāṭ*; 24.27 e 28 con *ṣedeq*) sia nella storia dei re d'Israele (2Re 5,7) che di Giuda (2Re 18). Anche molte contestazioni profetiche alla monarchia o al popolo potevano essere definite ingiustizie nei lamenti dei re. Dopo le vicende dolorose della monarchia, che hanno trovato eco nelle lamentazioni liturgiche d'Israele, la fine tragica di Sedecia è stata l'ultima causa del geniale e profondo inserimento di quest'idea nei poemi del Servo e, mediante questi, in tutto il pensiero del Deuteroisaia.

[35] Se letto attentamente, il citato studio di Scharbert in *Theologische Realenziklopädie*, a p. 407, fa vedere come la spiritualizzazione dell'idea di giustizia (giuridica?), intesa come giustificazione e liberazione dal peccato, si imponga poi nel Tritoisaia.

4. A ben pensarci, era perfino necessario che proprio il re davidico subisse lui stesso tale condanna processuale escatologica e facesse in tal modo l'espiazione descritta dai poemi. Se c'era qualcuno in Israele colpevole del sovvertimento della situazione giusta era proprio la monarchia. Nasce soprattutto con essa una specie di capitalismo in anticipo e l'eversione dell'antica situazione sociale in cui ogni cittadino si sentiva tutelato: da un'equa e proporzionatamente uguale distribuzione della terra, allora principale fonte di sostentamento e di vita. Tutti ricordano, a questo proposito, l'episodio della vigna di Nabot (1Re 21). Quell'episodio è emblematico di ciò che costituiva tutto il contrario del *mišpāṭ ûṣĕdāqāh* del re. Nel caso si tratta di un re del nord. Ma i discendenti di Davide non si comportarono diversamente e se era attraverso tale monarchia che Dio voleva compiere il suo progetto salvifico, proprio in essa questo aveva trovato il suo fallimento. Già a partire da Salomone, maestro del famoso *mišpāṭ* tra le due madri (1Re 3,28) e celebrato al culmine del suo potere dalla regina di Saba, come costituito da Dio per esercitare *mišpāṭ ûṣĕdāqāh* (1Re 10,9), il progetto divino viene meno. Nessun suo successore sarà in grado di correggere la rotta sbagliata.

Non tutti i fallimenti in Israele, per la verità, sono da imputarsi alla monarchia. L'antica alleanza o *bĕrît* era venuta meno già al Sinai, quando il nuovo progetto della monarchia davidica non era ancora cominciato. Ad ogni modo non è certo con questa che le cose sono rimesse in ordine. È emblematico, a questo proposito, anche l'episodio di Ger 34,8-22, ultimo disperato tentativo della monarchia di correggere la rotta, con un'alleanza (*bĕrît* vi è usato sei volte) che restituisse la libertà tolta dai signori ai poveri. E, paradossalmente chi lo compie si chiama Sedecia, l'unico ed ultimo re il cui nome portava in sé l'utopia del progetto divino, fallito sia con le alleanze e sia con la monarchia. Eppure entrambi i profeti, il Deuteroisaia e Geremia, insistono nel dire che sarà proprio con un re davidico che Dio ristabilirà l'alleanza ed attuerà nel modo ideale il progetto divino: Dio stabilirà *bĕrît 'olām ḥasdê Dāwid hane'ĕmānîm* (Is 55,3); e il già citato evento felice del futuro per la casa di Giuda e per Israele sarà quel germoglio giusto (*ṣemaḥ ṣĕdāqāh*) che compirà sulla terra *mišpāṭ ûṣĕdāqāh* (Ger 33,15 e 23,5). Il potere politico, destinato da Dio a stabilire la giustizia sulla terra, si è rivelato quasi dappertutto e non solo in Israele una delle cause, se non la principale, dell'ingiustizia nel mondo. Non aveva torto Iotam, nel suo apologo antimonarchico (Giud 9): sono quasi sempre i pruni e non l'ulivo o il fico o la vite quelli che esercitano il potere. Ma il progetto di Dio rimane. Nel messia Egli purifica il potere monarchico e lo rende capace di compiere in maniera perfetta la sua missione. Per noi che crediamo nel messia, nella sua prima venuta, è ora possibile un riscatto del potere politico, ormai prevalentemente democratico, anche se in ogni forma del suo esercizio c'è sempre da vigilare e lottare contro deviazioni e imperfezioni inevitabili.

Concludo facendo osservare come questo discorso sia oggi più che mai attuale nella cosiddetta globalizzazione e dopo la scomparsa del marxismo. Ora che le forze economico-politiche dominanti non hanno più freno nell'estendere e rafforzare il loro potere, con tanto danno per i paesi poveri, anche il mondo scientifico biblico dovrebbe dissociarsi dalla sfera del potere dominante ed aprirsi di più a tale teologia, come parte e motore della Chiesa, Servo collettivo. Non sarebbe meglio che le Chiese, facendo ammenda del loro atteggiamento contro la Teologia della Liberazione, ne riprendessero decisamente le istanze, pur con le debite correzioni?[36]. È tempo di smetterla con la retorica dell'anti-comunismo o dell'anti-nazismo; bisogna affrontare i problemi del terzo millennio, soprattutto quello della povertà e della miseria, provocata dal mondo del progresso. Non è il comunismo che ha creato l'immensa povertà di oggi e di domani.

È contro le sue cause che il Servo individuale e collettivo, giusto tra gli ingiusti, deve impegnarsi oggi. Una delle due: o la Chiesa dei ricchi e i suoi biblisti oggi non è il Servo collettivo o, se lo è, non deve aver paura di stare, di fatto e non solo a parole, dalla parte di quelli che soffrono le ingiustizie.

[36] Ricordo che, a prescindere dagli schemi marxisti e da certe preferenze per la violenza, avevano il loro valore anche studi come quello di G. Kehnscherper, "Der 'Sklave Gottes' bei Deuterojesaja", *FF* 40/9 (1966) 279-282, o come A. Phillips, "The Servant-Symbol of Divine Powerlesness", *ExpT* 90 (1978-1979) 370-374. Anche la relazione di L. Dani al gruppo di studio sui carmi del Servo nel convegno ABI del 1975, sulle caratteristiche dell'uomo negativo nella scuola di Francoforte, in *RivBib* 24 (1976) 323-324 aveva il suo interesse.

GEREMIA 18: CON IL VASO, VA RIMODELLATA ANCHE L'ESEGESI

L'esegesi attuale dell'episodio geremiano del vasaio tende prevalentemente a definire la sua strana applicazione ai popoli pagani (Ger 18,7-10) una parentesi aggiunta, opera della redazione deuteronomistica (dtr) del libro. Essa fa riferimento alla duplice missione del profeta di sradicare e abbattere e di edificare e piantare (Ger 1,10). In effetti è difficile affermare che 18,7-10 sia originale, nonostante i tentativi recentissimi di Lundbom[1] e di Barbiero[2]. Il contesto di tutto il capitolo è piuttosto il castigo per il popolo d'Israele: non si parla di riedificazione. Mettere in dubbio l'originale autenticità di 18,7-10 non significa automaticamente dubitare anche di quelle espressioni sulla missione profetica, che si trovano in Ger 1,10; anche perché, se si vuol essere logici, vi si dovrebbe dubitare non solo del "edificare e piantare", ma anche dello "sradicare e distruggere", dal momento che entrambe le immagini, sia quella negativa e sia quella positiva, vi sono applicate in 18,7-10.

Del resto non sono molti, per fortuna, coloro che negano a Geremia tutti quanti i brani contenenti un messaggio salvifico, ritenendoli aggiunti solo dopo di lui (e contro di lui!)[3]. Però mi sembra giusto dire che non è del primitivo messaggio di Ger 18, l'applicazione al destino dei pagani di quei verbi sulla distruzione e la riedificazione, che sono genuini nel racconto iniziale della vocazione del profeta.

Abbiamo precisato che tali idee non sembrano originali "nel primitivo messaggio" di Ger 18. Per ora non escludiamo la possibilità che sia lui stesso, o Baruc, l'autore dell'aggiunta.

È un fatto che 18,7-10 è connesso con le strane espressioni salvifiche negli oracoli contro Egitto (Ger 46,26b), Moab (48,47) e Ammon (49,6), espressioni assenti nei corrispettivi passi dei capitoli 26,31 e 30,17-21 dei LXX.

Forse ha ragione la maggioranza degli esegeti, oggi, a ritenere primitivo il testo dei LXX rispetto a quello masoretico, almeno in generale. In tal caso è logico concludere che negli oracoli contro i pagani quelle speranze sono

[1] J.R. Lundbom, *Jeremiah 1-20*, New York 1999, 810-818, nel nuovo commentario dell'AB.

[2] G. Barbiero, "Vom Schnee des Libanon und fremden Wassern. Eine strukturorientierte Interpretation von Jer 18,14", *ZAW* 114 (2002) 376-390.

[3] Mi sembra che J. Blenkinsopp, *Storia della profezia in Israele*, Brescia 1997, 181ss, in questo pessimismo radicale sia piuttosto isolato.

aggiunte. Ma per lo stesso principio, della maggior autorità dei LXX, non si dovrebbero ritenere tardive le affermazioni salvifiche sui popoli vicini contenute, sia nell'ebraico che nel greco, in 12,14-17, oltre che nel nostro episodio del vasaio.

Ad ogni modo non si può dire che il messaggio della visita al vasaio sia completamente negativo, perché, accanto e dopo la distruzione della precedente forma dell'argilla, esso vuol indicare anche la costruzione d'una sua nuova forma. Anzi proprio i LXX lì indicano più esplicitamente la speranza. Infatti il greco di 18,4 (*epoiesen auto aggeion heteron*) si deve tradurre letteralmente "la fece (o: trasformò in) un nuovo vaso". Allora l'episodio insegna che dopo la distruzione di Giuda ci sarà una sua ricostruzione.

Da parte sua chi definisce 18,7-10 un'aggiunta deuteronomistica non ha affatto risolto il problema, perché l'idea della salvezza dei pagani non sembra familiare alla letteratura deuteronomistica. È vero che in Deut-2Re, cioè nell'Opera ci sono delle pagine come Dt 4,29ss o 30,1-10 che esprimono una speranza al di là del pessimismo. Ma anzitutto si è inclini a definirle piuttosto post-dtr. Inoltre esse esprimono una speranza per Israele e non per i pagani. Dopo tutto, sarebbe piuttosto ridicolo tentare di attribuire questa strana salvezza per i pagani alla scuola deteronomistica, cui essa non è familiare, e negare invece che l'abbia annunciata un profeta, cui non si deve negare un possibile messaggio di speranza.

I vecchi preconcetti dell'esegesi

Se vuole risolvere eventualmente il nostro problema, bisogna che l'esegesi di oggi si sbarazzi finalmente dei due vecchi preconcetti che ancora la bloccano: uno è quello di ritenere che in un profeta preesilico messaggio di castigo radicale e messaggio salvifico siano tra loro contradditori; l'altro è quello della redazione globale deuteronomistica del libro di Geremia.

La categoria degli esegeti anziani, cui appartengo, ricorderà le tesi radicali di Fohrer[4], il quale in genere definisce aggiunte postesiliche le profezie salvifiche che leggiamo nei profeti preesilici. Più recentemente si è arrivati alle esagerazioni di Westermann[5] contro la genuinità di ogni promessa e profezia

[4] Ne citiamo solo la sintesi per Geremia: G. Fohrer, *Die Propheten des Alten Testaments*. Band 2: *Die Propheten des 5. Jahrhunderts*, Gütersloh 1974: per Ger 18,7-10 si veda l'indice, p. 174. Ger 18 viene interpretato in maniera salvifica condizionata (la salvezza c'è se Giuda si converte): pp. 98-99. Fohrer non toglie a Geremia le molte pagine che oggi gli sono tolte, perché ai suoi tempi (i suoi studi sui profeti cominciano per lo meno negli anni cinquanta dell'ultimo secolo) non era ancora in voga la moda della redazione globale deuteronomistica di Geremia.

[5] C. Westermann, *Prophetische Heilsworte im Alten Testament* (FRLANT 145), Göttingen 1987.

salvifica preesilica, esagerazioni che oggi non sono più accettate da nessuno[6] e mostrano che i conti della vecchia esegesi non tornano. Già il lavoro di Schmidt aveva fatto capire come nei profeti stiano insieme la certezza del castigo e le esortazioni alla conversione in una prospettiva di speranza[7]. Senza allungare oltre questo punto della discussione, la concludiamo con l'eloquente ed importante dichiarazione di Preuss, nella sua Teologia dell'Antico Testamento: "Affermazioni o profezie salvifiche nei profeti preesilici non vanno a priori considerate aggiunte posteriori e non vanno sistematicamente attribuite alla comunità postesilica...". Non debbono ritenersi necessariamente dette dopo il compimento del castigo. Sono l'uno dentro l'altro... Solo nel Deuteroisaia la salvezza non sarebbe più mescolata con il castigo[8].

A queste affermazioni possiamo tutt'al più aggiungere ancora una precisazione: ammettiamo che castigo radicale e salvezza difficilmente possono essere insieme *nello stesso oracolo o predica primitiva*; ciò sarebbe psicologicamente e pedagogicamente strano. Ma possono essere entrambe esperienze, rivelazioni e insegnamenti autentici del profeta in momenti distinti della sua vita e fan parte entrambe della sua predicazione. Il medesimo profeta, venendo al caso nostro, può modificare personalmente, in un secondo tempo, il suo primitivo messaggio, mescolando così i due temi.

La redazione deuteronomistica globale e l'uovo di Colombo

Il secondo pregiudizio è quello della redazione deuteronomistica globale di Geremia. Esso ora è abbastanza diffuso tra gli esegeti e merita una discussione particolare. Possiamo considerarne capo-scuola attuale il già citato S. Herrmann, cui è affidato un grande commentario a Geremia, da lungo tempo bloccato ai primi fascicoli[9]. Egli aveva iniziato con lo studio delle attese salvifiche nella dissertazione del 1957 a Lipsia, considerando dapprima, nei libri storici, le promesse della terra, il tema dell'alleanza e la profezia di Natan, e poi lo sviluppo di quelle attese negli antichi profeti Osea, Amos, Isaia e Michea. Con l'abilitazione del 1957, egli passa ad una ulteriore tappa del lavoro e si occupa

[6] Criticato dagli stessi paladini della redazione globale dtr. Si veda S. Herrmann, *Jeremia. Der Prophet und das Buch* (EF 271), Darmstadt 1990, nella nota 220 a p. 122. Egli non lo mette affatto nella bibliografia finale.

[7] W.H. Schmidt, *Zukunftsgewissheit und Gegenwartskritik. Grundzüge prophetischer Verkündigung*, Neukirchen 1973, tradotto anche in italiano. Mi permetto di ricordare anche il mio "Le sventure annunciate dai profeti preesilici e l'escatologia dell'AT", *Theologia* (Milano) 1 (1977) 91-107, e anche "Escatologia del AT y Teologia de la Liberaciòn", *RevBíb* 51 (1989)129-141.

[8] H.D. Preuss, *Theologie des Alten Testaments*. Band 2: *Israels Weg mit JHWH*, Stuttgart 1992, 296. Ed è bello che egli, a pp. 87-88, si rifaccia alla teologia di von Rad, oggi a torto troppo dimenticata.

[9] *Jeremia: Biblischer Kommentar*, XII/1, Neukirchen 1986.

anche di Geremia, di Ezechiele e del Deuteroisaia. Il risultato è costituito da un libro in cui egli stenta a sottrarsi all'influsso di Fohrer e al pregiudizio contro la coesistenza di messaggio di castigo e di salvezza[10]. È lì che fa capolino la tesi della redazione deuteronomistica esilica di Geremia. Esilica perché a quel tempo si considerava ancora solo esilica l'Opera deuteronomistica, alla stregua di Noth, che, nella sua logica dell'unitarietà dell'opera, terminata con la distruzione di Gerusalemme e dell'esilio, non ne immaginava ancora una primitiva redazione preesilica.

In particolare Herrmann definisce deuteronomistico tutto Ger 18,7-12, mentre il primitivo racconto della visita al vasaio terminerebbe in 18,6[11]. È di un suo discepolo lo studio più sistematico in due volumi della ipotizzata redazione dtr globale di Geremia[12], studio che ha dato la spinta a quelli successivi. Si è concluso che tutti i discorsi o prediche in prosa del profeta sono tardivi e deuteronomistici. Si è arrivati anche a vedere l'opera di questo Dtr nella prosa dei racconti di Baruc, mettendo fuori scena il segretario del profeta, e qualcuno si è spinto a dire deuteronomistico anche qualche brano in poesia, vedendo che spesso le idee della prosa sono identiche a quelle degli oracoli poetici[13].

Per non dilungarci su questa produzione esegetica ricordiamo solo che differenti autori si sbizzarriscono ormai nello scoprire differenti e poco conciliabili costruzioni o disposizioni redazionali deuteronomistiche del materiale geremiano, sempre più ridotto, e di quello sempre più abbondante degli stessi redattori esilici e postesilici[14]. Così il pensiero genuino del profeta, già limitato ai soli (e non tutti i) brani in poesia, viene non solamente cambiato e anche falsato dall'esilico Deuteronomista ma ulteriormente trasformato e allontanato dal messaggio profetico primitivo, con l'ipotizzata redazione deuteronomistica tardiva di tutto il materiale, geremiano e post-geremiano.

Contro queste esagerazioni, cui da oltre vent'anni si è validamente opposto

[10] S. Herrmann, *Die prophetischen Heilserwartungen im Alten Testament. Ursprung und Gestaltwandel*, Stuttgart 1965.

[11] Ivi, 162.

[12] W. Thiel, *Die deuteronomistische Redaktion von Jeremiah 1-25* (WMANT 41), Neukirchen 1973 e *Die deuteronomistische Redaktion von Jeremia 26-45* (WMANT 52), Neukirchen 1981.

[13] È sempre un discepolo di Herrmann che arriva a queste conclusioni: T. Odashima, *Heilsworte im Jeremiabuch. Untersuchungen zu ihrer vordeuteronomistischen Bearbeitung* (BWANT 125), Stuttgart 1989, dove il termine *pre-dtr* non deve trarre in inganno: si tratta sempre di aggiunte tardive, non geremiane.

[14] Così L. Stulman, "The Prose Sermons as Hermeneutical Guide to Jeremiah 1-25. The Deconstruction of Judah's Symbolic World", in A.R.P. Diamond *et alii* (ed.), *Troubling Jeremiah* (JSOT SS 260), Sheffield 1999, 34-63, alla soggettiva strutturazione dtr di Ger proposta da Clements dieci anni prima contropropone la sua, altrettanto discutibile. Il tutto in nome del passaggio degli oracoli dallo stadio orale a quello scritto, anch'esso illustrato da Clements. Costoro dimenticano che anche gli oracoli in poesia hanno fatto lo stesso passaggio dalla fase orale a quella scritta, senza troppe modifiche, aggiunte e falsificazioni del pensiero del profeta!

il commentario storico-critico di Holladay[15], sta ora in parte quello di McKane[16], il quale, pur lasciandosi influenzare dalla corrente deuteronomistica, nega risolutamente che tutti i numerosi interventi deuteronomistici in Geremia siano d'un'unica redazione globale. Egli parla di uno sviluppo graduale, in parte molto tardivo, del pensiero del profeta (*rolling corpus*).

Una battaglia da tempo conosciuta e da alcuni ormai pienamente appoggiata contro questa corrente dell'esegesi geremiana è quella della Weippert, iniziata fin dal 1973[17]. Ella cerca di dimostrare che molti brani e discorsi ritenuti deuteronomistici in realtà non lo sono: tra essi Ger 18,7-10. Anche a proposito di questa corrente contraria alla redazione deuteronomistica tardiva ci accontentiamo di ricordare, tra le altre, un'ultima voce coraggiosa, che informa più completamente sugli opposti schieramenti e non si lascia imprigionare dalla questione dello stile deuteronomistico. Esaminando piuttosto i contenuti del nostro libro, dimostra come essi siano lo sviluppo della tradizione profetica precedente (Osea, Amos) e non invenzioni tardive. Lo stesso tema dell'alleanza non va più ritenuto esilico, contro la tesi difesa soprattutto all'Università di Gottinga. C'è già in Osea; e perciò anche in Geremia va ritenuto in generale autentico[18].

Questi sono alcuni dei tentativi recenti di sbarazzarsi dell'altro pregiudizio di cui parlavamo e di cui l'esegesi attuale è ancora molto prigioniera: quello della redazione globale deuteronomistica, esilica, di Geremia.

Ma nessuno fin'ora sembra pensare ad una nuova impostazione della questione, che potrebbe definirsi l'uovo di Colombo. Non so se ne ha il presentimento lo stesso Herrmann, che auspica una nuova soluzione alla fine di queste discussioni nel suo citato libro del 1990[19].

Non si deve più disputare sulla questione se un brano profetico sia o no deuteronomistico *e perciò esilico*. Potrebbe infatti essere deuteronomistico e nello stesso tempo preesilico e quindi eventualmente di Geremia o di Baruc. Se fosse vera questa ipotesi potrebbero aver ragione (e anche torto) sia i difensori della redazione deuteronomistica e sia i loro avversari.

È F.M. Cross il capo-scuola di quella concezione che ritiene preesilica la primitiva composizione dell'Opera deuteronomistica. Egli è seguito ormai da

15 W.L. Holladay, *Jeremiah* (Hermeneia), 2 voll., Philadelphia 1986 e 1989 rispettivamente.

16 W. McKane, *A Critical and Exegetical Commentary on Jeremiah* (ICC), anch'esso in due volumi, Edinburgh 1984 e 1996.

17 H. Weippert, *Die Prosareden des Jeremiabuches* (BZAW 132), Berlin 1973. Si dedica in seguito anche a Ger 31,31-34, in *VT* 29 (1979) 336-351. Si veda anche il suo *Schöpfer des Himmels und der Erde. Ein Beitrag zur Theologie des Jeremiabuches* (SBS 102), Stuttgart 1981.

18 H. Lalleman-De Winkel, *Jeremiah in Prophetic Tradition. An Examination of the Book of Jeremiah in the Light of Israel's Prophetic Tradition*, Leuven 2000.

19 A p. 181: "Es bleibt abzuwarten, ob es der Jeremiaforschung gelingt, eines Tages das Ei des Columbus".

tanti studiosi[20], ma è veramente strano che nella stessa America, dov'è di casa questa scuola, la problematica dello stile deuteronomistico in Geremia continui ad essere trattata nell'esclusiva prospettiva esilico-postesilica. Tipica e molto influente è stata infatti la posizione del commentario americano a Geremia di Carroll[21]. Questo strenuo difensore della redazione globale deuteronomistica tardiva, recentemente scomparso, ha fatto però in tempo, nelle ultime sue dichiarazioni, a constatare che nella sua scuola sembrano registrarsi dei cedimenti[22].

Eppure nella stessa Germania, dove è nata la teoria dell'Opera deuteronomistica esilica, soprattutto con M. Noth, e dove ha preso piede il suo sviluppo in tre strati redazionali, DtrH, DtrN e DtrP, tutti quanti esilici, ci sono autori che difendono una composizione preesilica, come per es. N. Lohfink e lo stesso Preuss. Questi ha presentato dieci anni fa un'autorevole rassegna sulla letteratura dell'Opera deuteronomistica, al termine della quale sposa sorprendentemente la causa della primitiva Opera deuteronomistica preesilica[23].

Allora se la primitiva composizione di Deut-2Re è preesilica, il suo linguaggio deuteronomistico è pure preesilico. Di conseguenza non si può più negare che anche il linguaggio in prosa di Geremia possa essere preesilico. Del resto sembra piuttosto ridicolo affermare che Geremia ha parlato alla gente solo in versi e non in prosa! Scompaiono perciò quei pregiudizi che facevano negare la possibilità che Geremia abbia partecipato alla vita sociale, religiosa e politica del tempo di Giosia e si prende sul serio la datazione della sua attività profetica fin dall'anno tredicesimo di Giosia (Ger 1,2 TM e LXX, cioè nel 627 a.C.), fin da prima della riforma. Si capiscono allora non solo i suoi entusiasmi poetici in Ger 30-31*[24], ma anche le sue esortazioni e poi i suoi rimproveri in prosa.

[20] Menzioniamo soltanto, tra gli altri, R.D. Nelson, *The Double Redaction of the Deuteronomistic History* (JSOT SS 18), Sheffield 1981, e M.A. O'Brien, *The Deuteronomistic History Hypothesis: A Reassessment* (OBO 92), Freiburg (Schw.) 1989.

[21] R.P. Carroll, *Jeremiah. A Commentary*, Philadelphia 1986.

[22] Si veda il suo "Something Rich and Strange: Imagining a Future for Jeremiah Studies", alla fine della già citata raccolta di Diamond *et alii* (ed.), *Troubling Jeremiah*, del 1999.

[23] H.D. Preuss, "Zum deuteronomistischen Geschichtswerk", *ThR* 58 (1993) 229-264 e 341-395. Egli presenta favorevolmente (258-259), tra le opere su Giosuè, il mio lavoro *Josua 13-21. Ein priesterschriftlicher Abschnitt im deuteronomistischen Werk* (OBO 94), Freiburg (Schw.) 1990, comprendendo come, in base alle mie conclusioni, sia possibile salvare sia la tesi di Noth dell'Opera deuteronomistica e sia quella del Tetrateuco. Altrettanto favorevolmente Preuss accoglie nella parte conclusiva della rassegna (393) il mio studio "Theories concerning Dtr: a possibile Rapprochement", in C. Brekelmans - J. Lust (ed.), *Pentateuchal and Deuteronomistic Studies* (BETL 94), Leuven 1990, 179-190, e le modalità con cui vi propongo brevemente la tesi dell'Opera deuteronomistica preesilica. Evidentemente l'autore della rassegna non conosce a sufficienza l'italiano per poter recensire anche il mio *Da Mosè a Esdra*, Bologna 1985, ora totalmente rielaborato, dopo più di venticinque anni di studi su Tetrateuco, Opera deuteronomistica e Opera cronistica: *Le tradizioni storiche d'Israele. Da Mosè a Esdra*, Bologna 2001.

[24] È noto e accettato da molti lo studio di N. Lohfink, per il quale Ger 30,5ss.12-15.18-21 e

Le aggiunte nel TM

Nessuno vuol negare il fatto che il testo ebraico ha molte aggiunte rispetto ai LXX. Ma nessuno dovrebbe confondere queste aggiunte con l'ipotizzata redazione deuteronomistica globale. Molte volte si tratta di semplici precisazioni, come l'aggiunta dei nomi dei personaggi. Dal punto di vista del contenuto, tolto Ger 33,14-26, o le aggiunte salvifiche negli oracoli contro Egitto, Moab e Ammon, viste all'inizio, non si hanno sostanziali novità nel surplus del TM, come mostra Stipp[25]. E non bisogna dimenticare che alcune di queste aggiunte non sono nella prosa deuteronomistica, ma in poesia, come 8,10ss;10,6ss.10;17,1-4; 30,10-11; 48,45-46.

Allora le aggiunte del TM sono tardive ma non si possono definire deuteronomistiche; tanto meno possono essere considerate parte della eventuale redazione globale deuteronomistica. I brani deuteronomistici veri e propri ci sono in entrambi i testi: nel TM e nei LXX; e dobbiamo ricordare che alcuni di essi non hanno in verità un contenuto teologico conforme alla letteratura deuteronomistica. Così è, come abbiamo visto, per il nostro 18,7-10 e per altri testi; specialmente il famoso passo sulla nuova alleanza di 31,31-34, come sempre più frequentemente oggi si fa notare[26].

Tornando al problema esegetico iniziale

Dopo tante considerazioni e precisazioni, possiamo ora riprendere il nostro sforzo esegetico sulla visita al vasaio di Ger 18 e i testi ad essa connessi.

In base al principio dell'anteriorità dei LXX sul TM e superando i pregiudizi della redazione deuteronomistica esilica, dovremmo dire che solo l'idea della salvezza negli oracoli contro i popoli pagani è aggiunta tardiva. Il riconoscimento dell'autenticità geremiana di molte esperienze salvifiche, a partire dal poema giovanile sul regno del Nord, fino all'azione simbolica della compera del campo (Ger 32), dovrebbe farci ammettere che l'esperienza della visita al vasaio e la relativa spiegazione non è originariamente un messaggio negativo, nonostante il contesto della predizione dell'infedeltà incorreggibile e della rovina. Bisognerebbe tener conto, qui, dell'eventuale spostamento redazionale (forse dello stesso Baruc) di Ger 18 vicino a Ger 19, sulla rottura simbolica del vaso, data la comunanza del tema del vaso distrutto. Soprattutto bisognerebbe

31,2-6.15-22 è un canto di propaganda per la riforma giosiana: "Der junge Jeremia als Propagandist und Poet. Zum Grundstock von Jer 30-31", in P.-M. Bogaert (ed.), *Le livre de Jérémie. Le prophète e son milieu, les oracles et leurs transmission* (BETL 54), Leuven 1981, 351-368.

25 H.J. Stipp, *Das masoretische und alexandrinische Sondergut des Jeremiabuches, Textgeschichtlicher Rang, Eigenarten, Triebkräfte* (OBO 136), Freiburg (Schw.) 1994.

26 Si veda ora B. Renaud, *Nouvelle ou éternelle Alliance?* (LD), Paris 2002.

tener conto di eventuali modifiche del racconto fatte dallo stesso profeta o dal suo segretario.

Dobbiamo ricordare qui che l'immagine del vasaio viene da Is 29,15-16. Il profeta la usa per ammonire i perversi e gli agnostici. Questa idea isaiana doveva essere nota a Geremia. Essa si diffonde in esilio (Is 45,9) e non ha neanche lì un significato propriamente salvifico. È ripresa poi in patria dopo l'esilio (Is 64,7), in una preghiera che, d'altra parte, non l'intende affatto come una dichiarazione di irreparabile distruzione, ma come garanzia di speranza.

Tale idea, comunque, in Ger 18,7-10 più che un messaggio salvifico sembra una considerazione teologica sulle vicende politiche, sugli alti e bassi della storia, sia d'Israele che del mondo, e vuol mostrare che nulla sfugge al controllo divino. Tale situazione storica, nazionale ed internazionale, genera il problema della retribuzione, non quello della retribuzione personale (come in Ger 12,1-2 e 17,5-11), ma quello in merito alla sorte dei popoli. Che Geremia fosse chiamato anche ufficialmente a pronunciarsi sugli eventi degli altri popoli lo mostra Ger 27,3 (il messaggio dell'accettazione del giogo babilonese, da rivolgere a Edom, Moab, Ammon, al re di Tiro e al re di Sidone), un episodio che va collocato nello sfondo delle consultazioni politiche internazionali all'inizio del regno di Sedecia[27]. Le prospettive geremiane della retribuzione non contemplano ancora l'al di là, perciò il profeta deve dar ragione anche della prosperità dei dominatori babilonesi. Le considerazioni di Ger 18,7-10 potrebbero essere sorte in tali circostanze, nelle quali il profeta modifica il primitivo messaggio della visita al vasaio. Esso forse era in origine ancor più ottimista e dava una risposta allo stesso profeta, imbarazzato dal crollo del regno del Nord, che, nonostante le profezie geremiane giovanili (in Ger 30-31), non dava segni di ripresa salvifica. Invece nelle tappe successive della vita del profeta e tanto più nel posteriore spostamento redazionale vicino al cap. 19, prevale alla fine l'aspetto della distruzione. Ma la speranza primitiva rimasta latente torna ad illuminarsi nei momenti finali della vita del profeta, dopo l'episodio dell'acquisto del campo di Ger 32.

Un buon esegeta di questa pagina oscillante tra speranze e minacce si rivela S. Paolo nella discussione sul rigetto non definitivo degli Ebrei, in Rm 9,20-21 e relativo contesto. Egli mantiene a Ger 18 il significato severo, ma senza lasciar cadere quello salvifico del traguardo finale, quando anche Israele sarà reintegrato nel nuovo popolo.

Sembrano molto assennate le osservazioni di Person sulla necessità di non concepire in maniera troppo letteraria le eventuali modifiche del pensiero del profeta. Si tratta in realtà di modifiche, ripensamenti, ampliamenti fatti nella

[27] Il TM all'inizio ha Ioiakim (27,1), ma si vedano subito dopo 3 e 12 (e l'apparato della BHS). I LXX sopprimono il primo versetto, forse per l'imbarazzo di questo errore redazionale.

predicazione *orale*[28]. Queste osservazioni hanno pieno valore se si adotta la soluzione dell'uovo di Colombo da noi presentata, perché allora questa predicazione orale in evoluzione la si mette sulla bocca dello stesso profeta, nel corso della sua lunga e varia esistenza ed esperienza.

Non osiamo tentare di collocare meglio e più precisamente le tappe di Ger 18 nella vita del profeta, tanto meno lo facciamo per i brani connessi: 12,14-17; 46,26b; 48,47a; 49,6. Se la soluzione dell'uovo di Colombo ha valore, per 18,7-10 si potrà anche parlare di aggiunta, e, se si vuole, di aggiunta deuteronomistica, ma si tratta di un'aggiunta che risale al profeta. Per alcuni degli altri testi invece si può parlare di aggiunta post-geremiana, ma senza tirare in ballo il Deuteronomista.

La conclusione importante (se mi è permesso di riandare ai tempi e al linguaggio sportivo di Gino Bartali) è la seguente: l'esegesi di Ger 18 è tutta da rifare. E non solo quella di Ger 18!

[28] R.F. Person, Jr., "A Rolling Corpus and Oral Tradition. A Not-so-literate Solution to a Highly Literate Problem", nella citata raccolta di studi edita da Diamond *et alii* (ed.), *Troubling Jeremiah*, del 1999, 263-271.

PER UNA TEOLOGIA DELLO SPIRITO NEL TARDO PROFETISMO

Il profetismo dell'AT è strettamente legato allo Spirito, ma la natura di questo legame non è sufficientemente chiara. Basti ricordare le osservazioni di H. Cazelles: lo Spirito è legato strettamente al messia e non ai profeti. Essi sono i ministri della parola di Dio, non dello Spirito[1].

Se poi ci portiamo ad esaminare Spirito e profetismo nella tarda epoca postesilica, i problemi aumentano e la chiarezza diminuisce ulteriormente. C'è anzitutto la difficoltà di stabilire un'epoca precisa per le ultime fasi del profetismo e la relativa datazione di libri e oracoli profetici.

Si mette anche in dubbio l'affermazione classica del giudaismo circa la cessazione dell'attività profetica[2]. Uno dei motivi potrebbero essere anche le nuove idee circa l'ultimo tipo di profetismo, che sarebbe piuttosto una continuazione redazionale delle profezie antiche (*Fortschreibung*) e non l'attività di veri e proprii profeti, come quelli esistiti anteriormente. Con questi dubbi contro la cessazione del profetismo dell'AT, si arriva addirittura ad immaginare che è lo Spirito, semmai, che è cessato e non il profetismo.

In questo studio vorrei tentare anzitutto (I) un orientamento generale nella ridda di opinioni della critica biblica recente circa le ultime tappe del pensiero profetico. In particolare (II), nel contesto dei Dodici profeti minori, considereremo poi Zac 9-14; per giungere, così (III), alle osservazioni finali circa l'evoluzione del pensiero dell'AT sullo Spirito nell'epoca postesilica.

I. I libri profetici postesilici e le loro redazioni

La panoramica sintetica che ora presento riguarda le opinioni correnti su formazione e redazione dei libri profetici del postesilio. Essa ha lo scopo di orientare sulla discussione e delineare il contesto del contributo specifico che il presente articolo vuole offrire.

[1] Cf. la voce "Esprit", in *DBS* 60, Paris 1986, 139-140; sui libri profetici tardivi, p. 151. Purtroppo non vengono considerati i testi riguardanti lo Spirito nella creazione, specialmente nell'uomo, per le ragioni che indicheremo alla fine.

[2] J.R. Levinson, "Did the Spirit Withdraw from Israel? An Evaluation of the Earliest Jewish Data", *NTS* 43 (1997) 35-45. Sui relativi testi della Mishnà e del Talmud torneremo alla fine.

I Dodici e la storia della formazione della raccolta

Il sommario dei due volumi di Nogalski[3] sui Dodici profeti minori parla di due blocchi antichi, ancora indipendenti tra loro: a) Osea, Amos, Michea, Sofonia e b) Aggeo e Zac 1-8. All'interno di questi due blocchi si noterebbero due rispettive redazioni che li legano tra loro e che si compiono in varie tappe. Poi, con l'inserzione di Gioele, Abdia, Nahum, Abacuc e Malachia i due blocchi vengono unificati in un complesso di 11 Profeti, chiamato strato redazionale gioeliano (Joel-related Layer). Nahum e Abacuc, ammette Nogalski, erano libri preesistenti, ma vengono integrati, al momento dell'inserzione, con altro materiale (salmico) e con ritocchi che li legherebbero agli altri libri del nuovo *corpus*. Gioele e Abdia addirittura sarebbero composti dal redattore o compositore di tale *corpus*. Quanto a Malachia, contro l'opinione della scuola cui Nogalski appartiene, non sarebbe puro prodotto redazionale finale. Esso preesisteva come raccolta di dispute profetiche e fu poi aggiunto a Zac 7-8, per correggerne le illusioni. Tutto questo, prima che vengano aggiunti gli ultimi strati redazionali, che sono quelli di Zac 9-14, un'inserzione che dà luogo, come quelle precedenti, ad altri interventi redazionali trasversali, fatti, cioè negli altri libri dei Dodici, per collegarli meglio tra loro.

Il blocco più antico dei Dodici, quello dei profeti più antichi, nasce appena dopo il 587. L'altro blocco, di Aggeo e Zac 1-8, nasce durante e dopo la ricostruzione del tempio. Tra il 400 e il 350 si compone il Joel-Layer, alla fine dell'epoca persiana; incluso Gl 4. Le successive e ultime tappe redazionali, Zac 9-14 e Giona, invece sono dell'epoca ellenistica.

Questa ricostruzione della storia della formazione dei Dodici è abbastanza plausibile, ma ha delle inevitabili incertezze: quale ricostruzione non ne ha? Però tra i punti più discutibili della tesi di Nogalski c'è, a mio avviso, la tendenza a vedere troppe redazioni trasversali nei Dodici. Non credo si possa negare che ogni libro abbia avuto una sua storia e le proprie redazioni. Ma si dovrebbe essere più cauti nell'ipotizzare delle redazioni comuni. Già sono sorte decise reazioni, che fanno notare come i pretesi collegamenti redazionali tra la fine di un libro e l'inizio dell'altro siano inesistenti. Additando i LXX e il loro ordine diverso dei 12 libri: Osea, Amos, Michea, Gioele, Abdia, Giona, Nahum, Abacuc, Sofonia, Aggeo, Zaccaria, Malachia, si è mostrata l'infondatezza delle ipotesi sui pretesi collegamenti notati nell'ordine del TM. Si è fatto notare anche che a Qumran, per lo meno in certi rotoli dei Dodici, pare ci sia

[3] J. Nogalski, *Literary Precursors of the Book of the Twelve* (BZAW 217), Berlin 1993; *Redactional Processes in the Book of the Twelve* (BZAW 218), Berlin 1993. Ci riferiamo alle pp. 274-280 del secondo volume.

un ordine ancora diverso, con Giona all'ultimo posto[4].

Non ci si deve far prendere dalla mania della redazione trasversale tutte le volte che, tra i vari libri, si notano analogie di pensiero. Questa mania porta addirittura ad ipotizzare una redazione comune e parallela tra i Dodici e Isaia[5]. Finora, fortunatamente, non mi risulta che, in questa specie di intertestualità impazzita, siano stati coinvolti Geremia ed Ezechiele.

Storia parallela dei libri di Isaia e dei Dodici!

Tale prospettiva esegetica è sinteticamente presentata da O.H. Steck, che possiamo ritenere il caposcuola della corrente della redazione trasversale[6].

Partiamo dal 500-450, epoca in cui abbiamo, da una parte, Is 1-34* e 36-39+*40-55 e *60-62 e, dall'altra, *Os-Mal I (cioè la prima tappa redazionale o *Fortschreibung* di Mal).

Le successive redazioni cominciano dopo il 330 circa. Come prima tappa, allora, avremmo, in due momenti distinti, Zac 9,1-10,2 e 10,3-11,3. Poi, all'epoca delle contemporanee redazioni di Is, vengono ritoccati specialmente Gioele, Abdia e Sofonia.

In Isaia, la prima è del 312/11 e la seconda del 311-302/1.

Chiedo scusa al lettore, ma vale la pena di registrare tutti i brani attribuiti alla prima: Is 10,20-23; 11,11-16; 13,5-16; *24-27; 30,18-26 (?: sic); 34,2-4; 35; 51,1-3 *4-5.6-8.10b-11; 52,4-6; 54,2-3.9-10; 55,10-11 (?: sic); 62,10-12;

e alla seconda: Is 1,27s(s); 4,2-6; 29,17-24; 33,14-16; 48,22; 51,16; *56,9-59,21; 60,17-22; *61,2; 62,8-9; 63,1-6.

Tornando ai Dodici, Zac 11,4-13,9 viene inserito subito dopo questa redazione di Isaia.

L'ultima redazione di Isaia avverrebbe tra il 302 e il 253: 1,29-31; 12,1-6; 14,1-3 (?: sic); 54,11-17; 56,1-8; 58,13-14; 60,12a; *61,3; 63,7-64,11, seguito in un secondo tempo da 65,1-66,24 e, ancora dopo, da 19,18-25. Infine, tra il 240 e il 220 nei Dodici si aggiunge Zac 14 e Mal 2,17-3,5 e 3,13-21. Gli ultimi ritocchi (Zac 12,1a; Mal 1,1; 2,10-12 e 3,22-24) sono della fine del sec. III o degli inizi del II.

[4] B.A. Jones, *The Formation of the Book of the Twelve. A Study in Text and Canon* (SBL DS 149), Atlanta 1995. Breve, ma ancora più critico, è E. Ben Zvi, "Twelve prophetic Book or 'the Twelve': a Few Preliminary Considerations", in J.W. Watts - P.R. House (ed.), *Forming Prophetic Literature. Essays on Isaiah and the Twelve. In Honour of J.D. Watts* (JSOT SS 235), Sheffield 1996, 25-156.

[5] E. Bosshard, "Beobachtungen zum Zwölfprophetenbuch", *BN* 40 (1987) 30-62.

[6] La somma dei suoi numerosi studi, alla quale ci riferiamo qui, è *Der Abschluss der Prophetie im Alten Testament. Ein Versuch zur Frage der Vorgeschichte des Kanons* (BTS 17), Neukirchen - Vluyn 1991; si veda la utile sintesi finale, pp. 196ss.

Nei Dodici, all'epoca ellenistica vengono datati solo Zac 9-14 e pochi versetti di Malachia. Invece, come si vede, molti sono i brani di Isaia che vengono definiti così tardivi. Tra essi non c'è solo Is 24-27, ma gran parte del cosiddetto Tritoisaia.

Questa scuola ha trovato subito molti seguaci. Ma, quando si comincia a riflettere, ci si accorge che ne nascono più problemi di quelli che essa sembra risolvere. Molti di noi sono disposti ad ammettere che una gran parte dei brani indicati siano delle aggiunte. E dobbiamo essere grati a Steck per aver elaborato questo importante prospetto di testi tardivi. Egli sostiene la tesi delle redazioni unitarie, già criticata in riferimento a Nogalski, suo discepolo. Ma pochi accetteranno che esse siano dell'epoca ellenistica. Siccome quasi tutti i passi che riflettono un contrasto tra i profeti e la cosiddetta teocrazia postesilica fanno parte di questo complesso, tale opposizione al profetismo verrebbe datata troppo tardi e non nel periodo che va da Aggeo e Zaccaria, cioè dal 520, fino al 320. Senonché attorno al 320, a giudicare dall'Opera Cronistica, che è nata a metà del IV sec., sembra che il contrasto sia sparito, che il profetismo sia finito, che sia ormai tutto calmo.

Questa inaccettabile datazione tardiva si basa su degli argomenti che possiamo riassumere così: il primo strato redazionale di Zac 9-14 parla dei greci e suppone l'impero di Alessandro Magno: Zac 9,13. Le altre, dunque, sono posteriori. Un grande argomento a conferma del primo sarebbe costituito dal binomio "Egitto-Assiria" nelle frequenti promesse di ritorno degli esuli nella letteratura profetica indicata (per es. Zac 10,10 o Is 19,23). Tale binomio non si spiegherebbe che a partire dal momento in cui l'impero greco fu diviso tra i diadochi, cioè dal 320 in poi.

Posizioni riequilibrate circa la formazione di Isaia

Continuando la critica della datazione proposta da Steck, possiamo fin d'ora osservare che, anche ammettendo una datazione ellenistica per il passo in cui si trova Zac 9,13, non è detto che altri brani di Zac 9-13 debbano essere così tardivi. E la divisione dei due blocchi imperiali, tra Est e Ovest, non ha aspettato a crearsi al tempo dei diadochi. Semplicemente, prima, era un'altra: Egitto-Persia; e non si vede perché un profeta non abbia potuto presentarla, già allora, con lo stesso binomio. Ricordiamo la colonia ebraica in Egitto a Elefantina. Il suo curioso tempio giudaico è distrutto nel 411 a.C., ma una colonia ebraica vi abitava già fin dal VI sec. Anche Gioele parla dei greci (4,6); e risulta dall'archeologia che essi erano più influenti dei persiani nell'ultima parte dell'impero di questi ultimi. Ma riprenderemo questi argomenti affrontando specificamente Zac 9-14.

Per ora occupiamoci piuttosto dei passi isaiani tardivi che abbiamo elencati. Sarebbero qui necessarie, ma troppo lunghe, delle argomentazioni esegetiche più ampie, su ciascuno di essi. Vale la pena però ricordare delle recenti ed autorevoli discussioni che, pur con molto *fair play*, rifiutano decisamente la moda della redazione trasversale che abbiamo descritto e le relative datazioni dei testi.

Per quanto riguarda quelli del *primo Isaia*, giudicati così tardivi da Steck, basti ricordare Williamson[7], che, tra l'altro, si oppone anche allo spappolamento del Deuteroisaia, ridotto dalla critica più recente a molti strati redazionali successivi. Egli afferma, contro Steck e la sua corrente, che molti brani del primo Isaia inseriti per collegarlo al Deuteroisaia sono opera dello stesso Deuteroisaia. Così il celebre Is 2,2-4 e altri passi, come 5,24-29; 8,21-22; 11,11-16; 12; 13,1-14,23; 33 in gran parte e 35, vengono esplicitamente datati all'epoca esilica o subito dopo, anziché al sec. III o alla fine del IV.

Quanto al *Tritoisaia*, i risultati di due tesi dottorali recenti, pur nelle loro inevitabili divergenze, concordano nell'affermare una datazione di gran lunga più antica di quella proposta da Steck. Lau[8], nella prima, dopo i brani entusiastici su Sion di Is 60ss, ritenuti antichi anche da Steck, e quelli altrettanto ottimisti che vengono poi a far loro corona (57,14-21 e, nell'ordine, 66,7-14 e 65,16b-25), ravvisa due altri grandi strati o blocchi dovuti a due cerchie di discepoli: uno, sostanzialmente, prima e l'altro dopo Is 60ss[9]. Quest'ultimo blocco di testi, che in realtà sarebbe cronologicamente anteriore all'altro, contiene critiche cultuali. L'altro quelle sociali. Li precederebbero cronologicamente i restanti brani: 56,1-8, del tempo di Neemia ed Esdra; 63,1-6, che risente ancora dei colpi subiti da parte di Edom, quando Gerusalemme fu distrutta dai babilonesi, e 63,7-64,11, una preghiera del primo periodo postesilico. Una caratteristica di questo lavoro è il presentare questo tipo di profezia tardiva come profezia dotta, piena cioè di allusioni o citazioni bibliche. Una *Schriftgelehrte Prophetie*, che potrebbe essere definita anche *Fortschreibung*, ma non certamente intesa come lavoro redazionale, scribale, fatto sul libro delle profezie precedenti, a tappe successive.

Smith[10], autore dell'altro lavoro, non segue questa impostazione e parla di un unico autore di Is 56,1-8; 56,9-57,21; 58 e 59; 65,1-66,17, che lavora sul precedente Is 60ss. Tutto questo complesso, incluso cioè Is 60ss, nasce dal 538 al 515. Posteriori, attorno al 450, sono solo la conclusione del libro, 66,18-24,

[7] H.G.M. Williamson, *The Book Called Isaiah*, Oxford 1994.

[8] W. Lau, *Schriftgelehrte Prophetie in Jes 56-66* (BZAW 225), Berlin 1994.

[9] Lau ritiene che faccia parte del secondo anche 57,3-13, ma la critica al culto ivi fatta è differente da quella di 64-65.

[10] H. Smith, *Rhetorik and Redaction in Trito-Isaiah. The Structure, Growth and Authorship of Is 56-66* (VT SS 62), Leiden 1995.

e 59,21. Dei due autori, solo Smith si interessa dello sfondo storico dell'opposizione tra la teocrazia e la profezia, una questione impostata già da Plöger. Con la sua rassegna delle numerose e discordanti opinioni recenti, Smith può ingenerare scetticismo. L'impressione finale è che i testi del Tritoisaia possono rispecchiare differenti contrasti e differenti gruppi, senza ipotizzare necessariamente una sistematica opposizione del profetismo al regime. Ed evidentemente questi contrasti non sono mai o quasi mai da porre nell'epoca ellenistica. Effettivamente se si esaminano le polemiche tritoisaiane si nota che non sono mai dichiaratamente contro la ierocrazia di Gerusalemme e assomigliano, semmai, a quelle dei profeti preesilici, comunque si debba interpretare la scissione cui allude Is 66,5. Neanche Is 24-27, la cui storia della formazione è forse da collocare a cavallo tra le epoche persiana ed ellenistica, sembra contro il regime. Se in questo abbia ragione Smith e non si debba generalizzare, lo vedremo alla fine.

In realtà l'universalismo espresso in 56,1-8 e 66,21, brani ai due estremi del TritoIs, da molti ritenuti però tra i più tardivi, riflette una posizione ostile alla ierocrazia. E per avere un quadro completo del problema, oltre alle osservazioni di Smith bisognerebbe, comunque, tener presente quanto attestano Zaccaria e Malachia. L'opposizione di quest'ultimo ai sacerdoti arriva a denunciare "l'alleanza di Levi" (Mal 2,4-8). Essa, checché ne pensi Smith, non va minimizzata. A questo punto si deve parlare di vera rottura del profetismo, o per lo meno di un certo profetismo, col regime. In Zac 11 (e 13,7ss), addirittura, il profetismo viene soffocato dal regime. Ma questo è un argomento che trattiamo ora, nella seconda parte, per arrivare alla quale abbiamo delineato la panoramica esegetica, cui ora poniamo termine.

II. Zac 9-14

Anche per Zac 9-14 partiamo dai risultati di studi recenti, la cui autorevolezza è data non solo dal fatto che si tratta di tesi dottorali, frutto di accurate indagini, ma, come nel caso dei due ultimi lavori appena citati, dall'aver alle spalle l'appoggio di grosse scuole e dei relativi studiosi. Schaefer[11], dunque, studia Zac 14, mostrando le sue relazioni di dipendenza dai precedenti capitoli, 9-13, e contemporaneamente la sua differenza rispetto ad essi. Egli data Zac 14 agli inizi dell'era ellenistica, ma afferma che i capitoli precedenti hanno una storia della formazione che va dal tempo di Dario, per Zac 1-7, fino alla fine dell'epoca persiana. Come si vede, queste affermazioni sono ancora una volta completamente contrarie alla tesi di Steck, di cui ora, dopo le riserve iniziali,

[11] K.R. Schaefer, "The Ending of Zechariah: a Commentary", *RB* 100 (1993) 165-238; "Zech 14 and the Composition of the Book of the Twelve", *RB* 100 (1993) 368-398.

riprendiamo la critica, concentrandoci su Zac 9-14.

Anche nell'ipotesi che Zac 9-14 non fosse che il prodotto di cinque o sei redazioni successive, non si può ignorare il materiale che esse incorporano. E se si esamina bene questo materiale si vede che ha più valore di quello che possono avere gli interventi dei redattori. Anzi un esame attento dello stile e della forma di questo materiale autorizza piuttosto a parlare di testi e brani uguali a quelli dei profeti classici, mentre l'ipotizzato redattore o compilatore, che mette assieme quei testi, non assurge alla dignità del precedente, vero autore.

In Zac 9-10 abbiamo degli oracoli; nel cap. 11 una o due narrazioni autobiografiche di azioni simboliche; gli oracoli di 12-13 e 14, infine, sono diversi dai primi perché compilati o composti mediante la frequentissima ripetizione della formula "in quel giorno". Per 9-10, poi, non si vede perché non si debba tentare di separare un oracolo dall'altro, come si fa per quelli dei profeti precedenti. Anche a prescindere dalla datazione troppo bassa, è sorprendente quanto sia trascurata la critica letteraria e formale nella teoria che stiamo criticando. Quanto all'ipotesi della redazione trasversale, vedremo dai confronti con altri profeti quanto Zac 9-14 sia diverso da loro nei passi paralleli: non si tratta dello stesso redattore.

Mi limiterò a considerare quattro punti. Il primo (Zac 9) e l'ultimo (Zac 14) sembra che non abbiano molto a che fare col tema che ci siamo proposti, ma hanno con esso delle connessioni che mi sembrano importanti per la teologia sullo Spirito e il profetismo in Zac 9-14 che vogliamo studiare. Il secondo punto è, ovviamente, quello delle azioni simboliche del cap. 11, cui aggiungeremo 13,7ss e anche 13,2-6, di argomento simile. Il terzo punto è Zac 12,10-13,1: la promessa dello Spirito.

Il messia umile

Come fa notare Petersen[12], il contesto generale di Zac 9ss è pacifico. Solo 9,13-16 e 10,3-11,3 parlano di guerra. Ora 9,13-16 è precisamente il punto di Archimede e di partenza per la datazione proposta da Steck, col suo cenno ai greci. Che esso possa essere inserito posteriormente nel contesto lo prova già il fatto della grossa confusione testuale indicata dall'apparato critico della BHS in 9,12b. Si notino anche i due *gam* di 9,11a e 12b. Inoltre il *kî mah ṭûvô*, dell'inizio di 9,17, che mi sembra un'interrogativo, potrebbe indicare la ripresa (e la conclusione?) del discorso sui beni promessi all'arrivo del messia umile (9,9), in 9,10-11 e 12a (b?). Invece l'altro *kî* (9,13) segna l'inizio della digressione bellicosa.

[12] D.L. Petersen, *Zechariah 9-14 and Malachi* (OTL), London 1995.

Senza questa interruzione, i primi due oracoli forse sono una composizione abbastanza omogenea, opera del compilatore. Il primo (9,1-8) è un oracolo che apparentemente è contro i gentili, ma, come già quello di Am 1-2, finisce con lo sguardo a Giuda; non più però minacciosamente. In Zaccaria, non solo si annuncia la presenza protettrice di Dio per il suo popolo, ma anche la trasformazione degli antichi nemici d'Israele (i filistei e i gebusei di 9,6-7 sono un ricordo dei tempi di Davide) in suoi clans. Sembra un primo abbozzo di quell'universalismo che vedremo svilupparsi dopo.

Non è detto, poi, che questa probabile interruzione militaresca dell'oracolo primitivo sia dell'epoca ellenistica. Le guerre tra persiani e greci sono cominciate molto prima. La vittoria dei greci su Dario, a Maratona, è anteriore a Neemia (è del 490). Ed è più probabile che la bellicosità contro i Greci di Zac 9,13 sia stata espressa piuttosto quando lo scrittore o profeta era ancora sotto la protezione persiana, che non quando divenne suddito dei Greci. Ma a noi interessa soprattutto 9,9-10, una delle perle più belle degli oracoli messianici, che sarebbe un peccato ridurre a *Fortschreibung*, o, ancor peggio, a prodotto redazionale. Qui il profeta rilancia il discorso sul messia, dopo le illusioni ingenerate dalle visioni di Zac 4 e le successive delusioni. Si tratta d'un messia individuale, salvatore (secondo i LXX; o "salvato" secondo il TM?), che non si identifica (contro Petersen) con la figlia di Sion, cui è promesso; essa non è il messia! Il profeta si rifà all'idea del servo di JHWH, che vince e salva attraverso le umiliazioni. È un tipo di annuncio a Sion come Zac 2,14 e Is 62,11, a loro volta dipendenti da Sof 3,14ss. Ma con la grande differenza che non si annuncia semplicemente la venuta del Signore Re. Zac 9,9-10 riprende e corregge le speranze del primo Zaccaria, che gli editori hanno corretto in 4,6-9 e con la (probabile) inserzione di Zac 3. In questi casi si vede chiaramente qual'è la differenza tra un autore e i redattori. E non c'è motivo perché l'autore del nostro oracolo non sia identico con quello delle azioni simboliche e dei rimanenti oracoli di Zac 12-13, che stiamo per esaminare. Anche (e a maggior ragione) se si trattasse di editori o redattori, perché mai avrebbero dovuto mettere tutti assieme in questi capitoli degli oracoli e delle gesta profetiche provenienti da altri profeti? Nell'ipotesi, poi, della redazione trasversale, avrebbero potuto tranquillamente distribuire in altri posti, con più logica e armonia di contesto, quelle loro riflessioni che, come abbiamo visto, essi hanno messo nei passi del primo Zaccaria.

È invece bello pensare che il profeta di 9,9-10 è lo stesso che poi si mostrerà critico degli altri pastori e che finirà vittima, voce profetica soffocata dal regime, per il suo entusiasmo nei confronti del messia e la sua condanna delle altre guide politico-religiose. È proprio quest'ultima voce profetica che, prima di venir soffocata, ha dato l'ultima splendida testimonianza al messia!

La fine del profetismo

Gli oracoli di Zac 10, anche se fossero opera redazionale, coi loro cenni al gregge (10,2-3) e ai pastori (10,3; 11,3) hanno lo scopo di portare alle niente affatto redazionali azioni simboliche descritte in 11,3-16 e ai relativi oracoli conclusivi: 11,17 e 13,7ss. Forse ciò che li precede (10,2) è già una lugubre antifona (forse redazionale) del disprezzo o ostracismo al profetismo, che sarà poi pienamente manifestato in 13,2-6.

Una previa e inevitabile discussione critico-letteraria riguarda 13,7ss. Come molti esegeti, pensiamo che il posto originale fosse dopo 11,16. Sia per il contenuto che per lo stile. Si parla della spada, sia in 11,17 che in 13,7, come minaccia contro il pastore inetto (*hā'ĕlîl* 11,17, o stolto: *'ĕwilî* v. 15), descritto dalla seconda azione simbolica; della spada contro "il mio pastore" (13,7). Zac 13,7ss fu poi trasportato dopo 13,2-6: l'ostracismo del profetismo, di stile completamente diverso. Il trasporto è fatto per enfatizzare l'ostracismo con questa minaccia finale. Con tale spostamento si tiene anche meglio tutto insieme il materiale sull'argomento dell'anti-profetismo. E noi, per il fatto che ci interessa appunto tutto l'argomento del soffocamento del profetismo, non andiamo oltre nella questione critico-letteraria.

Zac 11,4-16 e 13,7-8. In 11,4-16 sono narrate due azioni simboliche, ciascuna col proprio comando divino (11,4 e 15).

Nella prima il profeta descrive la situazione dei pastori. Essi non si curano delle pecore; di fatto le pecore usate come strumento dell'azione simbolica non sono un gregge normale, ma le pecore destinate al macello nei sacrifici; non le si può proteggere dalla morte! Alla condotta indegna dei pastori, evidenziata dal gesto profetico, segue la rimozione dei pastori (11,8). Non è necessario ipotizzare che abbiamo qui una glossa tardiva. È difficile però individuare le vicende storiche cui allude questo gesto. È interessante l'interpretazione che lo colloca al tempo di Esdra, tanto più se, come io penso, egli arriva all'inizio del IV sec., cinquant'anni dopo Neemia. Con l'autorizzazione del governo persiano egli imprime un nuovo ritmo alla teocrazia, emancipandola dai controlli del governatore politico di Samaria e dai poteri religiosi e laici (gli anziani?) di cui egli si serviva a Gerusalemme[13].

Potrebbe essere davvero dopo l'instaurazione di questo regime che il nostro profeta viene eliminato, secondo quello che indica l'altra azione simbolica.

Prima di esaminarla, però, vediamo ancora alcuni gesti simbolici della prima azione: la rottura dei bastoni. Anzitutto questi oggetti rafforzano l'im-

[13] H. Gese, "Anfang und Ende der Apokalyptik, dargestellt am Sacharjabuch", *ZThK* 70 (1973) 20-49. Lo studio è ora in *Vom Sinai zum Zion. Alttestamentliche Beiträge zur biblischen Theologie* (BEvTh 64), München 1974, 202-238.

pressione che l'azione profetica voglia rifarsi in qualche modo ad Ezechiele. Ricordiamo in primo luogo il famoso discorso contro i pastori (Ez 34) e poi l'azione simbolica dei due legni, da lui unificati (37,15-28). Il duplice oracolo sulla spada e le decimazioni in esso minacciate (Zac 13,8-9), infine, è soprattutto allusione alla predicazione di Ez 21 e dell'azione simbolica della spada di Ez 5, con i relativi castighi (un terzo dei peli colpiti con essa e un terzo dispersi, con ulteriori decimazioni del resto).

In secondo luogo notiamo che l'influsso ezechieliano sembra imporre automaticamente il significato dato ai pastori simboleggiati dall'azione di Zac 11,4-14: si tratta di guide politiche; se vanno presi in considerazione i sacerdoti, è solo in quanto essi sono diventati ora leaders politici, rappresentanti l'autorità persiana. Qui, per ora, non c'è nessuna avversione al culto come tale.

La rottura dei bastoni è un messaggio contrario a quello di Ezechiele. Rivela la delusione per i risultati della guida politica, dopo le illusioni date all'inizio della restaurazione e descritte dall'azione simbolica di Ezechiele. Forse la delusione riguarda anche l'operato degli imperatori persiani e il relativo progetto di liberazione degli esuli, osannati dal Deuteroisaia. Lo potrebbe indicare il cenno all'alleanza con tutti i popoli di Zac 11,10, in occasione della rottura del primo bastone: sembra alludere a Is 42,6 e 49,8, dove si dice che Ciro ha questa grandiosa missione.

La rottura del secondo bastone di Zaccaria, quello dell'unione d'Israele, tra Sud e Nord, non è, come vorrebbe Steck[14], un'allusione allo scisma samaritano, dell'inizio del III sec. Prima di esso le due parti del regno non erano affatto unite in un bastone solo! L'azione allude piuttosto al fallimento dei sogni e dei progetti, tra cui soprattutto quello di Giosia (2Re 23,15-20), di restaurare l'intero regno di Davide.

Veniamo ora alla seconda azione simbolica. Mi sembra che in generale non si presta la debita attenzione alla sua natura, differente da quella della prima. Il profeta non deve più simboleggiare i pastori. Deve sostituirsi ad essi. Questo significa che il profeta deve rivestirsi degli abiti e degli strumenti del pastore. Se è così, l'azione simbolica riflette i disperati tentativi d'un profeta o del tardo profetismo in generale di assumere la guida politica del popolo o di intervenire nelle scelte politiche contro il vigente regime, vista l'assenza del re e del messia e visto il fallimento di coloro che ne hanno fatto le veci nel primo periodo postesilico, fallimento descritto nell'azione simbolica precedente.

Un motivo di questa presa di posizione potrebbe già essere il tentativo di appoggiare qualche discendente di Zorobabele, contro le manovre sacerdotali che favorivano il sacerdote Giosuè rivelate da Zac 3,7-8. Questo, difatti, sem-

14 *Der Abschluss der Prophetie im Alten Testament*, 39-40 e 88-89.

bra un testo posteriore alla visione dei due olivi di Zac 4, cioè di Zorobabele e Giosuè ancora in accordo tra loro. Echi di tali tentativi profetici potrebbero esserci in Is 61,1-9 (con la relativa punizione da parte della teocrazia in Is 63,1-6?), se avessimo il tempo di indagare. Un'altra traccia di scontri profetici con la teocrazia sembra esserci in Ne 6,6 e 14: Sanballat, governatore politico samaritano, e il suo rappresentante Tobia, intralciano l'operato di Neemia, al punto di accusarlo di aver sobillato e assoldato profeti che lo appoggino nelle sue manovre. Tra l'altro, da Ne 13,4-7, risulta poi che Tobia si è strettamente imparentato con Eliashib, sommo sacerdote. Ecco già in azione una teocrazia! Notiamo che il materiale antico, premesso alla storia di Esdra, in Esd 5-6 parla di opposizioni analoghe e anteriori (per la costruzione del tempio), ma lì l'autorità civile rappresentante dei Persiani non è ancora legata al sacerdozio gerosolimitano. Esdra, poi, che arriva nel 398, col rescritto rilasciatogli direttamente dai Persiani (Esd 7) supererà definitivamente queste tensioni, finendo però per instaurare una teocrazia che, ai profeti, risulterà ancora più fatale. Il prezzo più caro lo pagheranno ad essa i profeti per il loro messaggio messianico. Se è vera la nostra data dell'arrivo di Esdra (398), è da quel momento che il destino dei profeti è segnato. Non dobbiamo semplificare e generalizzare. Un certo profetismo continuerà. Lo stesso Zac 14 e soprattutto, a mio avviso, Is 24-27 lo dimostrano. Ma sarà un profetismo che sul messianismo dovrà tapparsi la bocca.

L'oracolo della spada 11,17 conclude la seconda azione simbolica. Ma lo considereremo con 13,7ss, seguendo l'ordine redazionale finale.

Zac 13,2-6. L'esame critico-letterario di Zac 13,1-6 dimostra che esso va considerato la parte finale del discorso di Zac 12. In 13,1.2 e 4 abbiamo la stessa formula, che introduce il complesso di detti di Zac 12, e la profezia dell'acqua zampillante di 13,1 è un'ottimo complemento o conclusione di quella del dono dello Spirito di 12,10ss, di cui dobbiamo ancora occuparci.

Ma, come abbiamo ricordato sopra, a noi interessa soprattutto l'argomento dell'ostracismo dato ai profeti, tema di 13,2-6. Per questo consideriamo qui la pericope, a conclusione dell'analisi delle azioni simboliche appena descritte.

I profeti, che devono essere messi al bando, in virtù del parallelismo di 13,2b sono considerati portatori d'uno spirito d'impurità, con una terminologia (*ṭum'āh*) tipicamente sacerdotale. In questo brano l'opposizione ai profeti non solo è resa più esplicita, rispetto a 10,2, cui abbiamo accennato, ma rivela da che parte viene: dai sacerdoti. Agli occhi di questi l'azione dello Spirito nei profeti è completamente fraintesa: sembrano rinnegare lo Spirito; una bestemmia di quelle denunciate nel Vangelo (Mt 12,31-32)!

Zac 13,7-8 e 11,17. Non sappiamo se 13,2-6 allude a una persecuzione vera e propria o è solo un'allegoria. Ma il duplice oracolo della spada ci spinge a intendere alla lettera le botte (*makkôt* in 13,6 e *hakh* in 13,7) prese dai profeti. Forse anche la spada del duplice oracolo va presa alla lettera. Produce una vera trafittura, cui allude 12,10? Lo vedremo esaminando la relativa pericope. Tale spada va, comunque, spiegata secondo l'allegoria e la predizione ezechieliana della spada, cui le azioni simboliche di Zac 11 alludono, come abbiamo detto.

Così la spada profetizzata contro Israele si è rivolta, alla fine, contro gli stessi profeti, vittime del loro entusiasmo messianico, che ora è proibito. Così viene spento il loro occhio, un occhio politicamente scomodo e pericoloso, senza il quale la sorte delle pecore peggiorerà ancora (13,7-8); l'unico occhio capace di vedere il senso profondo della deludente storia postesilica. Quell'occhio che è descritto così vigile nelle visioni della notte famosa di Zac 2,1.5; 5,1.5.9; 6,1.

Il dono dello Spirito di grazia

Come è commovente l'ultima testimonianza profetica al messia, così lo è la profezia dello Spirito di Zac 12,10-14 (e 13,1 cui abbiamo gia accennato).

Essa, col suo timbro pacifico, contrasta col contesto dell'oracolo che inizia in 12,1 e che parla della fine del mondo con il tono bellicoso, di cui abbiamo parlato all'inizio dell'analisi di Zaccaria. Senza entrare nei dettagli, osserviamo l'andamento e il contenuto generale del discorso. Non senza richiamare l'attenzione sulla sua frase iniziale, di cui ci occuperemo nella sintesi finale sullo Spirito.

Gerusalemme è al centro della scena. Si allude all'assalto delle genti contro Gerusalemme, già narrato da Isaia, in riferimento all'assedio di Sennacherib, poi minacciato da altri profeti e specialmente da Geremia, in riferimento ai babilonesi, ma soprattutto ampliato in Ez 38-39. È specialmente a quest'ultimo testo che Zac 12 fa allusione. Gli abitanti di Gerusalemme saranno protetti, mentre saranno distrutti i suoi nemici (12,8-9).

A questo punto si parla dell'effusione dello Spirito. Il discorso prosegue con la promessa dell'acqua zampillante e si conclude con l'ostracismo ai profeti e l'oracolo della spada, di cui abbiamo già parlato. Era però necessario uno sguardo generale a 12,1-9 e 13,2-6, non solo perché sono la cornice del brano che ora dobbiamo esaminare, ma anche per prepararci a capire, nelle sue differenze e nelle sue istanze, il successivo Zac 14, che rifà tale discorso e che sarà l'ultimo punto del nostro percorso di Zac 9-14.

Nel discorso escatologico incentrato su Gerusalemme, dunque, abbiamo la pericope del dono dello Spirito di grazia e supplica (*ḥēn wĕtaḥănunîm*: 12,10). Dapprima è promessa l'effusione escatologica di tale Spirito sul casato di Davide e sugli abitanti di Gerusalemme, che provoca una speciale conversione

(12,10). Tale conversione vi (a Gerusalemme!: 12,11) si esprime con pianti e lutti in tutti i clans e, in particolare, anche in quelli levitici. In coincidenza spunterà lo zampillo dell'acqua purificatrice (13,1).

Esaminiamo meglio dono ed effetti.

Zac 12,10. Lo Spirito non è più solo per il messia, come nei testi isaiani (specialmente Is 11 e 42,1). È dato a tutti, ma non è una novità. L'aveva già detto Ezechiele più volte (in Ez 11,19; 37,14; 39,29 e soprattutto nel famoso 36,26-27) e l'ha ripreso Gl 3

Gioele, in aggiunta alla profezia di Ezechiele, aggiunge di suo che questo dono universale dello Spirito renderà tutti profeti; provocherà la diffusione della profezia. Senonché in Zaccaria è in corso l'ostracismo ai profeti. Ma lo Spirito non viene soffocato. Come abbiamo visto, a lui, contrariamente a Gioele, interessa molto il messia. Lo Spirito, per ora, non può riposare sul messia, perché la figura monarchica di supporto al messianismo è sparita da tempo. La presenza dello Spirito si noterà nella conversione di tutta Gerusalemme.

Esso non è però detto, come in Is 11, "Spirito di sapienza e intelligenza..." , insomma lo Spirito dei sei (sette nella versione dei LXX) famosi doni, destinati al buon governo messianico (Is 11,2-3); anche quello di Is 42,1 è uno Spirito che aiuta il messia a stabilire la giustizia sulla terra. In Zac 12,10ss, invece, lo Spirito per tutti è quello dell'amore divino e della conversione del popolo.

In 10aβ abbiamo la famosa e misteriosa frase: "guarderanno a me (*'ēlaj*) che hanno trafitto" (TM). Siccome è Dio che parla, risulta difficile capire in che senso egli è stato trafitto. La variante proposta dagli apparati critici è più comprensibile. Resta la questione: chi è il trafitto? Il profeta o il messia? La nostra risposta è: "tutti e due".

La questione del trafitto ci invita, prima di spiegare tale risposta, a riassumere quanto abbiamo detto prima a proposito della seconda azione simbolica e del duplice oracolo che la concludeva: la vittima, là, è il nostro profeta. Ci sentiamo anche spinti a rivedere la questione agitata dagli studiosi del NT, i quali, a proposito di Mt 23,35, pensano in maggioranza che lo "Zaccaria figlio di Barachia", portato da Gesù come ultimo esempio del trattamento omicida riservato ai profeti, non sia il nostro profeta ma quello del tempo di Ioas, di cui parla 2Cr 24,20-21. Si dimentica, così, che lo Zaccaria ucciso allora dal popolo era figlio di Ioiada (24,20), mentre è precisamente il nostro Zaccaria che, secondo Zac 1,1 e 7, TM, è figlio "di Barachia, figlio di Iddo". Come si vede, l'esegesi di Gesù è accurata.

Tornando, comunque, alla nostra questione, in "colui che hanno trafitto", si deve anzitutto vedere nel profeta non solo una persona ma ciò che in essa è stato trafitto: si vede, cioè, la soppressione del profetismo e del suo messaggio messianico. E, in secondo luogo, la conversione profetizzata diventa un piangere e rimpiangere i profeti, ma soprattutto quei valori messianici che essi hanno tenuto vivi e senza i quali la società ebraica non ha prospettive; è come una madre privata del suo figlio unico (12,10b). Al lutto per il profeta si aggiunge quindi quello per il messia, come conferma il brano cui ora passiamo.

Zac 12,11-14. Forse è per questo che segue qui un'altra suggestiva descrizione del pentimento e del lutto: è come quello di Hadad Rimmon, nella pianura di Meghiddo.

Qui credo abbiano ragione quelli che vi vedono un'eco dei lutti per la morte di Giosia. Laato[15], uno di loro, ricorda 2Cr 35,25: "Geremia compose un lamento su Giosia; tutti i cantori e le cantanti lo ripetono ancora nei lamenti su Giosia; è diventata una tradizione in Israele. Esso è inserito fra i lamenti". L'accostamento diventa ancor più suggestivo se si ha il coraggio di collegare in qualche modo questi riti a quello assirobabilonese dell'umiliazione del re nella festa del nuovo anno, o *akitu*. Non che in Israele ci fosse un rito analogo ai tempi della monarchia. E dopo, del resto, sarebbe scomparso, colla scomparsa del re. Ma i riti babilonesi menzionati e il lutto per la morte di Giosia influirono sulle riflessioni che prima, in esilio, hanno prodotto i quattro poemi del servo messia sofferente ed ora permettono al nostro profeta di vedere quei lutti nel futuro come delle meditazioni sullo stesso messia sofferente, come un'espressione della rinnovata fede messianica e della conversione d'Israele.

Quei lutti sono fatti da tutto Israele. Ma è nominato spesso *Giuda* (già in 10,3.6 e 11,14 e tutto il c. 12: 12,2.4-7 e poi in 14,5.14.21) e specificamente *la casa di Davide* (12,7.8.10.12 e 13,1) in 12,11-14. Sono menzionati in particolare quattro clans. Se è vero che Natan (12,12b) è un discendente di Davide e Simei (12,13b) di Levi (cf. Petersen, vedi nota 12), allora sarebbero menzionati solo il casato di Davide, con tutti i suoi discendenti contemporanei al nostro profeta, anche i meno significativi, e la tribù di Levi, con tutti i sacerdoti della teocrazia che gli si sono opposti. I primi per un verso e i secondi per l'altro sono quelli che più hanno contribuito a lasciar morire o a far morire le attese messianiche suscitate dai profeti.

Zac 13,1. La fonte (*māqôr*) aperta o sgorgante, che viene promessa è quella di Ez 47, tema ripreso già da Gl 4,18 (*ma'jān*). Questo detto conclusivo sull'acqua zampillante e purificatrice sembra contrapporsi alle allusioni di 13,2 sui profeti portatori di uno spirito impuro, che iniziano il già visto ostracismo ai profeti, prima del quale è stata data quest'ultima splendida testimonianza profetica allo Spirito e al messianismo.

Non possiamo ignorare il collegamento di quest'acqua col dono dello Spirito del detto precedente; il nesso non sembra essere l'effetto di un inter-

[15] A. Laato, *Josiah and David Redivivus. The Historical Josiah and the Messianic Expectations of Exilic and Postexilic Times* (Coniectanea Biblica OTS 33), Stockholm 1992.

vento redazionale posteriore. Chi ha disposto in quest'ordine i vari detti, che formano tutto il discorso di 12-13, questa volta è anche più che un compilatore superficiale. È l'autore del messaggio globale, sia egli il profeta o la sua scuola.

Nuova versione della fine del mondo

Gli eventi, dopo le profezie postesiliche già riadattate ai tempi nuovi, quelli di Neemia e di Esdra, continuano a deludere le attese[16]. Con la lenta ripresa, tra la gente continuano a prosperare gli empi, anche nel campo dei sacerdoti, gestori del potere nella teocrazia. Si sente il bisogno di dare una nuova versione della fine del mondo che tenga conto di questo fatto. Nel discorso precedente, di Zac 12-13, non si riserva ancora ai nuovi colpevoli il debito trattamento. Zac 12 è troppo ottimista su Gerusalemme e non fa le debite discriminazioni tra i suoi abitanti. Inoltre le sue velleità bellicose (specialmente 12,6), che forse mirano ad incoraggiare i depressi, sono diventate ridicole. Meglio contare solo su Dio. Si sente dunque il bisogno di rifare il discorso della fine del mondo.

Gerusalemme rimane al centro della scena, come in Zac 12-13 e tutti gli oracoli dei profeti precedenti. Si veda soprattutto Sof 3,9-20, portato spesso ad esempio di redazione trasversale, ed Ez 38-39, passi profetici cui Zac 14 si ispira. Notiamo che, in Sof 3, almeno il v. 8 è preesilico e parla già della raccolta delle genti contro e attorno a Gerusalemme. Penso che siano preesilici anche i vv. successivi: la sorte finalmente fortunata dei poveri (3,12) era un'istanza che dovevano sentire anche i profeti preesilici annunciatori della distruzione di Gerusalemme ad opera dei babilonesi. I poveri, infatti, sarebbero stati vittime innocenti del castigo. Ma anche ammesso che tutto Sof 3,9-20 sia postesilico, non abbiamo qui affatto la stessa redazione cui si attribuisce Zac 14[17]. In Sofonia non si parla di distruzione di Gerusalemme. Così pure in Ez 38-39, che, almeno per adesso, non è stato ancora intaccato dai sostenitori della redazione trasversale.

Neanche Gl 4, il più parallelo a Zac 14, può essere addotto come prova di tale redazione trasversale[18]. Perché mai solo Gioele dovrebbe parlare là di

[16] Secondo J.P. Weinberg, "The Perception of 'things' and their Production in the OT Historical Writing", in E. Ulrich *et alii* (ed.), *Priest, Prophets, and Scribes. Essays on the Formation and Heritage of Second Temple Judaism in Honour of Josef Blenkinsopp* (JSOT SS 149), Sheffield 1992, 174-181, il periodo di Esdra-Neemia è stato quello economicamente più povero.

[17] Lo stesso Nogalski, *Literary Precursors*, 176-177, in realtà non segue il suo maestro (Steck, *Der Abschluss der Prophetie im Alten Testament*, per es. p. 37) nella datazione ellenistica di Sof 3,9-20!

[18] Così Nogalski, *Redactional Processes*, 4-5 e 26ss, ancora una volta contro Steck, *Der Abschluss der Prophetie im Alten Testament*, 83, che data Gl 4 al 310 a.C.

"valle di Giosafat" (4,2.12) e di "valle della decisione" (o "del triturato"? 4,14) e Zac 14 no? Per contro in Zac 14,5, semmai, *gē'-harîm* allude piuttosto alla "gehenna" di Ger 7,32 e 19,6 (si veda l'apparato critico BHS di Zac 14,5). Per giunta anche in Gioele Gerusalemme non patisce danno: "Il Signore ruggisce da Sion... Gerusalemme è un santuario" (4,16-17). Vi manca (v. 17b) la prospettiva salvifica universalistica che noteremo invece nella seconda parte di Zac 14.

Zac 14, a parte la sua prospettiva salvifica universalistica, è l'unica descrizione profetica postesilica della fine del mondo che riservi una distruzione anche per Gerusalemme (v. 2). Essa recupera, così, pienamente i tratti del castigo alla città, proprii dei profeti preesilici. Ed è solo a questa profezia che Gesù ha potuto appoggiarsi nella sua predizione della distruzione della città, nel contesto del suo discorso escatologico. La profezia di Zac 14 è la somma finale di tutte le predizioni profetiche su Gerusalemme.

Il complesso dei detti, introdotti e ordinati con la stessa tecnica usata prima in Zac 12-13, cioè con la formula "in quel giorno" e le sue lievi variazioni, lo potremmo dividere in tre parti: 1-5: sconquasso della città e del monte degli Ulivi; 6-11: loro sistemazione grandiosa; 12-21: visione universalistica finale.

Ci limitiamo ad alcune osservazioni. La distruzione di Gerusalemme finisce fortunatamente per essere una grandiosa trasformazione edilizia, come risulta poi al v. 10. La spaccatura del monte degli Ulivi, più che una breccia per la fuga degli abitanti della città, sembra l'apertura della strada per la venuta del Signore, predetta da Ez 40-48, e per la processione delle genti, di cui nell'ultima parte del nostro capitolo. Le acque vengono ingrandite (v. 8) rispetto a quelle di Zac 13,1, sulla spinta di Ez 47. Le piaghe per i nemici e i loro cavalli (14,12 e 15, e, in 18, per i gentili recalcitranti) sembrano evocare quelle d'Egitto: questa volta non per uscire e fuggire, ma per l'arrivo finale e pacifico di "tutte le famiglie della terra" e dei loro cavalli, considerati anch'essi sacri (v. 20). In maniera un po' curiosa, nuova e forse timidamente polemica, si descrive il disegno universalistico di Dio. Il profeta sembra voler dire basta a tutte le prescrizioni e precauzioni rituali sacerdotali su animali e vasi sacri, che avevan fatto la fortuna di tanti sacerdoti, e voler aprire le porte della salvezza ai gentili, senza pregiudizi razziali. Secondo il v. finale tutte le pentole sono sacre e i "Cananei", banditi dalla città, sono precisamente sinonimo di "commercianti": si veda l'apparato critico di Zac 11,7.11. È l'unica libertà di espressione che si possono permettere i profeti di quest'epoca.

I colori apocalittici (14,6-7) si capiscono bene se il discorso nasce al momento del crollo persiano, il crollo di un'era; tanto più se l'ambiente è quello di cerchie emarginate dalla teocrazia.

III. Osservazioni conclusive

Nel cammino verso la valutazione dei dati e le eventuali riflessioni finali, che raggrupperemo attorno a due temi: fine della profezia e sintesi profetica sullo Spirito, è difficile superare gli ostacoli di tanti luoghi comuni e della relativa confusione odierna.

Mi sembra che non si distingua sempre accuratamente tra autori degli oracoli profetici, compilatori, redattori dei singoli libri, collettori di più libri e redattori degli elenchi e dei canoni. Se il profeta tardivo, oggi chiamato volentieri *Fortschreiber*, va assimilato all'autore profetico classico, si può dire che la stessa figura del compilatore, o la scuola dei discepoli del profeta, solo qualche volta può arrivare ad essere considerata come autore, ma sempre in seconda linea. Ciò vale anche per quei testi che, nei tempi difficili del profetismo, quelli tardivi, vennero inseriti nei libri profetici precedenti. Ma totalmente distinto dai precedenti è il redattore, almeno nei libri dei profeti. Gli interventi redazionali non intaccano più sostanzialmente l'opera. Il redattore è ormai lontano, staccato da essa, così come ne è distante il collettore di più libri. I redattori dei canoni, poi, non hanno più modificato in nulla i libri raccolti nei loro elenchi. Sono perciò delle speculazioni da prendere con cautela quelle che enfatizzano la differenza di disposizione dei libri biblici nel canone ebraico rispetto a quello greco[19]. Se ci sono nei differenti ordini di libri o canoni delle differenti interpretazioni, intese dai collettori, e dei differenti messaggi, essi sono da attribuirsi al collettore dei libri e non ai libri stessi. Uno o più libri biblici che si trovano in entrambi i canoni non cambiano il loro significato. Il libro può acquisire una sfumatura nuova, che viene dal complesso nuovo in cui viene a trovarsi, ma il suo significato fondamentale è quello stesso che il libro ha nell'altro canone e su tale significato fondamentale è possibile confrontarsi tra ebrei e cristiani.

Le tappe principali della storia postesilica entro la quale vanno collocati e datati i brani profetici studiati sono le seguenti: il ritorno dei primi esuli, che ricostruiscono il tempio, il periodo di Neemia, la cui attività si svolge in due tempi, l'opera di Esdra (ma per molti egli non è posteriore) ed infine l'epoca ellenistica, dapprima con Alessandro Magno e poi coi Diadochi, fino alla rivolta dei Maccabei. Si deve tenere anche presente che, contemporaneamente all'ultima tappa, sta maturando e si compie anche la scissione di Qumran. Essa, infatti, potrebbe essere un effetto dell'opposizione profetica alla teocrazia; è,

[19] Per es. J.A. Sanders, "Hermeneutics of Text Criticism", *Textus* 18 (1995) 1-26; qui 16ss. Confluiscono in questa opinione, oggi in voga, quella, vista e criticata, della maxi-redazione tardiva dei Dodici profeti, quelle sul canone e quella che vuole evitare confronti polemici e potenzialmente non ecumenici con l'ebraismo.

comunque, un effetto della stessa causa. Ma oltre a conoscere poco episodi, movimenti e tappe storiche, è molto difficile stabilire a quale di esse corrisponde ciascun testo profetico, tenendo presente che anche nei libri dei profeti preesilici si deve ammettere l'inserzione di brani esilici o postesilici.

A proposito dei testi del tardo profetismo, abbiamo solo suggerito delle ipotesi vaghe. Ma abbiamo visto che i periodi possibili sono, in genere, quelli della tarda epoca persiana e non di quella ellenistica. Mi sembra che con l'arrivo di Esdra, per me all'inizio del IV sec., la teocrazia si è ulteriormente irrigidita nei confronti del profetismo.

Fine del profetismo

Dalla nostra analisi di Zaccaria deduciamo che ci dev'essere stato qualche gesto autoritario grave, in reazione a tentativi del profetismo, contrari alla teocrazia. Come supposizione ho indicato un altro esempio, probabilmente anteriore, di intervento profetico particolare rimbeccato violentemente dalla teocrazia: Is 61,1ss e 63,1ss. Ma va soprattutto ricordato che i profeti postesilici prendono spesso posizioni scomode o addirittura contrarie al regime teocratico. Ne individuiamo almeno tre: l'universalismo, il fallimento del culto e il messianismo. L'universalismo, inteso come superamento delle barriere imposte nel culto e difeso nella forma che leggiamo in Is 56, ad epoca postesilica inoltrata, comincia ad essere intollerabile per i sacerdoti della teocrazia. Così anche quello di 66,20-21 e soprattutto quello di Zac 14,20-21, che proclama sacre anche le bardature dei cavalli e dice che qualsiasi pentola a Gerusalemme va bene per i sacrifici. Qualche critica al culto non sincero (per es. Is 65), in fondo non colpisce direttamente chi gestisce il culto; è come quella degli antichi profeti. Ma l'oracolo di Mal 2,3ss, che predice la fine del culto, non è sullo stesso piano e si capisce che scateni una reazione violenta. Soprattutto, dopo i ricordati tentativi di subentrare ai sacerdoti nella questione messianica, il profetismo viene drasticamente messo sotto controllo. Lo sfondo delle azioni simboliche di Zaccaria che abbiamo esaminato, è messianico. È per amore degli ideali messianici che il profeta condanna la gestione della politica teocratica proponendosi come alternativa pericolosa. La reazione dei capi della teocrazia dev'essere stata violenta e non sono pura allegoria le minacce della spada di 11,17 e 13,7ss. E possiamo dire che se il profetismo è morto, nel senso che abbiamo detto sopra, è morto soprattutto per il suo messianismo.

Se la reazione teocratica non ha soffocato il profetismo in maniera totale, sembra che nella seconda metà dello stesso secolo, di fatto, il profetismo scompaia dalla scena. Nonostante l'apparente culto del profetismo, con le Cronache e la loro opera esso si può considerare soffocato. Viene in mente il rimprovero evangelico: si fanno monumenti ai profeti quando non ci sono più o perché non ci siano (Mt 23,29ss). Forse è per questo controllo del regime, iniziato assai prima e aumentato con Esdra, che i profeti hanno preferito, talvolta, inserire i loro discorsi in libri precedenti. Tutti sanno che i profeti finiscono in cerchie apocalittiche, fuori dell'ufficialità, come è il caso di Daniele. Alcuni lamenti biblici sull'assenza del profetismo (Sal 74,9; Lam 2,9) indicano un suo silenzio passeggero. Ma altri testi più tardivi, come 1Mac 4,46; 9,27; 14,41 e il deuterocanonico Dn 3,38, lamentano un'assenza che non è più solo passeggera. Se dunque la tradizione rabbinica (*Sota* 13,2-4) dice che nel postesilio cessa la profezia, cui fa da bordone l'affermazione che lo Spirito si è ritirato da Israele (*Yoma* 9b)[20], non l'ha affermato per voler togliere l'autorità canonica a quei libri che i cristiani hanno aggiunto! Se, contro i luoghi comuni di oggi, accettiamo come fatto vero la scomparsa della profezia, possiamo capire anche meglio la frase finale di Malachia, probabile conclusione redazionale di tutta la raccolta dei Dodici profeti minori, se non di tutta la parte dei Profeti (da Giosuè a Malachia; o addirittura da Dt in poi, cioè dall'inizio dell'Opera dtr?) nel canone ebraico:

Tenete a mente la legge del mio servo Mosè,
al quale ordinai sull'Oreb,
statuti e norme per tutto Israele.
Ecco, io invierò il profeta Elia prima che giunga
il giorno grande e terribile del Signore (Mal 3,22-23).

È perché è cosciente della scomparsa del profetismo che il redattore ne preannuncia il ritorno alla fine dei tempi!

Sintesi profetica sullo Spirito

Abbiamo già accennato alla geniale osservazione di Cazelles circa il legame privilegiato dello Spirito col messia. Non si può negare che proprio là dove compare il profetismo, ai tempi del sorgere della monarchia, di Saul e poi di Davide, esso si stringe attorno all'eletto, a sua protezione (1Sam 10,6.10; 11,6; 19,20.23; prima e anche dopo che lo Spirito si è posato definitivamente su Davide: 16,13). È anche vero che i testi più suggestivi sullo Spirito sono quelli messianici: Is 11,1ss e 42,1.

Certo, Cazelles non ignora che lo Spirito è anche per Israele. Egli ammette che lo Spirito è sui profeti in maniera speciale, almeno a partire da Ezechiele

[20] Al rimando fatto alla nota 2, aggiungiamo quello alla voce "Esprit", in G. Vigoder, *Dictionnaire Encyclopédique du Judaïsme*, Paris 1993, 1001.

(specialmente Ez 11,24a). Ma da Os 9,7 a Zac 7,12 i profeti ne erano coscienti, come pure erano coscienti di essere legati alla monarchia. Ciò potrebbe venir ridotto all'affermazione fondamentale di Cazelles, ricorrendo al fatto della personalità corporativa: Israele è personalità messianica. Ma lo stesso Os 9,7 mostra le ostilità di Israele per i veri profeti.

Dobbiamo però tener conto di un altro filone della tradizione biblica sullo Spirito, che rischia di essere trascurato per la troppa enfasi sui legami dello Spirito col messia[21]. È il tema della presenza dello Spirito nella creazione e specialmente nell'uomo; solo in lui, e non negli altri viventi, Dio immette il suo alito (Gen 2,7: *nĕšamāh*), che altrove è identificato col suo Spirito (Giob 33,4.14; ma anche Gen 6,3!). Dio crea il mondo col suo Spirito: Sal 33,6; 104,29.

Questo filone sembra abbandonato dai profeti, ma credo che, semmai, è proprio il DtIs a ricuperarlo e immetterlo nel suo messaggio di liberazione degli esuli. Is 40,6-7 descrive la *rûaḥ* che fa seccare l'erba: non è solo un vento qualunque né un'erba qualunque. Sembra lo Spirito di Dio, che, non istruito da nessuno, dirige la storia (v. 13) e fa seccare i principi soffiando su di loro (v. 24). Il frequente ricorso al tema del creato nel Deuteroisaia non è solo per contrapporre Dio agli idoli. È per mettere la creazione in parallelo con la nuova creazione e il nuovo esodo: natura e storia sono legate assieme soprattutto nel Deuteroisaia, nel quadro del suo messaggio salvifico. In tale cornice lo Spirito di Dio sul suo servo (42,1) e quello conferito alla gente (v. 5) si illuminano a vicenda e richiamano la creazione del primo uomo. Anche il progetto di Dio sul primo uomo e sull'umanità acquista un colore messianico. Ezechiele, con la visione delle ossa aride ravvivate dallo Spirito (cap. 37), se non è già nella stessa linea, è parzialmente vicino, come lo è con la citata promessa dello Spirito di Dio nel cuore degli israeliti (36,26), che precede quella visione.

Tale filone, che sembrava essersi perduto, ricompare proprio negli ultimi profeti: Zac 12,1 e Mal 2,15. Il cenno del primo a Dio "che ha steso i cieli e fondato la terra e formato lo spirito nell'intimo dell'uomo" è molto significativo all'inizio del primo discorso sulla fine del mondo e sul dono dello Spirito di grazia, se teniamo conto delle precedenti, segnalate aperture. Esaminando Zac 12,10ss, abbiamo notato che il dono dello Spirito non è più solo per il messia, né ha le caratteristiche di intelligenza e di forza che lo Spirito ha in Is 11, ma quelle della grazia e della conversione. Sembra che Zac 12, qui, data la scomparsa del messia e del suo supporto davidico, ricuperi il discorso dello Spirito nella natura e nell'umanità. Il profeta verrà meno, ma, prima di sparire, apre

[21] Non è trascurato, invece, da S. Tengström, nella voce *rûaḥ* del *ThWAT*, VII, Stuttgart 1990, 386-425; si veda 399ss.

nuovi spiragli alle strade dello Spirito[22].

Qui vale la pena di ricordare Giona. Il suo messaggio, questa volta, non è solo contro le strutture, ma contro lo stesso profetismo e, in particolare, contro il messaggio profetico ostile ai gentili, per amore del quale Giona si ribella alla sua missione a Ninive. È anche un ultimo colpo contro le chiusure dell'ebraismo. Il timore di Giona è, appunto, che Dio sia un Dio di grazia per quella città. La grazia e l'amore di Dio sono le caratteristiche divine rivelate anticamente in Es 34,6, che ora fanno paura al profeta. Egli arriva all'estremo della lotta, come Elia all'Oreb: i lamenti di questi, in 1Re 19, corrispondono esattamente a quello di Gio 4,7. E Dio, con la lezione del ricino, seccato da uno "spirito" turbinoso (4,8), lo stesso che lo aveva bloccato nella fuga sulla nave (2,4), gli dice che bisogna aver compassione: col verbo *ḥûs*, la stessa compassione che s'è augurato per Israele il profeta Gioele (2,17) e che avrà il messia (Sal 72,13). La compassione che tutta la legge deuteronomistica, a cominciare da Dt 7,16, proibisce ad Israele per i pagani e che, secondo le minacce dei profeti classici, Dio non avrebbe avuto nei suoi castighi a Israele e alle genti (Is 13,18; Ger 13,14; Ez 24,14). Alla conversione di Giuda preannunciata da Zaccaria, corrisponde dunque quella di Ninive, opera dell'amore grazioso e materno di Dio (*'ēl ḥannûn wĕraḥûm*; in Gio 4,2 abbiamo anche il terzo vocabolo *ḥesed*!), che possiamo identificare con lo Spirito. Non è una coincidenza casuale che lo stesso Spirito, apparso a Pentecoste per tutti, secondo Gl 3, nelle molte lingue (At 2), si manifesti potentemente proprio quando Pietro rompe definitivamente le barriere dell'esclusivismo (At 10,44).

Avviandoci alla conclusione, indichiamo la chiave del superamento o della fusione delle due tradizioni o filoni descritti. Essa è quel progetto messianico, che nella storia è stato illustrato dai profeti e che, come abbiamo visto, grazie a DtIs, a Ezechiele e al nostro Zaccaria, è stato collegato alla creazione. È tutta l'opera di Dio per l'umanità che è progetto messianico! E se lo Spirito è specificamente per il messia, indirettamente è per tutta l'umanità, modellata su lui e a lui finalizzata, e per il creato che ne è la cornice. Ed è questo lo Spirito donatoci da Gesù quando è stato innalzato.

Seguendo le linee del nostro studio di Zac 9-14 ci siamo resi conto di quanto queste pagine fossero familiari a Gesù e di quanto profondamente egli abbia interpretato il nostro profeta, per non parlare di Giona. Ne risulta che le frequenti citazioni di Zac 9-14 nei Vangeli non sono affatto un midrash senza fondamento, ma l'esegesi più profonda che se ne possa fare.

22 Tutti conoscono il traguardo finale del tema dello Spirito nella letteratura sapienziale, anche se si tratta di un libro deutero-canonico: Sap 1,7; 7,22 e 9,17. Talvolta è ignorato Giud 16,14. Questo àmbito, come quello dei salmi, è fuori della nostra indagine.

TRA ESCATOLOGIA E APOCALITTICA.
DA GIOELE A DANIELE

Introduzione

Nella Bibbia ebraica il libro di Gioele è il secondo dei Dodici profeti minori, collocati dopo i tre grandi profeti Isaia, Geremia ed Ezechiele. Il libro di Daniele, invece, non figura tra i profeti, ma nel gruppo degli "Scritti" (il terzo, dopo la Legge e i Profeti). La Bibbia greca e latina conserva Gioele al suo posto e include nel gruppo dei libri profetici anche Daniele (dopo Ezechiele).

Questa diversa posizione di Daniele esprime una diversa valutazione da parte dell'ebraismo e del cristianesimo circa il suo messaggio apocalittico. Nel cristianesimo il messaggio dell'apocalittica è centrale, come vedremo; non così invece nell'ebraismo.

In questo volume trattiamo insieme Gioele e Daniele, perché il loro accostamento illumina sul passaggio dall'escatologia all'apocalittica. Possiamo affermare che nell'Antico Testamento Gioele è uno degli ultimi rappresentanti profetici della prima e Daniele è il primo della seconda. Ma si possono chiamare apocalittici anche brani di profeti precedenti, tra cui Gioele. In fondo si chiama con nomi diversi (profezia o apocalittica) una fascia di letteratura profetica intermedia, che sta tra l'escatologia profetica e l'apocalittica.

Per capire i nostri due libri è fondamentale chiarire prima cosa sono escatologia e apocalittica; tentiamo di farlo subito. Dico "tentiamo" perché, se le due parole suonano strane a molta gente, i rispettivi concetti sono ancor più confusi: confusi in se stessi e, come abbiamo già visto, confusi tra loro; confusi, perché tra gli specialisti si danno differenti opinioni su escatologia e apocalittica, cosicché, per intendersi, bisogna fare una scelta tra le opinioni stesse.

L'escatologia

Escatologia è parola che deriva dal greco *éschaton* e vuol dire l'ultima cosa, la fine. Non la troviamo nella Bibbia, ma gli specialisti, che l'hanno inventata, si basano sul materiale che riguarda le ultime cose e che è messaggio centrale specialmente nei profeti. Non che questi parlino, già prima dell'esilio, della fine di tutto, della fine del mondo. Parlano della fine di qualcosa e specialmente dei regni d'Israele; di quello del Nord o di Samaria (721 a.C.), di quello del Sud o di Giuda e di Gerusalemme (587 a.C.). È la fine di una storia e ciò, per i primi destinatari del messaggio profetico, equivaleva già alla fine di tutto. A mano a mano che la prospettiva delle successive generazioni di lettori del messaggio si allarga, la fine diventa la fine del mondo.

Il messaggio escatologico presenta due aspetti; negativo e positivo. Quello *negativo* è l'annuncio della distruzione di Samaria e di Gerusalemme, o, per dire già tutto usando le parole di san Paolo (Rm 1,18), è l'annuncio dell'"ira di Dio", che castiga i peccati; è l'inferno, per usare la terminologia della Chiesa.

Questo messaggio non è fine a se stesso. Vuol portare i destinatari a capire l'importanza dell'amore di Dio e della salvezza, che sta al di là del castigo. Dio vuol far raggiungere la salvezza mediante il piano messianico redentivo. La Chiesa riassume questo messaggio e realtà in una parola: il paradiso. E l'annuncio dell'amore di Dio al di là del castigo è, appunto, l'aspetto *positivo* del messaggio escatologico. Sono le parti oscura e chiara di un'unica figura. Dimenticare la parte oscura è un grave errore. Non basta agli Ebrei (né a noi) contemplare solo l'amore divino quale si manifesta per Israele nell'esodo, dall'Egitto al Sinai, senza tener presente anche la storia del peccato che porta alla rovina d'Israele!

Anche la parte chiara e positiva, cioè la restaurazione dopo il castigo, è già presente nei profeti preesilici, sia pure in dimensioni molto ridotte rispetto a quella negativa. È importante però leggere e conoscere entrambi gli aspetti del messaggio escatologico profetico, se vogliamo capire poi il Nuovo Testamento.

Questa prima presentazione del messaggio escatologico è già quella finale, cristiana. Essa, tra l'altro, si formula nel corso dei secoli anche filtrando attraverso il messaggio apocalittico, che dobbiamo ancora considerare. In realtà, però, nei profeti abbiamo solo una forma germinale di tale messaggio. I primi destinatari del messaggio lo concepivano ancora in termini molto concreti e immediati. La fine era soprattutto la fine di Gerusalemme; la restaurazione di Gerusalemme, dopo il castigo, era intesa soprattutto in senso materiale. Però anche quei destinatari hanno intuito il messaggio profetico, quello cioè dell'ira e dell'amore di Dio dopo di essa. In una parola; l'ira e l'amore redentivo di Dio non erano percepiti separatamente dalle vicende storiche tristi e liete del loro tempo, che cosi diventavano paradigmatiche. Sia la fine di Gerusalemme sia la sua ricostruzione non erano viste come le solite vicende della vita d'ogni uomo e d'ogni popolo. Erano vicende speciali in cui si percepiva la dimensione profonda; escatologica, appunto.

Va detto che anche dopo il castigo di Gerusalemme e la ripresa postesilica ci sono stati profeti che hanno continuato a predicare il messaggio escatologico nella sua parte negativa. E uno di questi è, appunto, Gioele; l'altro è il libro di Daniele le cui visioni sono una continuazione particolare del messaggio escatologico.

Il problema e la causa della confusione e della disparità dei pareri degli studiosi sull'escatologia riguardano il tempo, cioè quando Israele ha percepito la dimensione escatologica delle proprie sventure e della successiva ripresa. Con molti studiosi riteniamo che ciò sia avvenuto già prima dell'esilio, con i primi profeti (Osea, Amos, Isaia) e che quindi l'escatologia negativa e positiva sia cominciata già in quell'epoca. Altri autori dicono che solo dopo l'esilio, non prima del 538 a.C., si è arrivati a capire i due aspetti del messaggio escatologico. Certo è soprattutto a partire dalla restaurazione postesilica che si tocca, per così dire, con mano la realtà dell'aspetto positivo dell'escatologia. Ma negando che essa sia già stata intravista prima dell'esilio, non si spiega come mai le minacce dei profeti postesilici, per esempio di Gioele, sarebbero state diverse e capite diversamente (cioè in maniera escatologica) dai loro destinatari, mentre quelle annunciate prima dell'esilio sarebbero state comprese in senso solo storico. La profezia della distruzione di Gerusalemme e dell'amore divino che l'avrebbe ricostruita sono già percepite nel loro aspetto escatologico prima dell'esilio.

L'altra posizione degli studiosi, invece, porta anche a dubitare della genuinità di molti testi profetici preesilici che presentano il piano divino della restaurazione dopo il castigo. Tali testi sull'escatologia positiva sarebbero stati aggiunti o riformulati molto dopo, a partire dall'epoca della restaurazione. Prima dell'esilio la gente, secondo questa opinione, avvertiva solo la dimensione storica, non escatologica, di ogni sventura o della ripresa dopo di essa.

L'apocalittica

Lo studio dell'apocalittica non presenta minori problemi di quello dell'escatologia, come appare dalla disparità di pareri degli autori. Il termine "apocalittica" è stato creato dagli studiosi sulla base del materiale biblico; pensiamo già all'Apocalisse di Giovanni. La parola di per sé vuol dire "rivelazione di cose nascoste" e indica una forma di rivelazione biblica, che va distinta da quella precedente.

Nessuno dubita che in Daniele ci sia l'apocalittica, ma ciascuno la interpreta e la inquadra a modo suo. Per avere un'idea più precisa occorre tener presenti anche alcuni libri non biblici, che noi chiamiamo apocrifi, i quali hanno le stesse caratteristiche apocalittiche. Lasciando da parte quelli cristiani dei primi secoli d.C., i principali sono i seguenti: *Libro dei Giubilei*, *Testamenti dei 12 Patriarchi*, *Assunzione di Mosè* e soprattutto *Enoc*. Quest'ultimo consta di cinque parti, o «libri»: i Vigilanti, le Parabole, l'Astronomia, i Sogni e la Lettera finale. La prima parte contiene il materiale più antico, per qualcuno (come P. Sacchi) addirittura del V e IV secolo a.C. Un problema particolare è sapere quando tale materiale tradizionale di Enoc ha ricevuto la forma apocalittica. Una delle parti relativamente più recenti è la seconda, che qualcuno ha ritenuto, a torto, addirittura cristiana.

L'affermazione che altri libri profetici o loro parti sono apocalittici dipende dunque dal concetto di apocalittica che uno si dà. E tale concetto implica la questione dell'origine dell'apocalittica, che alcuni vorrebbero derivare dalla letteratura sapienziale. Noi siamo convinti della derivazione profetica dell'apocalittica. Il concetto di apocalittica dipende comunque anche in tale ipotesi dalle differenze dell'apocalittica rispetto alla profezia.

L'apocalittica, in effetti, non trasmette un messaggio *sostanzialmente* molto diverso da quello profetico; anche il suo nucleo è costituito dall'escatologia. È piuttosto la *forma* del messaggio che è diversa. Resta da stabilire quando questa sia nata. È quasi impossibile separare perfettamente profezia e apocalittica, come se si trattasse di due realtà separate: madre e figlia. Bisogna tener presente che ci sono elementi apocalittici anche altrove nell'Antico Testamento: per esempio in Ez 38-39, Zac 1-8, Is 24-27 e forse lo stesso Gioele (per Marconcini Zac 9-14; Is 34-35; 63,1-6...). Ma preferiamo considerare questo gruppo di testi profetici un anticipo e una preparazione dell'apocalittica vera e propria. Anche in Daniele c'è, d'altronde, del materiale antico (in Dn 2-7) che va considerato una fase preparatoria dell'apocalittica.

Pur lasciando irrisolti i problemi di dettaglio, nella sostanza diciamo che le apocalissi cominciano all'inizio del secolo II a.C. La prima è rappresentata dal nucleo del libro apocrifo di Enoc che, se non prima, ha ricevuto una forma apocalittica già nel 175 a.C., quando comincia la forzata ellenizzazione e paganizzazione degli Ebrei da parte di Antioco IV. Essa è infatti echeggiata nel "libro dei sogni". E prima delle vittorie dei Maccabei contro l'imperatore seleucide (164 a.C.) esce il libro di Daniele.

Tralasciando la storia successiva dell'apocalittica, vediamo ora più in particolare le caratteristiche formali e contenutistiche di essa.

La *forma* è quella delle visioni che sconvolgono il veggente; da esse parte un messaggio divino piuttosto riservato, per destinatari particolari. Il veggente è ignoto, fa uso di pseudonimi, mette in scena, cioè, personaggi famosi del passato, cui fa pronunciare anacronistiche profezie. Queste, infatti, sono descrizioni di eventi già accaduti; ma, invece di narrarli come tali, li presenta come profetizzati molti secoli prima da un personaggio famoso del passato. Si fa molto uso del simbolismo: mostri sacri, alberi, statue gigantesche, che rappresentano regni e popoli.

Per precisare e capire l'importanza degli elementi formali appena menzionati, leggiamo una singolare pagina biblica, forse poco conosciuta, che – pur annunciando fatti già accaduti – non dà al contenuto la forma apocalittica e che, perciò, non dovrebbe essere ritenuta appartenente al relativo materiale. Si tratta dell'ultima pagina del libro di Tobia.

Quando stava per morire, fece venire il figlio Tobia e gli diede queste istruzioni: [4] Figlio, porta via i tuoi figli e rifugiati in Media, perché io credo alla parola di Dio, che Nahum ha pronunziato su Ninive. Tutto dovrà accadere, tutto si realizzerà sull'Assiria e su Ninive, come hanno predetto i profeti d'Israele, che Dio ha inviati; non una delle loro parole cadrà. Ogni cosa capiterà a suo tempo. Vi sarà maggior sicurezza in Media che in Assiria o in Babilonia. Perché io so e credo che quanto Dio ha detto si compirà e avverrà e non cadrà una sola parola delle profezie. I nostri fratelli che abitano il paese d'Israele saranno tutti dispersi e deportati lontano dal loro bel paese e tutto il paese d'Israele sarà ridotto a un deserto. Anche Samaria e Gerusalemme diventeranno un deserto e il tempio di Dio sarà nell'afflizione e resterà bruciato fino a un certo tempo. [5] Poi di nuovo Dio avrà pietà di loro e li ricondurrà nel paese d'Israele. Essi ricostruiranno il tempio, ma non uguale al primo, finche sarà completo il computo dei tempi. Dopo, torneranno tutti dall'esilio e ricostruiranno Gerusalemme nella sua magnificenza e il tempio di Dio sarà ricostruito, come hanno preannunziato i profeti di Israele. [6] Tutte le genti che si trovano su tutta la terra si convertiranno e temeranno Dio nella verità. Tutti abbandoneranno i loro idoli, che li hanno fatti errare nella menzogna, e benediranno il Dio dei secoli nella giustizia. [7] Tutti gli Israeliti che saranno scampati in quei giorni e si ricorderanno di Dio con sincerità, si raduneranno e verranno a Gerusalemme e per sempre abiteranno tranquilli il paese di Abramo, che sarà dato in loro possesso. Coloro che amano Dio nella verità gioiranno; coloro invece che commettono il peccato e l'ingiustizia spariranno da tutta la terra (Tb 14,3-7).

Anche qui abbiamo una profezia apparente o profezia *ex eventu*; ma non è espressa nella forma apocalittica tipica di Dn 8-12.

Il *contenuto* dell'apocalittica, come dicevamo, non è molto nuovo rispetto al messaggio profetico escatologico e messianico. Semmai, in essa, la fine escatologica è sentita più imminente (e se ne vuole stabilire il tempo), più ampia e universale (riguarda tutto il mondo) e più staccata dalla realtà storica, che è destinata non a trasformarsi ma a scomparire di fronte al "nuovo eone". La novità è costituita dall'angelologia: angeli e demoni lottano in aiuto o contro il regno degli eletti, il regno divino universale e finale.

Come e perché si arriva a questa nuova forma di messaggio?

I profeti preesilici avevano fatto profezie che non si erano adempiute completamente, specialmente nella parte positiva del loro messaggio escatologico. La restaurazione, dopo il ritorno dall'esilio, fu un evento solo parziale, che, per giunta, rischiava di confondere e frenare le idee, riducendo quelle profezie a promesse di eventi ben poco gloriosi. Inoltre si ripresentano dopo l'esilio dei fatti dolorosi, delle calamità nazionali, che bisogna cercare di far quadrare con l'ottimistico messaggio escatologico salvifico presentato dai profeti, sia da quelli preesilici ed esilici sia da quelli in azione all'inizio della restaurazione. La parte che fanno gli ultimi profeti, tra cui Gioele, è dunque preziosa. Ripresentano, in forma riveduta e modificata, l'antico messaggio dei loro colleghi, ribadendolo e ritoccandolo, a volte, o aggiungendo il proprio. Cosi tengono deste la fede e le speranze del popolo.

Ma talvolta le tengono deste anche troppo, per cui possono diventare pericolose, almeno secondo il parere delle autorità civili e religiose giudaiche, cioè di quella forma di governo che si suole chiamare la teocrazia postesilica. Questo capita, per esempio, quando i profeti illudono il popolo su un discendente davidico, che sarebbe il messia in procinto di instaurare il suo regno. Così è presentato Zorobabele da Aggeo e Zaccaria. Questi fermenti, tra l'altro, sono pericolosi perché, per ovvie ragioni, non sono tollerati dall'autorità persiana.

La teocrazia, perciò, è costretta a soffocare i nuovi profeti (si veda Zac 9-11 e 13), a far morire il profetismo, specialmente per il suo messaggio messianico.

Ecco perché nascono allora i nuovi messaggeri, che agiscono in cerchie piuttosto segrete, nascosti sotto pseudonimi. Con questa forma apocalittica si tiene viva la speranza. Anzi la si precisa, adattandola alle nuove circostanze e fornendo un messaggio adeguatamente aggiornato e progredito.

Il disegno divino di salvezza, infatti, non solo non è naufragato ma si sta realizzando, a dispetto delle apparenze. Il merito degli apocalittici è proprio quello di farlo intravedere nelle sue dimensioni trascendenti o, per dirla con Stefano (At 7,56), di far "vedere i cieli aperti". Gli apocalittici non presentano il loro messaggio come una novità che abolisce quello precedente. Per questo lo mettono in bocca ai personaggi del lontano passato come un ritorno alle origini. Vogliono far capire che è sempre lo stesso progetto divino che si va compiendo e che ora è vicino alla perfetta attuazione, anche se molti credono sia naufragato o lo giudicano illusorio.

L'imminenza dell'attuazione del piano divino non è un'illusione e una scappatoia. Gli apocalittici, anche quelli dei libri apocrifi, hanno percepito che si sta avvicinando un traguardo importantissimo. Noi cristiani lo comprendiamo bene. Essi sono ormai vicini cronologicamente a Gesù Cristo. Non si può certo dire che l'autore di Daniele sia stato cosciente della imminenza della sua venuta. Vedremo, però, come egli fosse cosciente che le sventure provocate dal persecutore Antioco erano l'ultima tappa prima della nuova, definitiva attuazione del regno di Dio.

Accanto e mescolati con la sostanza del messaggio apocalittico ora descritto ci sono altri elementi, che variano da una apocalisse all'altra o che sono interpretati diversamente dagli autori. Tra i principali ricordiamo la concezione della storia: secondo alcuni studiosi essa sarebbe svalutata, secondo altri portata alla fase finale, quella della storia davvero universale. Forse, addirittura si dovrebbe dire che della storia si percepisce ora la fine. Altri autori evidenziano troppo il dualismo quasi manicheo tra il bene e il male in lotta tra loro. Anche quelli che parlano di determinismo nell'apocalittica, togliendo all'umanità la capacità deliberativa e attiva nella storia, sono esagerati, almeno per quanto riguarda l'apocalisse di Daniele.

L'epoca storica

Abbiamo già ambientato sostanzialmente i nostri due libri. È bene tuttavia precisare ancora, se pur in modo sommario, le tappe storiche postesiliche che preparano questa fase tardiva della letteratura biblica e giudaica e poi quella del Nuovo Testamento, lasciando altri dettagli storici alle rispettive introduzioni dei due libri.

All'inizio – dopo il decreto di Ciro (538 a.C.) che autorizzava il ritorno in patria degli Ebrei –, una prima ondata di rimpatriati riesce a costruire il tempio in pochi anni, dopo il 520 a.C. L'impulso viene dato dai profeti Aggeo e Zaccaria, e la direzione dell'opera viene assunta da Zorobabele, discendente di Davide, e da Giosuè, sommo sacerdote. Le speranze messianiche riaccese dal rimpatrio e da questi eventi vengono pian piano sopite. I discendenti di Davide scompaiono dalla scena e il governo persiano ha certamente tolto molte delle illusioni che aveva creato dopo l'editto di Ciro.

Brani antichi del terzo Isaia (Is 56-66), Zaccaria e Malachia rispecchiano probabilmente illusioni e disillusioni dell'epoca, dopo le quali pare che si passi a un nuovo tipo di profezia, la quale consiste più che altro nella rielaborazione escatologica delle profezie precedenti (per esempio Zac 9-14 e il nostro Gioele).

Intanto, quasi cent'anni dopo, arriva a Gerusalemme Neemia (445 a.C.), che riesce a ricostruire le mura della città e a ripopolarla. Le ostilità alla ricostruzione, assieme ad altri fattori ideologici, lo spingono a lottare per la separazione dei Giudei dagli altri abitanti e dai confinanti ostili. Durante la sua seconda missione si legge il testo di Dt 23,4-7 contro Ammon e Moab (Ne 13,1ss) ed egli comincia la lotta contro i matrimoni misti (13,23-31).

Esdra – all'inizio del IV secolo (398) ma altri lo mettono anche cinquant'anni prima – sistema definitivamente la legislazione sacra (Ne 8) e le istituzioni d'Israele; inoltre radicalizza le misure per la sua salvaguardia etnico-religiosa, specialmente quelle contro i matrimoni misti (Esd 9-10).

Alcune misure di Esdra hanno causato anche un soffocamento della vivacità di alcuni gruppi religiosi, soprattutto quelli che si ispiravano ai profeti. Essi comunque possono continuare a vivere, magari fuori dell'ufficialità, specialmente in cerchie apocalittiche. Il controllo esercitato da Esdra è indirettamente un controllo da parte dei Persiani, che non tollerano discorsi messianico-politici contrari all'impero.

Nell'ultima parte del secolo IV il mondo orientale cade sotto il dominio di Alessandro Magno (333-323 a.C.). Dopo di lui, i diàdochi si contendono la Palestina facendo peggiorare la situazione economico-politica. Dal rimpatrio dopo l'esilio fino a questo tempo gli Ebrei sono stati politicamente in pace, per quanto riguarda le relazioni internazionali. Si parla, tutt'al più, di una occupazione pacifica di Gerusalemme da parte di Alessandro Magno. Ci sono però contrasti interni e con le popolazioni confinanti, cui abbiamo accennato. Ma, dopo un secolo di dominazione ellenistica sotto i Tolomei d'Egitto, cominciano nuove grosse difficoltà.

Quando la Palestina passa nelle mani dei Seleucidi (198 a.C.), i Giudei, a partire specialmente dal 175, subiscono un processo di forzata ellenizzazione, che porterà dapprima alla persecuzione contro gli Ebrei fedeli alla propria religione e poi alla conseguente rivolta maccabaica (167 a.C.). È in tale situazione particolarmente triste che l'apocalittica trova il terreno per il suo pieno sviluppo.

Gioele

Gioele significa "JHWH è Dio". Il nostro profeta non è noto da altre fonti storiche, nonostante la precisazione «figlio di Patuel» (1,1). Tale nome è molto frequente nei due libri delle Cronache. Il suo libro è il secondo dei dodici profeti minori nella Bibbia ebraica, tra Osea e Amos. Ma in quella greca è il quarto. Forse quest'ultimo era anche l'ordine nell'elenco ebraico di Qumran. La sua posizione nella Bibbia ebraica riflette probabilmente l'intenzione dei collettori di attutire il giudizio divino presentato troppo severamente dal successivo profeta, Amos.

A quale epoca si debba riferire questo profeta è oggetto di discussione. Le opinioni variano, dal secolo VIII al secolo IV a.C. Ma oggi si preferisce la datazione postesilica. Una certa scala nella datazione delle varie parti risulterà dall'analisi dei capitoli del suo libro. Essi sono appena quattro; anzi solo tre nel testo greco, che unisce gli ultimi due. Come essi siano legati tra loro nella composizione generale è una questione che risolveremo meglio dopo averli esaminati.

Contenuti e struttura (cc. 1-2)

Il libretto di Gioele (quattro capitoli), anche se debitore verso altre tradizioni e testi profetici, ha una sua caratteristica propria. Essa è purtroppo dimenticata da coloro che oggi enfatizzano una ipotetica redazione trasversale, comune a molti o a tutti i profeti minori, a scapito della loro individualità. A parte questo, ci rendiamo conto fin dal primo sguardo che il libretto si divide in due parti: cc. 1-2 e cc. 3-4, come si è sempre sostenuto.

Cominciamo con l'analisi dei primi due capitoli, che contengono alcune liturgie profetiche e parlano del castigo nel "giorno di JHWH".

Liturgie profetiche

Nella prima parte del libretto è facile scoprire una o più "liturgie profetiche": così vengono chiamati quei testi profetici che sembrano composti per qualche funzione religiosa pubblica, per lo più penitenziale, probabilmente in occasione di calamità e sventure nazionali o locali. Il problema è ricostruire la composizione primitiva, della quale ora mettiamo in evidenza gli elementi principali.

Dopo una prima lamentazione, che descrive la calamità, abbiamo la convocazione alla celebrazione penitenziale. Di lamenti o lamentazioni ce ne sono ancora altre, qua e là. Ma quelle introduttive potrebbero essere due: 1,2-12, che si esprime nei fenomeni agricoli (siccità), e 2,2-9, che descrive la situazione di una cittadina per un'invasione militare. Anche le convocazioni dell'assemblea sembrano più d'una. Forse si tratta d'una prima convocazione in due tempi 1,13 e 2,1: il primo testo è un'esortazione alla penitenza per i sacerdoti, il secondo ("suonate le trombe in Sion") per il popolo. L'altra convocazione, con lo stesso "suonate le trombe in Sion", è in 2,15. Anche gli oracoli divini, in risposta alla preghiera pubblica, sono chiaramente due: 2,12-14 e 19-20. Il primo oracolo è seguito dall'esortazione alla penitenza:

12 "Or dunque – parola del Signore –
ritornate a me con tutto il cuore,
con digiuni, con pianti e lamenti".
13 Laceratevi il cuore e non le vesti,
ritornate al Signore vostro Dio,
perché egli è misericordioso e benigno,
tardo all'ira e ricco di benevolenza
e si impietosisce riguardo alla sventura.
14 Chi sa che non cambi e si plachi
e lasci dietro a sé una benedizione?
Offerta e libazione
per il Signore vostro Dio.

Il secondo oracolo infonde più speranza, sia con i termini agricoli che abbiamo visto nella prima lamentazione sia con l'immagine dell'invasione militare. Anche le successive parole del profeta (2,21-27), che non riportiamo, concludono in maniera entusiasta la prima parte del libretto e dapprima sono colorate con la terminologia agricola (2,21-26a), poi terminano rifacendosi al tema dell'invasione militare (2,26b-27):

19 Il Signore ha risposto al suo popolo:
"Ecco, io vi mando il grano, il vino nuovo e l'olio
e ne avrete a sazietà;
non farò più di voi il ludibrio delle genti.
20 Allontanerò da voi quello che viene dal settentrione
e lo spingerò verso una terra arida e desolata:
spingerò la sua avanguardia verso il mare d'oriente
e la sua retroguardia verso il mare d'occidente.
Esalerà il suo lezzo, salirà il suo fetore,
perché ha fatto molto male".

Facciamo un'ultima osservazione, tornando alla lamentazione dell'inizio: 1,2-4 parla di una successione di calamità pubbliche, che colpiscono via via i superstiti delle precedenti calamità. Sembra rievocare l'idea delle maledizioni minacciate in Dt 28 e Lv 26, quest'ultimo testo stilisticamente più affine. Queste affinità ci permettono di ambientare ancor meglio la funzione penitenziale che stiamo studiando.

Invece la seconda parte della lamentazione (2,5-12) non descrive una serie di sventure, una successiva all'altra, e ha la stessa terminologia agricola che abbiamo visto specialmente nel secondo oracolo e nel relativo commento profetico finale.

Senza pretendere di separare le due funzioni, in corrispondenza dei due differenti tipi di calamità, ci accontentiamo di intravedere le possibili tappe della formazione di quel discorso finale che va attribuito a Gioele. Il profeta si è servito di quei testi, oppure è intervenuto nella funzione o nelle funzioni in cui venivano recitati da tempo, rielaborandoli e dando il suo particolare messaggio.

Per capire meglio questa affermazione o ipotesi, dobbiamo ora ricordare quei testi o documenti liturgici che sembrano simili a quelli cui, nella nostra ipotesi, si è rifatto Gl 1-2 e che l'hanno influenzato.

Sembra anzitutto che, tra essi, sia da ricordare il Salmo 65: tale preghiera pubblica, dopo la confessione dei peccati (Sal 65,2-6) e l'appello all'onnipotenza divina, si conclude col seguente ringraziamento:

10 Tu visiti la terra e la disseti:
la ricolmi delle sue ricchezze.
Il fiume di Dio è gonfio di acque;
tu fai crescere il frumento per gli uomini.
Così prepari la terra:
11 ne irrighi i solchi, ne spiani le zolle,
la bagni con le piogge
e benedici i suoi germogli.
12 Coroni l'anno con i tuoi benefici,
al tuo passaggio stilla l'abbondanza.
13 Stillano i pascoli del deserto
e le colline si cingono di esultanza.
14 I prati si coprono di greggi,
le valli si ammantano di grano;
tutto canta e grida di gioia.

Tra i testi che, invece, invocano aiuto di fronte all'invasione militare nemica, era notissimo quello di Ab 1, che sfocia nella famosa risposta divina – "il giusto vivrà per la sua fede" (Ab 2,4) – divenuta poi cavallo di battaglia di Paolo nella lettera ai Romani (1,17; e molto usato anche a Qumran!). Come non pensare che Gioele vi abbia fatto ricorso, integrando il testo liturgico di base?

L'esortazione dopo il primo oracolo (Gl 2,13-14), inoltre, sembra un riassunto di Is 58, una liturgia penitenziale profetica di poco anteriore. In essa si ricorda al popolo che la migliore penitenza non è il digiuno ma le opere giuste e la carità. Essa inizia proprio come Gl 2,1.15, alludendo all'uso della tromba, che convoca per il rito.

Questi testi ci aiutano a immaginare la storia della formazione di Gl 1-2 e ci permettono, tra l'altro, di mettere un po' d'accordo le due opposte ipotesi sulla datazione del libro, che abbiamo ricordato. Da una parte si può dire che la liturgia di base e di partenza è antica, preesilica, e che l'elaborazione attuale è postesilica.

Il giorno di JHWH

Ma ai testi che hanno influenzato Gioele dobbiamo ancora aggiungerne uno, forse il più importante: Sof 1,14-18, un testo sicuramente preesilico, sul castigo del "giorno di JHWH". È quello echeggiato nella sequenza del *Dies irae*, che si cantava in passato nelle messe per i defunti:

14 È vicino il gran giorno del Signore,
è vicino e avanza a grandi passi.
Una voce: Amaro è il giorno del Signore!
anche un prode lo grida:
15 "Giorno d'ira quel giorno,
giorno di angoscia e di afflizione,
giorno di rovina e di sterminio,
giorno di tenebre e di caligine,
giorno di nubi e di oscurità,
16 giorno di squilli di tromba e d'allarme
sulle fortezze e sulle torri d'angolo.
17 Metterò gli uomini in angoscia
e cammineranno come ciechi,
perché han peccato contro il Signore;
il loro sangue sarà sparso come polvere
e le loro viscere come escrementi.
18 Neppure il loro argento, neppure il loro oro
potranno salvarli".
Nel giorno dell'ira del Signore

e al fuoco della sua gelosia
tutta la terra sarà consumata,
poiché farà improvvisa distruzione
di tutti gli abitanti della terra.

Come gli squilli della tromba (*shofar*) usata anche da Gioele per le convocazioni alle liturgie penitenziali (pensiamo soprattutto alla festa dell'espiazione di Lv 16), echeggia la parola "(quel) giorno" in Gl 1,15; 2,1-2.11. La troveremo poi ancora in 3,4 e 4,14.18. Anche Sof 1 rappresenta un addolcimento, se pur lieve, delle anteriori minacce profetiche del giorno di JHWH. Tale addolcimento era necessario già prima della fine dell'esilio. Sofonia parla di un popolo povero e umile (2,2 e 3,12) che sopravviverà al castigo. Senza questo addolcimento della minaccia classica, questa sarebbe stata ingiusta e completamente inaccettabile. Perché mai il castigo avrebbero dovuto subirlo, senza scampo, anche i poveri e gli innocenti? Ma Gioele, che viene dopo quel castigo, senza minimizzarlo fa intravedere più chiaramente il dopo. O meglio, come vedremo in Gl 3-4, dentro lo stesso castigo ne fa intravedere il trascendente superamento.

L'effusione dello Spirito (c. 3)

È forse la pagina più famosa sul dono dello Spirito; la riportiamo interamente, come ha fatto Pietro nel discorso di Pentecoste (At 2):

1 Dopo questo,
io effonderò il mio spirito
sopra ogni uomo
e diverranno profeti
i vostri figli e le vostre figlie;
i vostri anziani faranno sogni,
i vostri giovani avranno visioni.
2 Anche sopra gli schiavi e sulle schiave,
in quei giorni, effonderò il mio spirito.
3 Farò prodigi nel cielo e sulla terra,
sangue e fuoco e colonne di fumo.
4 Il sole si cambierà in tenebre
e la luna in sangue,
prima che venga il giorno del Signore,
grande e terribile.
5 Chiunque invocherà il nome del Signore

sarà salvato,
poiché sul monte Sion e in Gerusalemme
vi sarà la salvezza, come ha detto il Signore,
anche per i superstiti che il Signore avrà chiamati.

Senza soffermarci troppo su quegli aspetti del dono dello Spirito che sono noti a tutti, se non altro per il discorso di Pietro, ci limitiamo ad alcune considerazioni.

La prima considerazione da farsi è quella sugli influssi di Ez 37 e 39 e di Is 2,2-4 (e Mi 4,1-5), profezie che citiamo seguendo l'ordine di Gl 3 senza fare affermazioni sul loro ordine cronologico. A ogni modo Gl 3 è posteriore a tutti quei testi.

In Ez 37 si profetizza una risurrezione d'Israele a opera dello Spirito, dopo la catastrofe. E lo Spirito viene presentato in forma nuova dal profeta, a partire dall'altro famoso testo Ez 36,24-27. Non è più una prerogativa dei *leaders* politici e specialmente del Messia. Non è neanche più un dono destinato ai soli profeti. È un dono per il cuore di ogni esule. In questo modo si crea il popolo nuovo.

Gl 3,1-2 riprende quel discorso. E probabilmente lo riprende in maniera polemica, anche se non si comprende bene l'intenzione. Infatti, come s'è detto nell'introduzione, la teocrazia ha soffocato lo Spirito dei profeti, per paura dei fermenti messianici che potevano spingere il popolo a rivolte contro il governo persiano. L'annuncio:

Diverranno profeti
i vostri figli e le vostre figlie;
i vostri anziani faranno sogni,
i vostri giovani avranno visioni.
[2] Anche sopra gli schiavi e sulle schiave,
in quei giorni, effonderò il mio spirito,

sembra smentire l'oracolo del forse contemporaneo Zac 13,2-6:

[2] In quel giorno – dice il Signore degli eserciti – io estirperò dal paese i nomi degli idoli, ne più saranno ricordati: anche i profeti e lo spirito immondo farò sparire dal paese. [3] Se qualcuno oserà ancora fare il profeta, il padre e la madre che l'hanno generato gli diranno: "Tu morirai, perché proferisci menzogne nel nome del Signore", e il padre e la madre che l'hanno generato lo trafiggeranno perché fa il profeta. [4] In quel giorno ogni profeta si vergognerà della visione che avrà annunziata, né indosserà più il mantel-

lo di pelo per raccontare bugie. [5] Ma ognuno dirà: "Non sono un profeta: sono un lavoratore della terra, a essa mi sono dedicato fin dalla mia giovinezza". [6] E se gli si dirà: "Perché quelle piaghe in mezzo alle tue mani?", egli risponderà: "Queste le ho ricevute in casa dei miei amici".

Ma come si colloca Gioele di fronte a tale lotta al profetismo? Vuole forse annunciare che non c'è più bisogno di profeti, nella linea della teocrazia, o che tale tendenza antiprofetica sarà in futuro completamente debellata? Affermare che ci saranno ancora sogni e visioni (3,1) sembra voler dare una soluzione al problema e alla tensione che si era creata tra l'autorità e il profetismo. Gioele non vuole affermare solo la democratizzazione del dono dello Spirito, sostenuta forse già dalla teocrazia e poi dal rabbinismo, cioè riconoscere la scomparsa dei profeti nel tardo periodo postesilico. Egli sembra profetizzare addirittura un'estensione e un poderoso incremento della profezia alla fine dei tempi.

Gioele parte dai testi noti e autorevoli di Ezechiele per affermare molto più di una democratizzazione del dono dello Spirito. Così è poi interpretato da Pietro nel Nuovo Testamento. Il profetismo non è morto. Rinascerà poderosamente all'interno della Chiesa, il popolo che lo Spirito vivifica e nel quale avrà le sue splendide manifestazioni.

Dopo aver visto che cosa ha influenzato Gl 3,1-2, passiamo a Is 2,2-4, che ha influito su Gl 3,5. Tutti conoscono il famoso oracolo di Is 2 e Mic 4. Può bastare un cenno: Gerusalemme, elevata al vertice dei monti, diventa centro del mondo col suo messaggio religioso, fonte di pace. Ricordiamo che questo messaggio è stato poi enfaticamente ampliato dal Secondo (Is 40-55) e dal Terzo Isaia (Is 56-66), rispettivamente durante l'esilio e dopo. Del Terzo Isaia basta leggere i cc. 60 e 62, oracoli del primo periodo postesilico.

Quello di Gl 3,5 è solo un accenno a tale tradizione. Ed è un cenno che comincia a far presente a Gerusalemme un'ulteriore catastrofe, dalla quale emergeranno i salvati. Chi siano i salvati, gli Ebrei o anche i gentili, lo preciserà Gl 4. E lì, appunto, ci renderemo meglio conto di quanto Is 2 sia presente nella mente di Gioele, che capovolge deliberatamente il messaggio di Is 2,4 sul disarmo (Gl 4,10).

Ma la catastrofe è già accennata in 3,3-4 e sembra una catastrofe cosmica. Pietro cita anche questi versetti in At 2,19-20! Qualcuno potrebbe vedere nei leggeri ritocchi una certa spiritualizzazione o trasformazione della minaccia. Mi sembra però meglio, e più suggestivo, pensare che nella Pentecoste cristiana la dimensione della minaccia non è affatto trascurata. Luca scrive il racconto di At 2 ormai poco dopo il 70 d.C., cioè dopo la terribile distruzione di Gerusalemme operata dai Romani ed è difficile che non abbia collegato la Pentecoste cristiana a quella terribile distruzione. Gesù ha profetizzato tale distruzione presentandola come simbolo della fine del mondo, l'evento escatologico e apocalittico per eccellenza. La distruzione di Gerusalemme, dunque, è segno di morte e di nuova vita escatologica. È all'interno della stessa distruzione di Gerusalemme che si deve vedere il castigo escatologico e la salvezza.

Nel contesto del successivo discorso di Gl 4, infine, la prospettiva della salvezza per il resto escatologico di Gl 3,5 è sorprendentemente limitata ai soli superstiti d'Israele. Questo sembra un rigurgito dell'antico atteggiamento profetico contro i gentili, contro la visione serena e aperta di Is 2, come vedremo meglio più avanti. Insomma, dopo tutte le riletture di Is 2 fatte dai profeti venuti dopo – preesilici, esilici e postesilici –, Gl 3 offre un'importante nuova rilettura, che potremmo riassumere così: salvezza per i superstiti d'Israele a Gerusalemme, ma preparata dallo Spirito, nel quadro di grandi eventi escatologici, negativi e positivi.

Il giudizio nella valle di Giosafat (c. 4)

Prima parte: 4,1-15

Gl 4 è una delle pagine più caratteristiche sul giudizio universale o «processo contro tutte le genti», come viene definito fin dall'inizio, nel v. 2, dove è pure localizzato: nella valle di Giosafat (4,2 e 12). Giosafat significa "JHWH giudica". Le genti da processare sono quelle che hanno fatto del male a Israele, esiliandolo e dividendosi la sua terra.

La prima impressione è che sia uno dei numerosi oracoli classici contro le genti dei profeti preesilici. Ma si tratta di un *cliché* usato molto più tardi, come mostrano i successivi vv. 4-8, che inveiscono contro Tiro, Sidone e i Filistei, perché hanno venduto gli abitanti di Giuda e Gerusalemme ai Greci; qui anche i Filistei sembrano essere uno stereotipo, perché al tempo dei Greci non potevano più nuocere a Israele. Qualcuno ha pensato che siamo ormai dopo il 330, quando Alessandro Magno è divenuto il nuovo padrone del mondo. Ma bisogna pensare a un'epoca anteriore, se pur di poco. Anche coloro che esagerano nella teoria della redazione trasversale tardiva dei dodici profeti minori non scendono così in basso nella datazione di Gl 4 e lo collocano nell'epoca in cui, sul già abbattuto popolo di Giuda, infieriscono le popolazioni vicine, contro le quali protesta e inveisce anche il libretto di Abdia. Per costoro, invece, a causa di particolari pregiudizi criticoletterari, sarebbe dell'epoca ellenistica Zac 9,13:

Tendo Giuda come mio arco,
Efraim come un arco teso;

ecciterò i tuoi figli, Sion,
contro i tuoi figli, Grecia,
ti farò come spada di un eroe.

Si deve semplicemente mettere anche Zac 9 (e Zac 12, come si vedrà) nella stessa data di Gl 4, cioè almeno una ventina d'anni prima, verso la metà del V secolo a.C., o dal 450 al 350 a.C., per essere più sicuri nella datazione. Infatti, risulta dall'archeologia che, dal punto di vista commerciale, la Grecia influisce già sulla Palestina molto più dell'impero persiano. Su di esso i Greci hanno già da tempo cominciato a imporsi politicamente anche altrove. È dalla sconfitta di Maratona (490 a.C.), inflitta a Dario, e di Salamina (480) contro Serse, che i Greci sono famosi per essersi opposti al colosso persiano. Anzi un'invettiva così forte contro i Greci, come quella di Zac 9,13 è comprensibile non quando questi sono diventati padroni degli Ebrei – la teocrazia non l'avrebbe certo permessa – ma prima, quando essa suonava amichevole alle orecchie dei Persiani. Che Zac 9 sia contemporaneo di Gl 4 e dell'epoca da noi indicata lo mostrano anche i vv. 1-8 (seguiti dal famoso oracolo del Messia sull'asinello!), che riportiamo, perché sorprendentemente paralleli a quelli che stiamo esaminando:

1 La parola del Signore è sulla terra di Cadràch
e si posa su Damasco,
poiché al Signore appartiene la perla di Aram
e tutte le tribù d'Israele;
2 anche Amat sua confinante
e Sidòne, che è tanto saggia.
3 Tiro si è costruita una fortezza
e vi ha accumulato argento come polvere
e oro come fango delle strade.
4 Ecco, il Signore se ne impossesserà,
sprofonderà nel mare le sue ricchezze
ed essa sarà divorata dal fuoco.
5 Ascalòna vedrà e ne sarà spaventata,
Gaza sarà in grandi dolori,
come anche Ekròn,
perché svanirà la sua fiducia;
scomparirà il re da Gaza
e Ascalòna rimarrà disabitata.
6 Bastardi dimoreranno in Asdòd,
abbatterò l'orgoglio del Filisteo.
7 Toglierò il sangue dalla sua bocca

e i suoi abomini dai suoi denti.
Diventerà anche lui un resto per il nostro Dio,
sarà come una famiglia in Giuda
ed Ekròn sarà simile al Gebuseo.
[8] Mi porrò come sentinella per la mia casa
contro chi va e chi viene,
non vi passerà più l'oppressore,
perché ora io stesso sorveglio con i miei occhi (Zac 9,1-8).

Dev'essere della stessa epoca il Salmo 149, che parla della spada a doppio taglio nelle mani degli eletti per far vendetta delle genti. Infatti, è proprio di tale guerra santa che parla Gl 4,9, dopo l'invettiva contro Fenici e Filistei. E lì troviamo precisamente quella che potremmo chiamare un'allusione invertita a Is 2,2-4, incontrata poco sopra: non convertire spade in vomeri e lance in falci, ma viceversa (Gl 4,10). O, con altra immagine, usare ora la falce come strumento di guerra, per mietere, torchiare, schiacciare i nemici (v. 13). Siamo qui alla conclusione della prima parte dell'oracolo, con la rinnovata localizzazione del giudizio universale (v. 12) e il cenno, nel v. finale (15), all'oscuramento del sole e della luna, sconvolgimento cosmico già ricordato in Gl 3,3-4.

La valle della decisione: 4,14

Credo valga la pena fermarci su questo versetto: "Folle e folle nella valle della decisione, poiché il giorno del Signore è vicino nella valle della decisione". Con esso si illustra ulteriormente l'idea dell'ampiezza del giudizio nella valle di Giosafat. E che di giudizio si tratti lo indica la parola *ḥārûṣ*, tradotta a buon diritto con «decisione», ma che merita un commento più ampio. Essa ha molti altri significati, tra cui oro, slitta per triturare il grano, canale o fossato...

Ma, più che andare dietro al vocabolo, è suggestivo accostare il testo nel suo assieme a quello di Zac 12 e 14, che trattano lo stesso tema del giudizio universale. Diciamo subito che, dei due, è Zac 12 il più affine a Gl 4, per l'ostilità ai gentili e lo spirito bellicoso e, curiosamente, anche per la profezia dello Spirito: 12,9-10! A noi però interessa di più *Zac 14*, per il confronto che vogliamo fare sulla localizzazione del giudizio. Zac 14 non è più così ostile e bellicoso e dev'essere più tardivo. Qui, forse, siamo davvero già in epoca ellenistica. Zac 14 ci interessa specialmente perché localizza il giudizio tra il monte degli Ulivi (Zac 14,4) e una misteriosa "valle dei monti" (14,5) che molti interpretano come "Geenna", pensando a una corruzione testuale di un primitivo *gē' hinnôm* nell'attuale *gē' hārîm*. Essa, comunque, dovrebbe corrispondere alla valle di Giosafat di Gl 4,2 e 12.

Anche le ragioni dell'accennata interpretazione di Zac 14,5 sono molto suggestive. La "Geenna", parola a noi nota dai vangeli, è già ricordata spesso negli apocrifi dell'Antico Testamento, specialmente da Enoc. Ma sulla Geenna c'è una storia molto più antica. Il re Giosia (640-609) fa buttare nel Cedron, cioè in questa stessa valle, gli oggetti del culto di Baal e i pali sacri (2Re 23,4-7). Egli "profanò il Tofet, che si trovava nella valle (*gē'*) di Ben-Hinnòm, perché nessuno vi facesse passare ancora il proprio figlio o la propria figlia per il fuoco in onore di Moloch" (2Re 23,10). La notizia di questa profanazione potrebbe essere anacronistica. Comunque è stato Geremia a lanciare la maledizione contro quel luogo nel famoso discorso contro il tempio (Ger 7), per il quale ha rischiato la vita. Alla fine di quel discorso leggiamo:

> [30] I figli di Giuda hanno commesso ciò che è male ai miei occhi, oracolo del Signore. Hanno posto i loro abomini nel tempio che prende il nome da me, per contaminarlo. [31] Hanno costruito l'altare di Tofet, nella valle di Ben-Hinnòm, per bruciare nel fuoco i figli e le figlie, cosa che io non ho mai comandato e che non mi è mai venuta in mente. [32] Perciò verranno giorni – oracolo del Signore – nei quali non si chiamerà più Tofet né valle di Ben-Hinnòm, ma valle della Strage. Allora si seppellirà in Tofet, perché non ci sarà altro luogo. [33] I cadaveri di questo popolo saranno pasto agli uccelli dell'aria e alle bestie selvatiche e nessuno li scaccerà. [34] Io farò cessare nelle città di Giuda e nelle vie di Gerusalemme le grida di gioia e la voce dell'allegria, la voce dello sposo e della sposa, poiché il paese sarà ridotto un deserto.

In seguito il Signore aveva comandato al profeta di comprarsi una brocca di argilla e di andarla a spezzare "verso la valle di Ben-Hinnòm" (19,2); qui egli fa un discorso che ripete e conferma quanto aveva detto al tempio sulle sciagure che incombevano sulla città, perché i rappresentanti del popolo avevano abbandonato Dio per amore di Baal, riempiendo il tempio di sangue innocente e bruciando i figli in olocausto a Baal (Ger 19,6-13). Il racconto continua:

> [14] Quando Geremia tornò da Tofet dove il Signore lo aveva mandato a profetizzare, si fermò nell'atrio del tempio del Signore e disse a tutto il popolo: [15] "Dice il Signore degli eserciti, Dio di Israele: Ecco io manderò su questa città e su tutte le sue borgate tutto il male che le ho preannunziato, perché essi si sono intestarditi, rifiutandosi di ascoltare le mie parole".

Sono pagine che si commentano da sè. Vorrei solo far osservare, tornando alla "valle della decisione", che la parola ebraica corrispondente, usata da Gioele, *ḥarûṣ*, fa significativa assonanza con le parole *ḥereś* (vaso) e *ḥarsôt* (officina del vasaio), usate appunto in Ger 19,1-2. Questa potrebbe essere la ragione del vocabolario usato da Gioele in 4,14 e delle confusioni testuali in Zac 14,5. Il vocabolario geografico sulla valle in questione ha una lunga storia postesilica e, in entrambi i casi (Gioele e Zaccaria), è ancora denso di allusioni alle minacce di Geremia. Minacce, però, che Gioele, come abbiamo visto, cerca di attutire, deviando verso i gentili l'ira di Dio contro Gerusalemme.

Seconda parte: 4,16-21

Nella prima parte Gioele annunciava l'ira di Dio fuori di Gerusalemme e contro i gentili; in questa seconda parte, la profezia descrive l'escatologia positiva sulla città. Proprio qui comincia a essere usato il nome Sion (4,16.17.21), accanto all'altro nome, Gerusalemme, usato fin dall'inizio. Sion, di per sè, è la rocca, la parte di Gerusalemme che è anche più vicina alla "valle della decisione".

Ci limitiamo a riportare la profezia. Essa è una preziosa sintesi di tutta la tradizione di Sion, di cui dovremo occuparci ancora, ed è pure un'ottima conclusione del discorso e di tutto il libretto di Gioele. Non sono necessari ulteriori commenti:

16 Il Signore ruggisce da Sion
e da Gerusalemme fa sentire la sua voce;
tremano i cieli e la terra.
Ma il Signore è un rifugio al suo popolo,
una fortezza per gli Israeliti.
17 Voi saprete che io sono il Signore
vostro Dio
che abito in Sion, mio monte santo
e luogo santo sarà Gerusalemme;
per essa non passeranno più gli stranieri.
18 In quel giorno
le montagne stilleranno vino nuovo
e latte scorrerà per le colline;
in tutti i ruscelli di Giuda
scorreranno le acque.
Una fonte zampillerà dalla casa del Signore
e irrigherà la valle di Sittìm.
19 L'Egitto diventerà una desolazione
e l'Idumea un brullo deserto
per la violenza contro i figli di Giuda,
per il sangue innocente sparso nel loro paese,

20 mentre Giuda sarà sempre abitato
e Gerusalemme di generazione in generazione.
21 Vendicherò il loro sangue, non lo lascerò impunito
e il Signore dimorerà in Sion.

Sviluppi postesilici del sionismo

A quanto abbiamo già detto sui due aspetti, positivo e negativo della tradizione profetica sui destini di Gerusalemme-Sion, aggiungiamo solo alcune osservazioni.

Quanto al messaggio positivo, ne ricordiamo l'antichità. Alcuni elementi sono addirittura anteriori a Davide e provengono dalla tradizione cananea, gebusea (Jebus era un antico nome di Gerusalemme). Dopo che la rocca fu espugnata da Davide e fatta centro del suo regno col trasporto dell'arca (2Sam 5-6), molti di questi elementi sono confluiti nei salmi di Sion, mescolati con quelli davidici e profetici posteriori, come ho mostrato sotto ("Gerusalemme nel piano di Dio dopo tre mila anni").

Abbiamo già accennato anche al messaggio negativo, menzionando gli oracoli minacciosi dei profeti preesilici contro Gerusalemme.

I due messaggi sembrano elidersi a vicenda. In realtà vanno valorizzati entrambi. Un simbolo è l'episodio dell'assedio di Sennacherib, da cui la città, prima ridotta allo stremo, viene poi miracolosamente salvata (Is 36-37 e il parallelo 2Re 18-19). Un altro significativo messaggio ambivalente l'abbiamo già ricordato; è Sof 3, che probabilmente ha influenzato Gioele.

Ma tornare sul messaggio negativo contro Gerusalemme per un profeta postesilico appare particolarmente strano. Dopo la catastrofe ci si aspettava ormai solo benessere per la città. Invece i profeti postesilici riprendono e approfondiscono il discorso delle sventure su Gerusalemme. Sembrano voler polemizzare con le idee trionfalistiche del Secondo Isaia e di Is 60 e 62. Forse prendono posizione anche contro le false sicurezze sorte dopo la riedificazione della città narrata nel libro di Neemia. Alcuni di questi contestatori ricalcano l'idea vecchia, simboleggiata nell'assedio di Sennacherib, che abbiamo visto. Altri vanno oltre; allargando la visuale arrivano appunto al discorso di un giudizio universale incentrato in Gerusalemme. Questo è il filone che dobbiamo esplorare.

Una delle prime tappe di questo discorso si può identificare in Is 66, di cui riportiamo i versetti principali;

15 Poiché, ecco, il Signore viene con il fuoco,
i suoi carri sono come un turbine,
per riversare con ardore l'ira,

la sua minaccia con fiamme di fuoco.
16 Con il fuoco infatti il Signore farà giustizia
su tutta la terra
e con la spada su ogni uomo;
molti saranno i colpiti dal Signore...
18 Io verrò a radunare tutti i popoli e tutte le lingue; essi verranno e vedranno
la mia gloria. 19 Io porrò in essi un segno e manderò i loro superstiti alle
genti di Tarsis, Put, Lud, Mesech, Ros, Tubal e di Grecia, ai lidi lontani che
non hanno udito parlare di me e non hanno visto la mia gloria; essi annun-
zieranno la mia gloria alle nazioni. 20 Ricondurranno tutti i vostri fratelli da
tutti i popoli come offerta al Signore, su cavalli, su carri, su portantine, su
muli, su dromedari al mio santo monte di Gerusalemme, dice il Signore,
come i figli di Israele portano l'offerta su vasi puri nel tempio del Signore.
21 Anche tra essi mi prenderò sacerdoti e leviti, dice il Signore.
22 Sì, come i nuovi cieli
e la nuova terra, che io farò,
dureranno per sempre davanti a me
– oracolo del Signore –
così dureranno la vostra discendenza e il vostro nome.
23 In ogni mese al novilunio,
e al sabato di ogni settimana,
verrà ognuno a prostrarsi
davanti a me, dice il Signore.
24 Uscendo, vedranno i cadaveri degli uomini
che si sono ribellati contro di me;
poiché il loro verme non morirà,
il loro fuoco non si spegnerà
e saranno un abominio per tutti.

Nel complesso degli oracoli postesilici di questo filone si evidenziano due posizioni profetiche diverse: l'una, nuova, aperta agli altri popoli, e l'altra ostile, secondo la vecchia tradizione. In Is 66 non sono risparmiati i cittadini di Gerusalemme e in Zac 14 possiamo dire, almeno, che i pagani non sono del tutto distrutti. In Ez 38-39, invece, i primi sono risparmiati, come in Zac 12 e Gl 4, e il castigo è per gli altri popoli, fatti convenire a Gerusalemme.

Noi dobbiamo restare qui in tale linea, perché è quella di Gl 4. Vediamo come i testi siano imparentati: vengono nominati i popoli di Mesech, Tubai, Ros (cf. Ez 38,2; 39,1) e Put (Ez 38,5), come in Is 66,19, ma forse Is 66,18ss è addirittura un'inserzione proveniente dallo stesso Ez 38-39. A ogni modo le "folle, *hămônîm*, nella valle della decisione", di Gl 4,12, sono un richiamo al nome della città, nella valle della strage di Gog, di Ez 39,16: *Hamônâ*!

Ez 38-39, in effetti, è l'oracolo cui Gl 4 più si ispira. Quel lungo oracolo descrive il favoloso Gog, col suo terribile esercito, che viene contro Gerusalemme per distruggerla, ma alla fine è sterminato. Sarebbe troppo lungo riportare e discutere quelle pagine, che forse non sono più di Ezechiele, ma di suoi discepoli posteriori, più vicini all'epoca di Is 66 e di Gioele. Vi troviamo già i primi cenni a sconvolgimenti cosmici (Ez 38,22 e Ez 39,6) e, importante coincidenza, la ripetizione della profezia ezechieliana sullo Spirito (Ez 39,29), che abbiamo visto in Ez 36.

Non possiamo, a questo punto, dimenticare un'ultima tappa del pensiero tardo-profetico sul giudizio universale. È la più ampia e probabilmente la più tardiva: Is 24-27. Il campo del giudizio, lì, è il mondo intero. Ma, alla fine (Is 24,23), Gerusalemme è ancora al centro. Del banchetto escatologico a Gerusalemme parla, subito dopo, Is 25 e l'inno successivo di Is 26. Siccome, poi, la città del caos, che è distrutta (Is 24,10-11), sembra Edom (si confronti Is 25,2 con Is 26,5 e Is 27,10), questa cosiddetta apocalisse segue la linea vecchia, pur essendo molto tardiva.

A questa tendenza si ispira anche il racconto di 2Cr 20,1-30, la battaglia di Giosafat contro Moabiti, Ammoniti e Meuniti (forse è il Seir, cioè Edom, del v. 23). Gl 4, come abbiamo visto, parla della valle di Giosafat, invece il racconto delle Cronache dice che l'episodio si svolge nella valle del deserto di Ieruel e nella valle della benedizione (2Cr 20,16.26). Ma già gli antichi rabbini avevano fatto l'equazione geografica e il collegamento tra i due passi. Anche questo episodio diveniva simbolo di un giudizio che colpiva le nazioni. Ma al tempo della redazione dei libri delle Cronache la teocrazia, di cui quest'opera è un prodotto, si guarda bene dall'accogliere fermenti politicamente pericolosi di stampo profetico nel suo racconto simbolico. Solo Dio sconfigge i nemici. Credo che siamo nel 350 a.C.; tale mi pare la data del libro. E Gl 4 è anteriore. C'è chi sostiene il contrario, ma la questione, dopo tutto, qui non è molto importante.

Conclusione

Dopo l'analisi dei quattro capitoli di Gioele possiamo ora esaminare la loro struttura globale. In particolare siamo in grado di rispondere alla questione della separazione dei cc. 1-2 dai cc. 3-4.

Tenendo conto delle opinioni favorevoli a una datazione preesilica di Gioele, pensiamo che la liturgia penitenziale che sta alla base di Gl 1-2 sia pregioeliana. Il pensiero di Gioele, che è un profeta di casta sacerdotale o levitica e visse nell'epoca postesilica inoltrata, si formò su questa liturgia e sui grandi problemi teologici in essa trattati. Dopo averli risolti nella maniera consolante che vediamo nella redazione finale di Gl 1-2, egli sviluppò ulteriormente il suo pensiero, specialmente sullo Spirito e la profezia e sui destini futuri di Gerusalemme e dell'umanità, esprimendolo in Gl 3 e 4 rispettivamente, nei termini che abbiamo descritto.

Gioele è dunque una tappa molto importante verso il messaggio successivo: non solo quello dell'apocalittica di Daniele, ma anche del Nuovo Testamento. Il messaggio di Gesù, dalla formula iniziale – "il regno di Dio è in mezzo a voi" – al discorso escatologico sulla fine di Gerusalemme e del mondo, sul giudizio finale e la Gehenna, ha bisogno di Gioele per essere capito fino in fondo. Gesù è il migliore interprete di questo profeta e colui che dà compimento alla sua profezia.

Daniele

Daniele significa "Mio giudice è Dio". Il nome viene da quello di un'antica figura del mondo sapienziale orientale (Danil, nel poema ugaritico di Aqhat), ricordata da Ez 14,14.20 e 28,3. Del relativo, eventuale personaggio storico ebraico non si sa nulla di certo, anche perché il libro è intitolato a lui da un apocalittico anonimo, che confonde le cose. Nella prima parte il personaggio interpreta dei sogni al tempo del passaggio tra l'impero babilonese e quello persiano, attorno al 540 a.C. Ma le sue rivelazioni apocalittiche sono propriamente nella seconda parte e, come vedremo, tardive. Infatti, nonostante le date anacronistiche, l'autore è chiaramente dell'epoca maccabaica, dopo il 175 a.C. Dunque il Daniele del libro è un personaggio fittizio. Per la seconda parte è inutile cercare le tracce di Daniele. Per la prima, si potrebbe forse parlare di figura simbolica, dove sono riflessi svariati e anonimi personaggi storici ebrei vissuti nella diaspora nella tarda epoca postesilica. Tali sono i tre giovani che si incontrano in Dn 1 e 3, come pure Tobia o la famosa Ester, e gli altri personaggi degli omonimi libri. Oggi si torna a rivalutare parzialmente l'antichità di Dn 2-7. Non è possibile né logico che l'autore di Dn 8-12 si sia inventato tutto il contenuto dei cc. 2-7, tanto tempo dopo.

La seconda delle due parti in cui è diviso il libro inizia al c. 8. La separazione è data già dal fatto che i cc. 2-7 sono scritti in aramaico (più precisamente a partire da 2,4), mentre Dn 1,1-2,3 e i cc. 8-12 sono scritti in ebraico. Altre parti sono scritte in greco: Dn 3,24-90, che viene dalla Bibbia greca, e i due capitoli finali (13-14), provenienti dalla versione greca di Teodozione. Come ognuno si renderà conto dalla lettura e come gli specialisti suggeriscono, le due parti (aramaica ed ebraica) del libro inserito nel canone ebraico corrispondono a due periodi storici differenti. Le parti aggiunte nella Bibbia greca oscillano tra i due. La parte apocalittica vera e propria è quella in lingua ebraica.

Strutture e contenuti

Le strutture del libro, di cui dobbiamo occuparci, sono dunque più d'una. Per arrivare alla struttura finale, somma dei tre strati menzionati, bisogna partire dalle due parti aramaica ed ebraica, che formano il libro nel canone ebraico. Quanto ai contenuti. saranno in generale considerati insieme ai relativi strati. Dedicheremo poi un'attenzione particolare ad alcuni temi, ripresi nella parte apocalittica, che è la caratteristica fondamentale del libro, per tracciare alla fine una sintesi del percorso cui ci ha portato lo studio partito da Gioele.

La parte aramaica: 2,4-7,28

Per questa parte gli autori, notando certe corrispondenze, parlano di struttura concentrica o chiastica, per cui i capitoli si possono disporre secondo il seguente schema:

A = Dn 2
B = Dn 3
C = Dn 4-5
B' = Dn 6
A' = Dn 7

Questo schema è accettabile dal punto di vista letterario, ma limitandosi a esso si rischia di portare l'enfasi sui capitoli centrali, trascurando quelli periferici. I capitoli centrali 4-5 contengono il sogno di Nabucodonosor (l'albero che sarà tagliato) e la visione di Baldassar (la scritta sul muro, ancor più minacciosa). Sogno e scritta sono interpretati da Daniele. Invece, i cc. 2 e 7 periferici sono giustamente più famosi: il c. 2 narra il primo sogno di Nabucodonosor (la statua a quattro strati distrutta dal masso rotolante); il c. 7 descrive la prima visione di Daniele (le quattro grandi bestie, l'"Antico di giorni" e il "Figlio dell'uomo").

Nella struttura concentrica i capitoli 3 e 6 sono forse i meno importanti, almeno dal nostro punto di vista. Ne parliamo brevemente, premettendo una informazione sui dati storici che nel libro inquadrano i singoli capitoli ed episodi.

Il periodo in cui l'autore ambienta il suo libro è l'epoca del trapasso dall'egemonia babilonese a quella persiana, e l'ambiente è quello della diaspora orientale, dove continuarono a vivere per secoli molti Ebrei che non erano tornati in patria dopo l'editto di Ciro del 538 che autorizzava il ritorno degli esuli.

Nabucodonosor (605-562) è il ben noto re di Babilonia che ha distrutto Gerusalemme (586) e deportato gli Ebrei in esilio. Il suo regno segna il vertice della potenza babilonese. Nabonide, ultimo successore di Nabucodonosor, vide la fine del suo regno, occupato dai Persiani di Ciro (539). Non c'è qui posto per il Baldassar del c. 5. Il persiano Ciro, che occupò Babilonia, continuò a regnare fino al 529. A lui successe Cambise (529-522) e poi Dario I (522-486), il re delle guerre persiane contro la Grecia, il quale subì la celebre sconfitta a Maratona (490). Anche qui, non c'è posto per un Dario il Medo che avrebbe occupato Babilonia, secondo Dn 6,1, mentre il babilonese Baldassar veniva ucciso nell'occupazione della città (Dn 5,30). Probabilmente l'autore di

Daniele ha fatto qualche confusione di nomi e di eventi.

Vi sono anche altre incongruenze storiche, ma non mette conto preoccuparsi ulteriormente della cronologia di un libro che, redatto nel II secolo a.C., è molto lontano dagli eventi e non ha le nostre preoccupazioni di precisione storica. Dopo questo sommario inquadramento storico passiamo ai cc. 3 e 6 che ci siamo proposti di esaminare per primi.

I cc. 3 e 6

Quelli che altrove (in Dn 1 e 2,49) sono stati presentati come i tre compagni di Daniele, in Dn 3 agiscono da soli e si oppongono al decreto di adorare la statua di Nabucodonosor, finendo nella fornace ardente. Il quarto misterioso personaggio è l'angelo mandato da Dio (3,25.28). Anche secondo l'aggiunta greca, che attribuisce la *leadership* ad Azaria (per es. in 3,25), è l'angelo del Signore che scende con i tre nella fornace (3,49).

In Dn 6, invece, è in scena solo un Daniele funzionario di Dario. Egli finisce non in una fornace, ma nella famosa fossa dei leoni; e non per una statua non adorata, ma per il suo culto ebraico.

Di questo episodio abbiamo un doppione nella parte deuterocanonica, Dn 14,23-42. Ivi, questa volta sotto Ciro e con l'aiuto miracoloso di un anacronistico Abacuc (14,33-39), il nostro personaggio viene liberato dalla fossa dei leoni, dov'è finito per aver ucciso il dragone e distrutto Bel.

Entrambi i racconti dei cc. 3 e 6 finiscono con una confessione dei rispettivi sovrani sulla grandezza ed eternità del regno del Dio d'Israele (3,33 e 6,27). La confessione si ricollega a quella dello stesso Nabucodonosor (in realtà è Nabonide) in 4,31-32. Tutt'e tre le confessioni costituiscono un crescendo verso la seconda parte del libro e, nello stesso tempo, sono una conferma delle interpretazioni del sogno di Nabucodonosor in Dn 2 e della visione in Dn 7.

I cc. 4-5

Anche il secondo sogno di Nabucodonosor, come quello di Dn 2 e la visione spaventosa di Baldassar, cioè Dn 4 e 5, centro della prima parte del libro, hanno già molte caratteristiche di quell'apocalittica che noi facciamo partire, in senso ristretto, solo dal tempo dei Maccabei. Sono racconti di origine più antica, come i critici ritengono oggi, prevalentemente i capitoli della prima parte. Sono testimonianze degli Ebrei della diaspora sulla debolezza e sul crollo imminente degli imperi orientali, elaborate nei secoli del postesilio. Le vicende dell'albero sognato da Nabucodonosor/Nabonide descrivono la pazzia, l'esilio e la debole ripresa di questo ultimo re babilonese, ripresa che nell'interpretazione di Dn 4,23-24 è dovuta alla conversione al Dio d'Israele, riconosciuto dall'imperatore ristabilito (4,31-34). Ma il (Nabonide) Baldassar, che ha la spaventosa visione successiva durante le sue crapule, non arriva alla medesima confessione, che sarebbe la confessione di un ubriaco. Muore subito, appena dopo aver proclamato Daniele "terzo nel governo" (5,29-30).

I cc. 2 e 7

Però le pagine più importanti e più vicine, come contenuto e datazione, all'apocalittica vera e propria della seconda parte sono Dn 2 e 7. Sono così famose che non hanno bisogno di tanta presentazione e commento. Il senso della gigantesca statua sognata da Nabucodonosor in Dn 2 – che mette in ridicolo la statua pure enorme da lui eretta e fatta adorare in Dn 3 – è già spiegato, del resto, dallo stesso Daniele (2,39-45): gli strati della statua corrispondono ad altrettanti imperi successivi, a cominciare da quello babilonese. C'è solo da ricordare che il racconto della visione ha subito dei rifacimenti da parte dell'autore maccabaico di tutto il libro, dal v. 40 in poi, dove si allude alle lotte fra i Tolomei d'Egitto e i Seleucidi, negli ultimi cent'anni prima della rivolta maccabaica. Con questi ritocchi, comunque, il libro ci dice fin dall'inizio qual è il senso della storia e la piega finale che prenderanno gli eventi del mondo:

> 44 Al tempo di questi re, il Dio del cielo farà sorgere un regno che non sarà mai distrutto e non sarà trasmesso ad altro popolo: stritolerà e annienterà tutti gli altri regni, mentre esso durerà per sempre. 45 Questo significa quella pietra che tu hai visto staccarsi dal monte, non per mano di uomo, e che ha stritolato il ferro, il bronzo, l'argilla, l'argento e l'oro. Il Dio grande ha rivelato al re quello che avverrà da questo tempo in poi. Il sogno è vero e degna di fede ne è la spiegazione.

Ancor più bella e famosa è la visione delle quattro bestie mostruose e del Figlio dell'uomo (Dn 7). Pur essendo l'ultima pagina della parte aramaica, si direbbe che è l'introduzione ai capitoli successivi più che la conclusione di quella. Anche per questo se ne dovrebbe dedurre che è meno antica delle precedenti. Non per nulla è, comunque, la sola visione attribuita a Daniele nei cc. 2 e 7 e non si tratta di un sogno di un re spiegato poi da Daniele. In Dn 7 – che studieremo più a fondo trattando il tema del Figlio dell'uomo – l'Antico Testamento spalanca davvero le porte non solo alla vera e propria apocalisse, ma a tutto il Nuovo Testamento: dal suo inizio – con la vita pubblica di Gesù, che si presenta come Figlio dell'uomo rifacendosi soprattutto a Dn 7 – sino alla fine con Ap 4-5 che apre le sue visioni sulle ultime fasi della storia dopo

Cristo. Lasciamo, ora, questo capitolo senza ulteriori commenti, anche perché dovremo tornarci sopra a proposito dei due temi principali della seconda parte (i tempi prima della fine e il Figlio dell'uomo).

Sulla disposizione concentrica di Dn 2 e 7, dicevamo all'inizio che dobbiamo evitare di limitarci a considerazioni puramente estetico-letterarie. Ora che ne abbiamo visto i contenuti e ne abbiamo intravisto le possibili tappe della formazione, comprendiamo, da una parte, che questa è anche la disposizione più logica e teologica che i capitoli di questa sezione potevano assumere e, dall'altra, che i fari principali che la illuminano tutta e la orientano alla seconda parte sono i cc. 2 e 7.

Dn 2 posto all'inizio, almeno nell'attuale elaborazione finale, ci fa intravedere precisamente tutte le tappe della storia del mondo, di cui si occupa Daniele, dall'impero babilonese al tempo dei Maccabei. Sogni e visioni imperiali (cc. 4 e 5) e testimonianze dei personaggi ebrei della diaspora (cc. 3 e 6) sono volutamente e debitamente incorniciati.

Dn 7, invece, posto alla fine, tra la prima e la seconda parte, va oltre: dopo il fatto del masso che nel sogno di Dn 2 ha distrutto la statua, presenta l'esito finale glorioso della storia, al di là della «abominazione della desolazione» di cui parla la seconda parte e che sembra bloccarla tragicamente.

Il merito di questa preziosa disposizione del materiale, chiaramente, non è solo dell'autore finale. È di Dio, l'autore stesso della storia del mondo; è lui, in ultima analisi, che guida la tradizione finche essa arriva all'autore ispirato del nostro libro.

La parte ebraica: 1,1-2,3 e i cc. 8-12

In questa seconda parte abbiamo solo rivelazioni o visioni di Daniele e non di estranei pagani. Anche per questo l'autore del nostro libro, che qui prende decisamente in mano le redini della composizione, senza più materiali antichi da rielaborare e inquadrare, si serve d'ora in poi della lingua sacra, l'ebraico. Prima l'ha fatto solo nell'introduzione, Dn 1,1-2,3, per lo stesso motivo e per indicare, potremmo dire, fin dall'inizio, dove vuol farci arrivare.

Le visioni sono tre: quella di due animali, un caprone e un montone (Dn 8), quella sulle settanta settimane (Dn 9) e quella del "Figlio dell'uomo" (Dn 10-12).

Prima visione: lotte per il potere (c. 8)

In Dn 8 continua il genere specifico del bestiario, iniziato appena prima. I mostri visti da Daniele a Susa, nella Media, incutono uno spavento cui le immagini statiche precedenti (le statue, l'albero in Dn 4 e la visione in Dn 5) non erano ancora arrivate. Il caprone, simbolo dei re medo-persiani (8,20), è vinto dal montone greco (8,21), il cui corno frontale origina i quattro corni o regni successivi, al termine dei quali arriva il famigerato Antioco IV. Allora la persecuzione dei Giudei (167 a.C.) scatenerà la rivolta maccabaica. Siamo appena prima di tale rivolta.

> 9 Da uno di quelli uscì un piccolo corno, che crebbe molto verso il mezzogiorno, l'oriente e verso la Palestina: 10 S'innalzò fin contro la milizia celeste e gettò a terra una parte di quella schiera e delle stelle e le calpestò.
> 11 S'innalzò fino al capo della milizia e gli tolse il sacrificio quotidiano e fu profanata la santa dimora.
> 12 In luogo del sacrificio quotidiano fu posto il peccato e fu gettata a terra la verità; ciò esso fece e vi riuscì.
> 13 Udii un santo parlare e un altro santo dire a quello che parlava: "Fino a quando durerà questa visione: il sacrificio quotidiano abolito, la desolazione dell'iniquità, il santuario e la milizia calpestati?". 14 Gli rispose: "*Fino a duemilatrecento sere e mattine*: poi il santuario sarà rivendicato".
> 15 Mentre io, Daniele, consideravo la visione e cercavo di comprenderla, ecco davanti a me uno in piedi, dall'aspetto d'uomo; 16 intesi la voce di un uomo, in mezzo all'Ulai, che gridava e diceva: "Gabriele, spiega a lui la visione". 17 Egli venne dove io ero e, quando giunse, io ebbi paura e caddi con la faccia a terra. Egli mi disse: "Figlio dell'uomo, comprendi bene, questa visione riguarda il tempo della fine". 18 Mentre egli parlava con me, caddi svenuto con la faccia a terra; ma egli mi toccò e mi fece alzare.
> 19 Egli disse: "Ecco io ti rivelo ciò che avverrà al termine dell'ira, perché la visione riguarda il tempo della fine".

In 8,11-12 si descrive la tragica profanazione del culto ebraico da parte di Antioco. Poi Daniele ascolta dei santi che parlano della durata di tale abominazione, con cifre misteriose. Le parole che abbiamo evidenziate rivelano una caratteristica specifica della nostra apocalisse, quella vera e propria che comincia proprio in tale capitolo: lo sforzo di capire il tempo della fine. Le misteriose 2300 sere e mattine (8,14) ci diventano un po' comprensibili se le riduciamo, come sembra logico e possibile, a 1150 giorni. Si arriva, cosi, a poco più di tre anni (3 anni e 55 giorni), il che corrisponderebbe abbastanza alla mezza settimana di anni di 9,27 e ai tre tempi e mezzo di 12,1.

È molto interessante anche il fatto che si parli qui di "uno in piedi dall'aspetto d'uomo (*gāver*)", misterioso personaggio che ordina a Gabriele di fornire la spiegazione della visione a Daniele (8,15-16) e del quale cercheremo di scoprire l'identità.

Anche Gabriele dice ripetutamente (8,17.19) che la visione riguarda il tempo della fine della collera divina. Dopo le prime frasi egli prosegue:

23 "Alla fine del loro regno, quando l'empietà avrà raggiunto il colmo, sorgerà
un re audace, sfacciato e intrigante. 24 La sua potenza si rafforzerà, ma non per
potenza propria; causerà inaudite rovine, avrà successo nelle imprese, distruggerà i potenti e il popolo dei santi. 25 Per la sua astuzia [se 24bβ e 25aα vanno
insieme, il senso è: "e contro il popolo dei santi la sua astuzia"] la frode prospererà nelle sue mani, si insuperbirà in cuor suo e con inganno farà perire molti:
insorgerà contro il principe dei principi, ma verrà spezzato senza intervento di
mano d'uomo. 26 La visione di sere e mattine, che è stata spiegata, è vera. Ora tu
tieni segreta la visione, perché riguarda cose che avverranno fra molti giorni".
27 Io, Daniele, rimasi sfinito e mi sentii male per vari giorni: poi mi alzai e
sbrigai gli affari del re: ma ero stupefatto della visione perché non la potevo
comprendere.

Seconda visione: le 70 settimane di anni (c. 9)

Dn 9 manifesta fin dall'inizio quella che potremmo definire l'ossessione dell'anonimo autore del libro: capire "nei libri il numero degli anni" (9,2), che qui sono i settant'anni della durata dell'esilio profetizzati da Ger 25,11-12 e 29,10. Dopo la lunga preghiera penitenziale (vv. 4-19), recitata in direzione di Gerusalemme (v. 20) e per Gerusalemme, ivi ripetutamente menzionata, ecco di nuovo Gabriele che dà l'invocata spiegazione:

24 Settanta settimane sono fissate
per il tuo popolo e per la tua santa città
per mettere fine all'empietà,
mettere i sigilli ai peccati, espiare l'iniquità,
portare una giustizia eterna,
suggellare visione e profezia
e ungere il Santo dei santi.
25 Sappi e intendi bene:
da quando uscì la parola
sul ritorno e la ricostruzione di Gerusalemme
fino a un principe consacrato,
vi saranno sette settimane.
Durante sessantadue settimane
saranno restaurati, riedificati piazze e fossati,
e ciò in tempi angosciosi.
26 Dopo sessantadue settimane,

un consacrato sarà soppresso senza colpa in lui;
il popolo di un principe che verrà
distruggerà la città e il santuario;
la sua fine sarà un'inondazione e, fino alla fine,
guerra e desolazioni decretate.
27 Egli stringerà una forte alleanza con molti
per una settimana
e, nello spazio di metà settimana,
farà cessare il sacrificio e l'offerta;
sull'ala del tempio porrà l'abominio della desolazione
e ciò sarà sino alla fine,
fino al termine segnato sul devastatore.

I 70 anni di Geremia sono visti nell'ottica anacronistica dei tempi di Dario, appena prima dell'evento della fine dell'esilio decretata da Ciro, evento profetizzato anche e soprattutto dal Secondo Isaia, la cui realizzazione fu, in verità, piuttosto deludente, come abbiamo visto nell'inquadratura storica fornita nell'introduzione.

I 70 anni diventano, ora, settanta settimane di anni, cioè 490 anni. Se partiamo dal 597, anno della prima deportazione ed epoca della profezia di Geremia, si arriva alle soglie del secolo I a.C. L'autore di Dn 9, appena prima della rivolta maccabaica, si trova dunque, dopo tanti secoli, ad aspettare ancora gli adempimenti trionfali di quelle profezie, in un momento particolarmente tragico e deludente: la già menzionata abominazione della desolazione. Non solo le profezie di Geremia, di Is 40-55 e dei successivi Is 60 e 62 non si sono ancora adempite pienamente, ma sembra di essere, nel 167 a.C., in un momento in cui svaniscono anche quei segnali escatologici della restaurazione postesilica, che Dio ha dato nei secoli precedenti.

Ecco il problema teologico e le ansietà del nostro veggente e della sua apocalittica. Egli però, pregando, soffrendo e digiunando, avverte che qualcosa di nuovo c'è all'orizzonte ed è questo, precisamente, il nuovo messaggio che si sforza di precisare. Lo dà anche qui suddividendo le 70 settimane in cifre misteriose, che ora cerchiamo di spiegare. Le prime 7 settimane, una cinquantina d'anni, ci portano al 547. E, se partiamo dal 587, anno della distruzione, ci portano al 537! La liberazione proclamata da Ciro avvenne nel 538 a.C.! Le altre 62 settimane ci portano al 113 o al 103, al momento in cui si sta installando l'impero romano. Se l'unto ucciso al termine di esse è il Sommo Sacerdote Onia III, eliminato nel 171 (2Mac 3; sul tema ritorna Dn 11), bisognerebbe ripartire dal 597 nel calcolare le 62 settimane: si arriva, così, al 163. L'ultima settimana è quella della persecuzione di Antioco, cominciata poco prima (nell'anno 167). E la durata dell'abominazione, di mezza settimana, corrisponderebbe, come abbiamo già visto, a tre anni e mezzo, fino alla liberazione conquistata dai Maccabei e la relativa riconsacrazione del tempio (anno 164).

Terza visione: la prospettiva della risurrezione finale (cc. 10-12)

Dell'insieme dei capitoli di Dn 10-12 vediamo anzi tutto il c. 11, il più lungo e intricato dei tre. Si potrebbe dire che qui la profezia *ex eventu* si fa ancora più aperta e particolareggiata. Per rendercene meglio conto occorrerebbe conoscere nei dettagli i singoli episodi delle lotte tra Tolomei ("il re del Sud") e Seleucidi ("il re del Nord") del III secolo a.C., che l'autore finge di profetizzare in 11,5-20. L'ultimo seleucide lì descritto è Antioco III (223-187 a.C.) e nell'ultimo versetto si menziona "l'esattore" imperiale, che è quell'Eliodoro esecrato da 2Mac 3,7ss, che spreme il sangue dalle casse degli Ebrei e arriva a mettere le mani sul tesoro del tempio (170 a.C.). Le lotte tra Tolomei e Seleucidi sono inframmezzate da strane alleanze tentate soprattutto per mezzo di matrimoni tra i figli dei contendenti, che non è il caso di spiegare nei particolari. Dove l'autore si dilunga di più è sul periodo di Antioco IV (175-164 a.C.), per tutto il resto del lungo e difficile capitolo (11,21-45).

Di questo brano dobbiamo almeno fare un riassunto, aggiungendo qualche spiegazione e un inquadramento storico. Si tratta della più ampia sintesi biblica della persecuzione contro gli Ebrei.

Le prime battute (11,21-24) sono già un'antifona: questo abietto personaggio diviene re con manovre sporche. Le grandi forze (lett. "il braccio", *zĕrôa'*; si veda anche 1,6.15!) militari egiziane (descritte anche in 11,15), già dominatrici dell'impero, saranno sopraffatte, come pure il principe (*nāgîd*) già menzionato in 9,25-26: Onia III. Sugli intrighi per il sommo sacerdozio di quel tempo è interessante leggere 2Mac 4,1-5,10: Giasone e Menelao, all'arrembaggio della dignità pontificale, riescono a eliminare Onia III. Con queste scandalose manovre sacre coincidono le invasioni della Terra Santa e i relativi saccheggi da parte di Antioco IV.

Ma, prima di descrivere il fatto peggiore, si parla ancora (11,25-30) delle due invasioni siriane dell'Egitto: la prima fortunata (25-28), la seconda conclusa male per l'intervento dei Romani. Questi, dopo le guerre puniche sono praticamente già i padroni dell'Egitto. Sono anche una vecchia conoscenza degli antenati di Antioco IV. Antioco, infatti, era stato bloccato da essi in Grecia (Magnesia, 189 a.C.). Anche i capitoli 8,12 e 14-15 di 1Mac testimoniano, pochi decenni dopo, il dominio ormai totale dei Romani, dall'Egitto alla Grecia. Antioco IV, dunque, di fronte a loro, tenta di tergiversare. Il rappresentante di Roma, ad Alessandria, traccia però un cerchio attorno ai suoi piedi, ingiungendogli di prendere la decisione di abbandonare la preda egiziana prima di uscire da quel cerchio. Antioco, umiliato, prende la via del ritorno. Da qui (Dn 11,30) riprende il nostro racconto, ripetendosi un po'. Di ritorno dall'Egitto, Antioco compie in Gerusalemme l'ultimo sforzo per paganizzarla, arrivando alla già menzionata profanazione del tempio. Con questa persecuzione scoppia la rivolta (vv. 33-34).

L'ultima pericope del capitolo (11,36-45), sempre riassumendo quelle ripetizioni (cosi le spedizioni di Antioco in occidente sembrano, erroneamente, moltiplicarsi), menziona le stragi di popoli all'intorno e, infine, la sua morte. Questa è descritta in termini strani e storicamente inesatti:

> [44] Ma notizie dall'oriente e dal settentrione lo turberanno: egli partirà con grande ira per distruggere e disperdere molti. [45] Pianterà le tende del suo palazzo fra il mare e il bel monte santo: poi giungerà alla fine e nessuno verrà in suo aiuto.

Non si dice che, invece, è andato a morire nella sua patria, nel 164 a.C. Da questo deduciamo che la visione è scritta prima della sua morte. Ricordiamo, inoltre, che proprio nel 164 a.C. i Maccabei, riconquistato il tempio, lo purificano celebrandone solennemente la nuova dedicazione (1Mac 4,36-61 e 2Mac 10,1-8). Ma la definitiva liberazione avviene nel 141 a.C. (1Mac 13).

Liberato il campo da questo difficile e lungo c. 11, possiamo dedicarci ai più importanti cc. 10 e 12. Di Dn l0 dobbiamo leggere almeno i vv. 4-15:

> [4] Il giorno ventiquattro del primo mese, mentre stavo sulla sponda del gran fiume, cioè il Tigri, [5] alzai gli occhi e guardai ed ecco un uomo vestito di lino, con ai fianchi una cintura d'oro di Ufàz; [6] il suo corpo somigliava a topazio, la sua faccia aveva l'aspetto della folgore, i suoi occhi erano come fiamme di fuoco, le sue braccia e le gambe somigliavano a bronzo lucente e il suono delle sue parole pareva il clamore di una moltitudine.
> [7] Soltanto io, Daniele, vidi la visione, mentre gli uomini che erano con me non la videro, ma un gran terrore si impadronì di loro e fuggirono a nascondersi. [8] Io rimasi solo a contemplare quella grande visione, mentre mi sentivo senza forze; il mio colorito si fece smorto e mi vennero meno le forze. [9] Udii il suono delle sue parole, ma, appena udito il suono delle sue parole, caddi stordito con la faccia a terra.
> [10] Ed ecco, una mano mi toccò e tutto tremante mi fece alzare sulle ginocchia, appoggiato sulla palma delle mani.
> [11] Poi egli mi disse: "Daniele, uomo prediletto, intendi le parole che io ti

rivolgo, alzati in piedi, poiché ora sono stato mandato a te". Quando mi ebbe detto questo, io mi alzai in piedi tutto tremante.
[12] Egli mi disse: "Non temere, Daniele, poiché fin dal primo giorno in cui ti sei sforzato di intendere, umiliandoti davanti a Dio, le tue parole sono state ascoltate e io sono venuto per le tue parole. [13] Ma il principe del regno di Persia mi si è opposto per ventun giorni: però Michele, uno dei primi principi, mi è venuto in aiuto e io l'ho lasciato là presso il principe del re di Persia; [14] ora sono venuto per farti intendere ciò che avverrà al tuo popolo alla fine dei giorni, poiché c'è ancora una visione per quei giorni".
[15] Mentre egli parlava con me in questa maniera, chinai la faccia a terra e ammutolii.

La visione, avuta nel terzo anno di Ciro, è introdotta con il cenno alla solita ansia di Daniele di capire i segni dei tempi (v. 1) e alla penitenza fatta per ottenere tale grazia (vv. 2-3). Il primo brano riportato (vv. 5-6) descrive il misterioso personaggio della visione, la più importante di tutte quelle del libro, dopo la visione del Figlio dell'uomo di Dn 7. Solo chi difende radicalmente la tesi che questi è semplicemente il popolo eletto e non il Messia (affronteremo la questione in un apposito paragrafo) può chiudere gli occhi e non vedere il collegamento tra Dn 7 e 10,5-6, e la complementarità o bipolarità delle due visioni. Faccio osservare, tra l'altro, che, subito dopo, il racconto prosegue dicendo che una "immagine di figlio (al sing. in alcuni manoscritti e nelle versioni greca e latina) di uomo" tocca le labbra di Daniele e le apre al dialogo celeste (10,16 e 18; cf. 12,6ss). Infine, nel brano evidenziato, oltre alla solita preoccupazione di conoscere i segni dei tempi, notiamo che si nomina un altro angelo, Michele. Questi aiuta contro il re di Persia il nostro misterioso personaggio della visione, che dichiara:

> [20] Sai tu perché io sono venuto da te? Ora tornerò di nuovo a lottare con il principe di Persia, poi uscirò ed ecco verrà il principe di Grecia. [21] Io ti dichiarerò ciò che è scritto nel libro della verità. Nessuno mi aiuta in questo se non Michele, il vostro principe, ([11,1]) e io, nell'anno primo di Dario, mi tenni presso di lui per dargli rinforzo e sostegno.

Dunque l'arcangelo Michele ("gran principe": vedi sotto, 12,1) assiste Israele sin dal tempo dei Persiani, giacché l'autore ambienta Daniele in tale epoca, e poi durante quella dei Greci, cioè fino al tempo dei Maccabei, che è il suo proprio tempo. E la figura di Michele torna, o continua a campeggiare, nell'ultimo capitolo, Dn 12, che studiamo in due tappe.

> 1 Or in quel tempo sorgerà Michele, il gran principe, che vigila sui figli del
> tuo popolo. Vi sarà un tempo di angoscia, come non c'era mai stato dal
> sorgere delle nazioni fino a quel tempo; in quel tempo sarà salvato il tuo
> popolo, chiunque si troverà scritto nel libro. 2 Molti di quelli che dormo-
> no nella polvere della terra si risveglieranno: gli uni alla vita eterna e gli
> altri alla vergogna e per l'infamia eterna. 3 I saggi risplenderanno come lo
> splendore del firmamento; coloro che avranno indotto molti alla giustizia
> risplenderanno come le stelle per sempre.
> 4 Ora tu, Daniele, chiudi queste parole e sigilla questo libro, fino al tempo
> della fine: allora molti lo scorreranno e la loro conoscenza sarà accresciuta.

In questo famoso e grandioso quadro, sulla risurrezione finale, troviamo in particolare la notizia dell'origine del nostro libro: qui se ne indica la nascita! L'autore lo destina per il tempo della fine e per coloro che lo vorranno studiare. Qui non c'è un'allusione ai libri (al plurale) aperti in Dn 7,10 per il grande giudizio. Ma nell'Apocalisse del Nuovo Testamento, il già citato Ap 5 lo fa diventare, a buon diritto, il libro dei sette sigilli, che solo l'Agnello è in grado di aprire e di spiegare.

Nella seconda parte di Dn 12 abbiamo la conclusione e del libro originale ebraico e delle ansietà di scoprire i segni dei tempi:

> 5 Io, Daniele, stavo guardando ed ecco altri due che stavano in piedi, uno
> di qua sulla sponda del fiume, l'altro di là sull'altra sponda. 6 Uno disse
> all'uomo vestito di lino, che era sulle acque del fiume: "Quando si com-
> piranno queste cose meravigliose?". 7 Udii l'uomo vestito di lino, che era
> sulle acque del fiume, il quale, alzate la destra e la sinistra al cielo, giurò
> per colui che vive in eterno che tutte queste cose si sarebbero compiute
> fra un tempo, tempi e la metà di un tempo, quando sarebbe finito colui
> che dissipa le forze del popolo santo. 8 Io udii bene, ma non compresi, e
> dissi: "Mio Signore, quale sarà la fine di queste cose?". 9 Egli mi rispose:
> "Va', Daniele, queste parole sono nascoste e sigillate fino al tempo della
> fine. 10 Molti saranno purificati, resi candidi, integri, ma gli empi agiran-
> no empiamente: nessuno degli empi intenderà queste cose, ma i saggi le
> intenderanno. 11 Ora, dal tempo in cui sarà abolito il sacrificio quotidiano
> e sarà eretto l'abominio della desolazione, ci saranno milleduecentono-
> vanta giorni. 12 Beato chi aspetterà con pazienza e giungerà a milletrecen-
> totrentacinque giorni. 13 Tu, va' pure alla tua fine e riposa: ti alzerai per la
> tua sorte alla fine dei giorni".

Le ansietà per la fine dei tempi, che ancora una volta abbiamo evidenziato, non sono però del tutto tolte. Scompariranno "alla fine dei giorni". Ma questa non è una tautologia, la solita risposta letta in tutta la seconda parte di Daniele. Qui, ormai, c'è la prospettiva della risurrezione, fatta balenare al v. 2. E questa, in fondo, è la grande novità e la risposta definitiva. Non è vero che tutto finisce, che le profezie e le visioni sono delle illusioni. Dio dice a Daniele che c'è un aldilà non solo di puri spiriti ma di tutta la realtà umana. Di fronte a questa novità straordinaria – una fede cui molti cristiani purtroppo hanno fatto il callo – l'incertezza sul quando, che rimane come prima, non ha più molta importanza.

La parte greca (deuterocanonica): 3,24-90 e cc. 13-14

Anche questa sezione contiene del materiale forse antico – a parte l'elaborazione tardiva di difficile datazione – che si è come cristallizzato attorno alla figura di Daniele. Come nei cc. 2-7, tale materiale ha spesso radici antiche, valore simbolico e un carattere sapienziale che lo diversificano dal materiale propriamente apocalittico contenuto nella seconda parte di Daniele. Incominciamo dall'appendice finale.

Susanna e gli anziani corrotti (c. 13)

Il racconto di Dn 13 sulla casta Susanna è troppo conosciuto, almeno tra noi cristiani, perché lo si debba riassumere.

Anche per capire meglio come mai è stato trascurato dalla tradizione giudaica, facciamo su di esso una breve riflessione. La figura del giovane Daniele appare qui come quella di un vero contestatore e non solo perché difende la causa delle donne, specialmente delle donne di Giuda (non tanto delle altre o di quelle d'Israele: 13,57), cosa non molto gradita al tradizionale regime maschilista ebraico. Per mettere in risalto la sua sapienza o il valore del suo intervento a favore della donna ingiustamente accusata, l'autore avrebbe potuto inventarsi due figure di colpevoli d'altro genere, magari dei pagani. Invece sono presi di mira due anziani, della classe dirigente giudaica; proprio i due cui erano affidate le strutture giuridiche d'Israele nella diaspora. Essi, oltre a pervertire il diritto, incrinano le famiglie con le loro false accuse. E le invettive di Daniele contro di loro sono di una violenza inaudita (13,52-59).

Tali accuse si capiscono, almeno parzialmente, se le inquadriamo nell'epoca di corruzione della teocrazia, che ha raggiunto il suo culmine prima del tempo dei Maccabei. Qualche particolare l'abbiamo visto parlando della corruzione della casta sacerdotale sotto i Seleucidi.

I cristiani, poi, non ebbero certo difficoltà ad accogliere nel canone questo racconto. E non solo, o non principalmente, per le ostilità che si erano create con gli Ebrei fin dal primo secolo e che rendevano particolarmente critici tra loro i due avversari.

È significativo che la Chiesa, nella sua liturgia, abbia poi unito a questa pagina quella di Gv 8,1-11, dove Gesù salva l'adultera dalla lapidazione. Il fatto che nel vangelo la donna salvata non sia innocente come Susanna potrebbe farci credere che i due episodi sono tra loro totalmente indipendenti e irriducibili. Ma proprio la loro differenza ci fa capire le ragioni del loro accostamento cristiano. Gesù non salva solo le donne innocenti, come fa Daniele. Egli, d'altra parte, non agisce in maniera così violenta come questi, perché hanno bisogno di essere salvati tutti, anche quelli che potevano, eventualmente, scagliare la prima pietra. La ragione, dunque, dell'accostamento cristiano dei due testi sta nella percezione cristiana della profonda corruzione umana di tutti, derivante dal peccato originale.

Il giudaismo fondamentalmente non ha tale fede. Per tutto questo, un racconto come Dn 13 gli è insopportabile in modo particolare. Invece il cristianesimo lo fa suo, anche perché Daniele è diventato, ormai, la figura della risurrezione. Non solo per la frase di 12,2-3, che abbiamo appena ammirato, ma perché il nostro personaggio, ripetutamente salvato dalla fossa dei leoni (6 e 14), è simbolo di Cristo risorto. Solo lui può salvare davvero pienamente tutte le donne e tutti gli uomini e le strutture vecchie della società.

La satira contro gli idoli (c. 14)

Dn 14 è un episodio meno noto, nonostante la brillante trovata poliziesca che mette in ridicolo la religione pagana dell'ambiente in cui esso è collocato e che lo rende particolarmente moderno. Spargendo cenere nel tempio, prima della sua chiusura, divengono chiare le orme dei sacerdoti e dei loro familiari, che, di nascosto, entrano a mangiare quei cibi che facevano credere essere consumati miracolosamente dalla divinità.

Una tale ironia sugli idoli e la relativa religione viene soprattutto dal Secondo Isaia; pensiamo specialmente a Is 44,9-20. Per la verità anche Elia fa dell'umorismo a danno dei sacerdoti di Baal il giorno della sfida sul Carmelo (1Re 18,27ss). Però l'ambiente ideale è precisamente l'esilio, dove probabilmente si è sviluppato Dn 14.

L'episodio ha una continuazione che lo rende più simile alla prima parte del libro. La vendetta su Daniele, che alla fine distrugge l'idolo Bel (14,27), è la sua condanna alla fossa dei leoni (28-42), che abbiamo già definito doppione di Dn 6. Forse non ha la stessa antichità di questo, come si vede dal contesto in cui 14,28-42 si trova, un contesto che appare molto più elaborato e sviluppato.

Dio non abbandona i suoi fedeli (3,24-90)

Però, dei tre brani deuterocanonici di Daniele, il più caro ai cristiani sembra il primo, 3,24-90, che abbiamo lasciato per ultimo. Esso contiene tra le preghiere dei tre giovani nella fornace quel cantico che si recita nelle feste alle Lodi della Liturgia delle Ore.

Le preghiere confluite in questo capitolo sono due o tre. La prima è una lamentazione, anche se inizia con le stesse parole di lode della seconda. La lamentazione, posta all'inizio della tortura, è parallela a quella di Dn 9,4-19 con la quale varrebbe la pena di confrontarla. Anche qui, dunque, abbiamo a che fare con un doppione; questa può essere la ragione che l'ha fatta trascurare da chi ha preferito quella di Dn 9 nel testo ebraico. Forse tra le preghiere che Daniele rivolgeva tre volte al giorno dalle finestre della sua camera verso Gerusalemme, già prima di cadere nella fossa dei leoni (6,11), c'erano anche quelle di 3,24-90! Che si sia poi preferito Dn 9 si capisce; al centro abbiamo Gerusalemme, menzionata varie volte; essa, il monte santo, è il vero tema della supplica, elevata al tempo del sacrificio della sera (9,20ss); ivi il tema delle settanta settimane è presentato come meditazione sull'oracolo geremiano circa le rovine di Gerusalemme (9,2).

E così, forse, Dn 3,24-90 è finito in un'altra fossa, quella del fuoco, e su altre bocche! Queste preghiere, in ogni caso, sono un'ottima eco delle preghiere del Daniele aramaico ed ebraico. Comunque si debba valutare la nostra supposizione, sembrano elaborate precisamente al tempo dei Maccabei: le invettive contro il re più scellerato (3,32) rassomigliano a quelle contro Antioco lette nella parte ebraica. Un'allusione alla sua persecuzione sembra apparire specialmente nelle parole: "non poter aprir bocca" (3,33). Gerusalemme nel cantico di Dn 3 è menzionata poco e in altra maniera (3,28). A ogni modo, se quella di Dn 9 è una preghiera per Gerusalemme, questa di Dn 3 è una preghiera durante la persecuzione e durante la prova estrema, il silenzio di Dio, che il popolo sta vivendo:

37 Ora invece, Signore,
noi siamo diventati più piccoli
di qualunque altra nazione,
ora siamo umiliati per tutta la terra
a causa dei nostri peccati.
38 Ora non abbiamo più né principe,
né capo, né profeta, né olocausto,
né sacrificio, né oblazione, né incenso,
né luogo per presentarti le primizie

e trovar misericordia.

Sembra di nuovo un'allusione all'"abominazione della desolazione" commessa nel tempio da Antioco IV.

39 Potessimo esser accolti con il cuore contrito
e con lo spirito umiliato,
come olocausti di montoni e di tori,
come migliaia di grassi agnelli.
40 Tale sia oggi il nostro sacrificio davanti a te
e ti sia gradito,
perché non c'è delusione per coloro che confidano in te.
41 Ora ti seguiamo con tutto il cuore,
ti temiamo e cerchiamo il tuo volto.
42 Fa' con noi secondo la tua clemenza,
trattaci secondo la tua benevolenza,
secondo la grandezza della tua misericordia.
43 Salvaci con i tuoi prodigi,
da' gloria, Signore, al tuo nome.

L'altra preghiera cara ai cristiani è quella che esprime la lode. Essa viene dopo la liberazione dal potere delle fiamme, come indica 3,49-50, anticipo redazionale della notizia sulla protezione miracolosa dei giovani che leggiamo nell'aramaico (inclusa la presenza del quarto personaggio misterioso) da 3,25 in poi.

Questa è davvero una preghiera di lode, lode cosmica, immensa. L'introduzione (3,52-56: "Benedetto sei tu, Signore...") potrebbe essere considerata una preghiera a sé, per questo abbiamo parlato di tre preghiere, mentre col v. 57 inizierebbe la terza (vv. 57-90: "Benedite, opere tutte del Signore, il Signore...").

Il respiro di quest'ultima è così vasto e l'organizzazione così armoniosa che un animo innamorato di Dio e della natura come san Francesco l'ha presa come punto di partenza e come ispirazione per il suo *Cantico delle creature*. Gli esseri (inanimati?) del cielo, poi quelli della terra (dal v. 74) con i mari e i fiumi (v. 78), aprono la lode agli animali del mare, del cielo e della terra (vv. 79ss), e finalmente a tutti gli uomini (v. 82) e a Israele in particolare (vv. 83ss). Sono invitati alla lode anche i tre giovani, ma in maniera curiosa, data l'anomalia sintattica di solito non avvertita, perché il testo (qui riportato in corsivo) è stato tagliato nella Liturgia delle Ore:

Benedite, Anania, Azaria e Misaele, il Signore,
lodatelo ed esaltatelo nei secoli,
perché ci ha liberati dagl'inferi,

e salvati dalla mano della morte,
ci ha scampati di mezzo alla fiamma ardente,
ci ha liberati dal fuoco (v. 88).

L'immagine dei giovani che cantano nella fornace è diventata fin dall'inizio del cristianesimo un simbolo nelle catacombe cristiane. Un modello per coloro che credono nella risurrezione. E in quell'angelo di Dio che scende con loro nella fornace ardente i cristiani vedevano il Messia, che apre le porte della fornace all'eternità e alla risurrezione.

Due temi fondamentali del libro di Daniele

Il Figlio dell'uomo (c. 7)

Come preannunciato, torniamo sul c. 7, dopo il brevissimo commento fatto analizzando la prima parte di Daniele. La scuola tedesca ha dettato legge, con la compiacenza dell'ebraismo moderno, nel tagliar corto sul significato messianico di Dn 7. Del resto l'interpretazione data al Figlio dell'uomo di 7,13-14, nello stesso Dn 7,18-27, sembra non ammettere discussioni: non si parla del Messia in Dn 7, ma solo del popolo di Dio. I cattolici hanno seguito questa linea con troppa remissività.

Oggi le cose dovrebbero cambiare, anche in virtù del ritorno alla ipotesi di una anteriorità di Dn 2-7 rispetto a 8-12, come dicevamo all'inizio. Ed è proprio nel campo protestante che si cominciano a presentare le cose in modo diverso.

Bisogna anche modificare la posizione critico-letteraria della scuola tedesca, che ipotizzava in Dn 7 due filoni originari separati: quello delle quattro bestie e quello del Figlio dell'uomo. Oggi anche esegeti tedeschi e americani sostengono che il racconto primitivo aveva entrambi gli elementi. Vale la pena presentare almeno tale eventuale testo primitivo di Dn 7, tenendo presente che i puntini indicano frasi, qui mancanti, che sarebbero state inserite e aggiunte con gli altri versetti, non riportati nella redazione successiva:

[2] Io, Daniele, guardavo nella mia visione notturna ed ecco, i quattro venti del cielo si abbattevano impetuosamente sul Mar Mediterraneo [3] e quattro grandi bestie, differenti l'una dall'altra, salivano dal mare.
[4] La prima era simile a un leone e aveva ali di aquila. Mentre io stavo guardando, le furono tolte le ali e fu sollevata da terra...
[5] Poi ecco una seconda bestia, simile a un orso, la quale stava alzata da un

> lato e aveva tre costole in bocca, fra i denti...
> [6] Mentre stavo guardando, eccone un'altra simile a un leopardo, la quale
> aveva quattro ali d'uccello sul dorso; quella bestia aveva quattro teste...
> [7] ...ed ecco una quarta bestia, spaventosa, terribile, d'una forza eccezio-
> nale, con denti di ferro... aveva dieci corna.
> [9] Io continuavo a guardare, quand'ecco furono collocati troni e un vegliar-
> do si assise. La sua veste era candida come la neve e i capelli del suo capo
> erano candidi come la lana; il suo trono era come vampe di fuoco con le
> ruote come fuoco ardente. [10] Un fiume di fuoco scendeva dinanzi a lui...
> La corte sedette e i libri furono aperti.
>
> [13] ...ecco apparire, sulle nubi del cielo,
> uno, simile a un figlio di uomo;
> giunse fino al vegliardo e fu presentato a lui,
> [14] che gli diede potere, gloria e regno;...
> il suo potere è un potere eterno,
> che non tramonta mai,
> e il suo regno è tale
> che non sarà mai distrutto...
> [16] Mi accostai a uno dei vicini e gli domandai il vero significato di tutte
> queste cose ed egli me ne diede questa spiegazione: [17] "Le quattro grandi
> bestie rappresentano quattro re, che sorgeranno dalla terra; [18] ma i santi
> dell'Altissimo riceveranno il regno e lo possederanno per secoli e secoli".
> [28] Qui finisce la relazione. Io... conservai tutto questo nel cuore.

Questo nucleo primitivo sarebbe del 250-200 a.C. Invece la redazione definitiva, come abbiamo già visto, è fatta, assieme a tutto Dn 8-12, appena prima della rivolta maccabaica.

Domandarsi chi è il Figlio dell'uomo implica qui un'altra questione: chi sono "i santi dell'Altissimo" del v. 18 e dei vv. 21-22?

> [21] Io intanto stavo guardando e quel corno muoveva guerra ai santi e li
> vinceva, [22] finché venne il vegliardo e fu resa giustizia ai santi dell'Al-
> tissimo e giunse il tempo in cui i santi dovevano possedere il regno.

Si veda anche il v. 25. Il quesito è complicato dall'ulteriore spiegazione:

> [27] Allora il regno, il potere e la grandezza di tutti i regni che sono sotto il cielo saranno dati al popolo dei santi dell'Altissimo (*'am qaddišê 'eljônîn*), il cui regno sarà eterno e tutti gli imperi lo serviranno e obbediranno.

Dopo queste spiegazioni posteriori offerte nello stesso Dn 7, sembra logica la conclusione che il Figlio dell'uomo sia il popolo eletto, opinione da noi combattuta fin dall'inizio di questo discorso.

Osserviamo che non affiora mai in tutto Daniele una pretesa del popolo di Dio di subentrare agli imperi precedenti, come dominatore politico del mondo. Fin dall'inizio, dopo la visione del masso che manda in frantumi la statua e diventa una grande montagna (2,35), non si dice che ciò darà origine al regno finale d'Israele, ma che «il Dio del cielo farà sorgere un regno che non sarà mai distrutto e non sarà trasmesso ad altro popolo: stritolerà e annienterà tutti gli altri regni, mentre esso durerà per sempre». Del popolo di Daniele si dice con molto realismo (si veda anche 11,23 e 34!) che "sarà salvato" (12,1). La prospettiva è prevalentemente celeste (12,3). Gesù davanti a Pilato interpreterà bene Dn 7: "Il mio regno non è di questo mondo" (Gv 18,36)!

L'idea che il popolo dei santi sia il popolo eletto viene solo a noi, forse perché intendiamo "santi" o quelli del Paradiso o, secondo il Nuovo Testamento, i cristiani. Ma non è questo il significato del binomio "popolo dei santi", né in Dn 7, né altrove nell'Antico Testamento. Esso non equivale esattamente a "popolo santo" (*'am qodeš*) che troviamo in Dn 12,7 e Is 62,12. Per lo più si tratta di esseri celesti. Ricordiamo ciò che abbiamo visto in Dn 10: Michele, un "santo", appunto, che lotta contro gli imperi di Persia e di Grecia (vv. 13 e 20-21). Proprio là egli appare in subordine all'essere misterioso descritto soprattutto in 10,5-6 e 16.18. Questo è il contesto giusto per rispondere alla nostra questione. Il popolo dei santi è dunque "il popolo degli esseri celesti". E il significato è che alla fine gli esseri celesti, che proteggono Israele e appoggiano il misterioso personaggio di 10,5ss, avranno la vittoria.

Certo, in ultima analisi, il popolo eletto è legato al popolo di quei santi; ma solo come beneficiario e non come agente della salvezza.

Un altro fenomeno che dovrebbe rendere più cauti è la strana immagine del corno. Niente da dire sulle corna del caprone in Dn 8, perché sono due. La stranezza è che, sia la quarta bestia di Dn 7 sia il montone di Dn 8, hanno un solo corno. In 7,7-8, si noti bene, la bestia ha dieci corna, ma poi ne spunta uno piccolo, su cui si concentra tutta la descrizione. Così pure in 8,5ss. dapprima il corno piccolo è Alessandro Magno, ma poi spuntano altre quattro corna e alla fine sorge quello che raffigura Antioco (8,9). Mi sembra che la ragione di questa enfatica immagine stia nel voler contrapporre questo re al Messia. Basterebbe guardare i seguenti testi messianici, che traduciamo in maniera letterale ed evidenziata: 1Sam 2,10 (Dio darà il corno al suo Messia); Sal 18,3 (Signore, mia roccia... corno della mia salvezza) e 132,17 (là farò germogliare il corno di Davide). L'appassionato interrogativo della parte finale del Sal 89 (dopo che il corno davidico è stato evocato due volte, nei vv. 18 e 25!) se lo pongono gli

Ebrei più che mai quando vedono imperversare il potere ellenistico, specialmente quello di Antioco IV.

Il messianismo profetico già al tempo di Gioele è stato soffocato dalla teocrazia, per le ragioni che abbiamo visto: sono le stesse per cui, più tardi, il giudaismo ufficiale mette, per così dire, il silenziatore sull'argomento apocalittico e messianico (nella Mishnà e nel Talmud). Ma nelle cerchie apocalittiche l'attesa è segretamente tenuta desta, anche se con termini molto misurati e con vaghe allusioni, perché le tracce della monarchia davidica sembrano definitivamente, e da secoli!, scomparse. Di fatti la parte più tardiva, ma sempre precristiana, del *Libro di Enoc* visto all'inizio interpreta precisamente in senso individuale e non collettivo la figura del Figlio dell'uomo. E così anche gli *Oracoli Sibillini* (140 a.C.), i *Salmi di Salomone* (63 a.C.), il *IV Edra*.

Nel popolo l'idea messianica rimane. Il fatto stesso che, quando i successori dei Maccabei si arrogheranno la regalità (pensiamo specialmente a Erode), nessuno si esalterà per loro, dimostra che la gente sa benissimo chi dovrà essere il Messia: un discendente di Davide e non gli Asmonei. E che la gente l'aspetti lo attestano le varie rivolte che sappiamo avvenute attorno ai tempi di Gesù.

Gesù e il Nuovo Testamento, dunque, non hanno interpretato male Dn 7. Diventa allora commovente la testimonianza di Gesù di fronte al sinedrio in Mt 26:

> 63 Allora il sommo sacerdote gli disse: "Ti scongiuro, per il Dio vivente, perché ci dica se tu sei il Cristo, il Figlio di Dio". 64 "Tu l'hai detto, gli rispose Gesù, anzi io vi dico: d'ora innanzi vedrete il Figlio dell'uomo seduto alla destra di Dio, e venire sulle nubi del cielo".

È proprio la suggestiva figura di Dn 10,5ss, già da noi contemplata, ciò che vede Giovanni in Ap 1,13-17 e 19,11ss (come già nel *Libro di Enoc*, 48-49!). Lasciamoci pure affascinare da questa figura, approvando l'identità tra il personaggio di Dn 10,5ss e quello della duplice apparizione in Ap 4-5, senza paura di essere sconfessati dalla cosiddetta esegesi scientifica, e pensiamo ai grandi mosaici delle absidi bizantine col Cristo "pantocràtor", mentre leggiamo le espressioni, per esempio, di Ap 19:

> 11 Poi vidi il cielo aperto, ed ecco un cavallo bianco; colui che lo cavalcava si chiamava "Fedele" e "Verace": egli giudica e combatte con giustizia. 12 I suoi occhi sono come una fiamma di fuoco, ha sul suo capo molti diademi; porta scritto un nome che nessuno conosce all'infuori di lui. 13 È avvolto in un mantello intriso di sangue e il suo nome è Verbo di Dio. 14 Gli eserciti

del cielo lo seguono su cavalli bianchi, vestiti di lino bianco e puro. [15] Dalla bocca gli esce una spada affilata per colpire con essa le genti. Egli le governerà con scettro di ferro e pigerà nel tino il vino dell'ira furiosa del Dio onnipotente. [16] Un nome porta scritto sul mantello e sul femore: Re dei re e Signore dei signori.

I segni dei tempi

Se nella parte aramaica (Dn 2-7), la più antica, Daniele è interprete dei sogni e delle visioni altrui (eccetto alla fine, in Dn 7), nella seconda parte egli vede e ascolta personalmente il messaggio che trasmette. Questa è la nuova caratteristica. Ma la novità particolare rispetto alla prima parte è che Daniele, ora, vuol sapere quando tutto ciò avverrà: il numero degli anni (9,2), i giorni (10,14; le sere e mattine di 8,14), il tempo della fine (12,4). La curiosità si fa sempre più spasmodica: nella prima parte di Dn 12, riportato sopra, abbiamo letto l'ansiosa domanda:

> [6] Uno disse all'uomo vestito di lino, che era sulle acque del fiume: "Quando si compiranno queste cose meravigliose?".

E la risposta, che apparentemente non risolve il quesito, è:

> [7] Tutte queste cose saranno compiute fra un tempo, tempi e la metà di un tempo, quando sarà finito colui che dissipa le forze del popolo santo.

Non è qui il caso di studiare nei dettagli l'ultima frase, così oscura nel testo originale. Il verbo (o sostantivo?) tradotto con "dissipa" sembra richiamare le devastazioni compiute da Babilonia secondo Ger 51,20-23; nel qual caso l'autore di Dn 12,7 ne farebbe l'applicazione al solito Antioco IV, di cui, qui, si predice la fine. E tale fine è stata in qualche modo presentita quando egli dovette far marcia indietro in Egitto, su imposizione dei Romani, come abbiamo visto.

Già prima, usando le parole di Gesù, che vi fa riferimento nel discorso escatologico evangelico (Mt 24,15), abbiamo chiamato "abominazione della desolazione" il punto culminante della persecuzione seleucide. Quanto alla sua durata, già sappiamo che si tratta dei tre anni e mezzo che vanno dall'installazione della statua pagana nel tempio alla vittoria dei Maccabei.

Abbiamo anche già detto, però, che la novità di Daniele è soprattutto la risurrezione dei morti, ricordata in 12,2-3.

Dobbiamo ancora aggiungere, tirando le somme del nostro studio, un terzo elemento alla spiegazione. Mi sembra che la prospettiva delineata dalle precisazioni cronologiche rivelate in Dn 8-12 sia quella di una nuova e definitiva tappa del regno di Dio: quella in cui esso si attua in maniera trascendente. Abbiamo visto che è un regno "celeste", creato da esseri celesti, ma resta da fare un ultimo sforzo per entrare bene in questa nuova prospettiva e per capirla a fondo. Non si tratta di una trascendenza che c'è sempre stata. Anche nel passato e addirittura prima dell'esilio, parallelamente a ogni regno terreno (del popolo eletto o degli altri popoli) c'era una dimensione trascendente del regno del Signore: basti pensare ai salmi di JHWH-Re, nella quarta raccolta del salterio (Sal 90-106). Dopo l'esilio esso aveva cominciato ad attuarsi nella storia del popolo superstite. Ma si pensava ancora a una realizzazione che identificava l'atteso regno terreno con quello di Dio.

La novità di Daniele è che quel regno divino e trascendente ora irrompe nella storia. Se noi non comprendiamo questa novità, non possiamo capire Gesù che dice: "Il regno di Dio è vicino" (Mt 4,17).

La nuova percezione, iniziata in Daniele, è quella che coincide praticamente con l'affermazione politica della potenza romana in oriente, dall'Egitto alla Grecia. Un'impresa, questa, che comincia gradatamente nel II secolo a.C., a partire dal tempo delle guerre puniche, e si concretizza sempre più. Sembra che Daniele non concepisca più Roma come l'ennesimo impero che subentra agli altri, in una successione senza soluzione di continuità. Roma è davvero l'ultimo degli imperi terreni; quell'impero, a partire dal quale il regno di Dio si realizza anche sulla terra sganciandosi da esso. Questo regno di Dio, ora, è escatologia realizzata e non più solo predetta dai profeti o anticipata simbolicamente. Chi vive da quel momento in poi può già vivere, sulla terra, nel regno di Dio nella sua dimensione escatologica. I cieli, come abbiamo detto all'inizio a proposito dell'apocalittica e citando Stefano, sono ormai aperti. Non è tutto realizzato, come sarà alla fine dei tempi. Ma la fine è già venuta: è il «già e non ancora» di cui parlano gli studiosi del Nuovo Testamento quando spiegano il regno di Dio secondo la predicazione di Gesù. La cornice di questa predicazione è, appunto, il messaggio di Daniele. Per questo il nostro libro è così importante e per questo Gesù si rifà così enfaticamente a esso.

Molti non hanno riconosciuto questi segni dei tempi già all'epoca del messaggio di Daniele. La teocrazia continuava a disprezzare queste cose. Gesù farà poi questo rimprovero ai suoi contemporanei:

> [1] I farisei e i sadducei si avvicinarono per metterlo alla prova e gli chiesero che mostrasse loro un segno dal cielo. [2] Ma egli rispose: "Quando si fa sera, voi dite: Bel tempo, perché il cielo rosseggia; [3] e al mattino: Oggi burrasca, perché il cielo è rosso cupo. Sapete dunque interpretare l'aspet-

to del cielo e non sapete distinguere i segni dei tempi? [4] Una generazione perversa e adultera cerca un segno, ma nessun segno le sarà dato se non il segno di Giona". E lasciatili, se ne andò (Mt 16,1-4; cf. 12,38-42; Mc 8,11ss e Lc 11,29-32).

Dopo il suo ingresso a Gerusalemme prima della sua passione, rimprovera Gerusalemme e ne profetizza la distruzione:

> [41] Quando fu vicino, alla vista della città, pianse su di essa, dicendo: [42] "Se avessi compreso anche tu, in questo giorno, la via della pace. Ma ormai è stata nascosta ai tuoi occhi. [43] Giorni verranno per te in cui i tuoi nemici ti cingeranno di trincee, ti circonderanno e ti stringeranno da ogni parte; [44] abbatteranno te e i tuoi figli dentro di te e non lasceranno in te pietra su pietra, perché non hai riconosciuto il tempo in cui sei stata visitata" (Lc 19,41-44).

Questi testi sono stati utilizzati in passato in maniera sbagliata: da una parte non è vero che questo castigo per gli Ebrei sia definitivo. E lo dimostra, credo, la loro attuale miracolosa ripresa in Israele. Dall'altra parte non è vero che noi abbiamo capito i segni dei tempi. Il nostro mondo occidentale li sta dimenticando. È addirittura diventato la patria dell'ateismo.

Di fronte al 2000 è necessario ripensare il messaggio di Daniele e di Gesù. E non è neanche detto che quelli che cercano di farlo siano automaticamente sulla strada giusta. Leggiamo At 1,6-8:

> [6] Così venutisi a trovare insieme gli domandarono: "Signore, è questo il tempo in cui ricostituirai il regno d'Israele?". [7] Ma egli rispose: "Non spetta a voi conoscere i tempi e i momenti che il Padre ha riservato alla sua scelta, ma avrete forza dallo Spirito Santo che scenderà su di voi e mi sarete testimoni a Gerusalemme, in tutta la Giudea e la Samaria e fino agli estremi confini della terra" (At 1,6-8).

Non è certo sulla strada dei testimoni di Geova che ci dobbiamo mettere. Costoro da decenni vanno annunciando la data della fine del mondo, salvo poi a rimandarla, visto che il mondo continua... Molta altra gente corre dai santoni e dagli stregoni di oggi per scoprire realtà preternaturali. La New Age vorrebbe presentarsi come l'unica forma di religione per il nuovo millennio, con la pretesa di farci cogliere la nuova realtà di Dio nel mondo... Com'è difficile scrutare i segni dei tempi!

Eppure bisogna saper aspettare il Signore. Rimanere quotidianamente "nell'attesa della sua venuta" significa anche scrutare l'orizzonte per vedere quando viene, perché non ci capiti come ai tempi di Noè:

> [20] Interrogato dai farisei: "Quando verrà il regno di Dio?", rispose: [21] "Il regno di Dio non viene in modo da attirare l'attenzione, e nessuno dirà: Eccolo qui, o: eccolo là. Perché il regno di Dio è in mezzo a voi!". [22] Disse ancora ai discepoli: "Verrà un tempo in cui desidererete vedere anche uno solo dei giorni del Figlio dell'uomo, ma non lo vedrete. [23] Vi diranno: Eccolo là, o: eccolo qua; non andateci, non seguiteli. [24] Perché come il lampo, guizzando, brilla da un capo all'altro del cielo, così sarà il Figlio dell'uomo nel suo giorno. [25] Ma prima è necessario che egli soffra molto e venga ripudiato da questa generazione. [26] Come avvenne al tempo di Noè, così sarà nei giorni del Figlio dell'uomo: [27] mangiavano, bevevano, si ammogliavano e si maritavano, fino al giorno in cui Noè entrò nell'arca e venne il diluvio e li fece perire tutti. [28] Come avvenne anche al tempo di Lot: mangiavano, bevevano, compravano, vendevano, piantavano, costruivano; [29] ma nel giorno in cui Lot uscì da Sòdoma piovve fuoco e zolfo dal cielo e li fece perire tutti. [30] Così sarà nel giorno in cui il Figlio dell'uomo si rivelerà" (Lc 17,20-30).

Sappiamo che qui si allude alla distruzione di Gerusalemme. Gesù la prende come simbolo della fine escatologica, come tutti i profeti precedenti. Non ci auguriamo un'altra distruzione della Città santa, anche se, a volte, c'è da temerlo, vedendo l'arroganza di certi atteggiamenti politici, assunti col pretesto di compiere una missione che sarebbe tracciata nella Bibbia. Credo che Gerusalemme sarà ancora e definitivamente al centro degli eventi escatologici preannunciati e che noi dobbiamo cercare di scrutare.

Conclusioni

Siamo arrivati al termine del tragitto da Gioele a Daniele.

Lo studio della formazione redazionale di Daniele ci ha portati dalla percezione vaga delle nuove prospettive del regno di Dio – avvertite nella diaspora alla fine del regno persiano e agli inizi del periodo ellenistico – fino alla intuizione importantissima che la persecuzione di Antioco IV segna la fine di ogni regno terreno e l'inizio della grande realizzazione escatologica e apocalittica, che noi cristiani individuiamo in Gesù. Daniele intravede che il crollo del regno di Antioco e la comparsa del potere romano, se pure appena accennata, segnano la fine della storia. Più ampiamente l'abbiamo detto nella descrizione dell'apocalittica, all'inizio, e speriamo di averlo ora dimostrato con l'analisi di Daniele.

I brani deuterocanonici, quando non sono semplicemente un doppione, fanno un percorso diverso, poco apocalittico, ma non del tutto staccato dal tema del libro. Su questo percorso i primi cristiani si sono lanciati avvertendo particolarmente l'intimo legame di tali brani con il messaggio apocalittico del libro circa la risurrezione e la profonda, misteriosa connessione tra il libro di Daniele e Gesù.

Quanto al nostro itinerario da Gioele a Daniele, aver collegato e studiato i due libri ci ha aiutato a capire meglio come si è arrivati all'apocalittica vera e propria, come si è detto nell'introduzione descrivendo escatologia e apocalittica.

Gioele fa parte di quegli scritti che appartengono alla fascia intermedia tra profezia e apocalisse e che, perciò, dagli uni può essere chiamata ancora profetica e dagli altri apocalittica. Possiamo aggiungere che Gioele si è rivelato un continuatore convinto del messaggio profetico anteriore, specialmente quello escatologico, negativo e positivo. Egli continua a intravedere il traguardo salvifico finale descritto profeticamente dai suoi antecessori, e lo ribadisce in forma nuova, adattandolo alla sua epoca, che è quella della fine del regno persiano.

Ricordiamo inoltre che quanto Gioele fa in patria corrisponde, sia pure in forma molto differente, a quello che annunciano gli scrittori e i messaggeri della diaspora, nella stessa epoca, con i sogni e le visioni degli imperatori tardo-babilonesi e persiani e le relative spiegazioni di Daniele. In forma diversa, cioè, Gioele in patria corrisponde a Dn 2-7 nella diaspora. L'uno e l'altro messaggio portano all'apocalittica vera e propria, ossia all'autore di Dn 8-12, che raccoglie quel messaggio della diaspora e porta a intravedere "i cieli aperti" dell'epoca definitiva, durante la rivolta maccabaica. Ci porta, cioè alle soglie di quell'epoca che, per i cristiani, è quella di Gesù.

Questa è la ragione per cui noi mettiamo Daniele come quarto dei profeti, in posizione centralissima e non releghiamo il suo libro e il suo messaggio alla fine della Bibbia, nella generica categoria degli "Scritti".

Bibliografia

Commenti a Gioele e a Daniele

G. Bernini, "Gioele", in *Sofonia, Gioele, Abdia, Giona* (NVB 31), Cinisello Balsamo 1983[3].

G. Bernini, *Daniele* (NVB 28), Cinisello Balsamo 1984[3].

G. Rinaldi, "Gioele", in Id., *I Profeti minori*, II, Torino 1960.

G. Rinaldi, *Daniele*, Torino 1962[4].

Studi sull'escatologia e l'apocalittica

E. Cortese, "Gerusalemme nel piano di Dio dopo tremila anni", in G. Bissoli, *Gerusalemme. Realtà, sogni, speranze*, Jerusalem 1996, 19-32.

B. Marconcini, *Daniele. Un popolo perseguitato cerca le sorgenti della speranza*, Brescia 1982.

B. Marconcini, *Apocalittica. Origine, sviluppo, caratteristiche di una teologia per tempi difficili*, Torino-Leuman 1985, ripreso dall'Autore e coll. in *Profeti e apocalittici*, Torino-Leuman 1995, integrandolo con altri studi.

P. Sacchi, "L'apocalittica guidaica", in Id., *L'apocalittica giudaica e la sua storia*, Brescia 1990.

U. Vanni, "Apocalittica", in *Nuovo dizionario di teologia biblica*, Cinisello Balsamo 1996[6].

GERUSALEMME NEL PIANO DI DIO DOPO TREMILA ANNI

Ancora oggi ci sono purtroppo delle città contese, anche militarmente, martoriate dalle bombe, divise e lacerate da fazioni politiche o da gruppi etnici diversi e nemici tra loro. Adesso è Sarajevo che fa parlare molto di sé. Ma Gerusalemme è la città che si trova al centro dei dibattiti e delle lotte, anche religiose, da sempre.

Il destino di Gerusalemme

Strappata da Davide ai Gebusei circa 3.000 anni fa e divenuta capitale d'Israele, è stata ridotta ben presto, dopo la morte di Salomone, a capitale del solo Giuda. È rimasta celebre l'invasione degli Assiri, avvenuta neanche tre secoli dopo, nel 700 a.C. Così la descrive Isaia: "Il vostro paese è devastato, le vostre città arse dal fuoco. La vostra campagna, sotto i vostri occhi, la divorano gli stranieri; è una desolazione come Sodoma distrutta. È rimasta solo la figlia di Sion, come una capanna in una vigna, come un casotto in un campo di cocomeri, come una città assediata" (Is 1,7-8).

Poco più d'un secolo dopo fu distrutta dai Babilonesi, che ne divennero padroni nel 587. Da loro, il controllo imperiale della città passò ai Persiani, che però, vinta Babilonia, permisero agli esuli ebrei di ritornarvi. Attorno al 450 Neemia poté ricostruirne le mura di difesa, rimaste abbattute per più di un secolo.

Altre lotte per Gerusalemme si scatenarono nel terzo secolo sotto i successivi dominatori, i successori ellenisti di Alessandro Magno. Se la disputarono prima tra loro. Poi i Maccabei vollero riconquistarla, attorno al 140 a.C. Solo allora essa tornò ad essere città indipendente e capitale del popolo ebraico, ma per poco. Nel 63 a.C. fu conquistata da Pompeo, nel 70 d.C. Vespasiano e nel 130 Adriano la distrussero completamente. Il Vangelo ha conservato le previsioni di Gesù sulla distruzione del tempio e della città: "Vedete tutte queste cose? In verità vi dico, non resterà qui pietra su pietra che non venga diroccata" (Mt 24,2). "Gerusalemme, Gerusalemme, che uccidi i profeti e lapidi quelli che ti sono inviati, quante volte ho voluto raccogliere i tuoi figli, come una gallina raccoglie i pulcini sotto le ali e voi non avete voluto! Ecco, la vostra casa vi sarà lasciata deserta!" (Lc 23,37-38).

Gerusalemme fu di nuovo oggetto di attenzione nel sec. IV d.C. da parte di Costantino e dei bizantini. Ad essi la strapparono di mano i persiani di Cosroe nel 614. Subito dopo nel 637 la conquista il califfo Omar e rimane nelle mani dei musulmani fino al 1099, quando la conquistano i crociati; per tornare saldamente sotto il precedente dominio nel 1187, ad opera di Saladino. Anche i musulmani se la contenderanno tra loro, mamelucchi e ottomani, pascià e sultani, fino al secolo scorso, nel quale, dopo il protettorato inglese, sono riprese più che mai le contese note a tutti, tra gli ebrei, prodigiosamente ritornati, e i musulmani, ridiventati etnicamente poderosi.

Qual è il destino futuro di questa città? Perché nei millenni passati ha subito tante vicissitudini? C'è la speranza che essa sia giunta ad una pace definitiva? Forse tutte le sventure dei millenni passati le sono capitate, perché il piano divino su di essa non è mai riuscito a realizzarsi, per usare le parole di Gesù che abbiamo citato.

Parole di Gesù che i cristiani hanno avuto troppa fretta, in passato (solo in passato?), di interpretare a proprio modo, contro gli altri abitatori della città, quasi che ormai questi non avessero più nessun diritto da accampare e i pulcini da raccogliere sotto le ali dovessero essere solo loro. Il piano di Dio, se è fallito, è fallito anche prima di Gesù, come avevano dichiarato i profeti. Ed è fallito anche dopo di Lui, col dominio bizantino o musulmano o crociato o inglese, visto che il martirio della città è continuato fino ad oggi.

Il piano di Dio su Gerusalemme

Ma c'è un piano di Dio per Gerusalemme? A priori, noi che crediamo, dobbiamo rispondere di sì. Anche la sua situazione storico-geografica lo fa pensare. La città s'è trovata in mezzo tra le due civiltà antiche culturalmente più evolute: da una parte l'Egitto di 5.000 anni fa e dall'altra, in Mesopotamia, prima i contemporanei sumeri e poi gli accadi, gli assiri, i babilonesi. Gerusalemme era destinata a far fiorire un messaggio religioso che desse compimento alle conquiste civili e anche ai tentativi religiosi di quei popoli. E bisogna riconoscere che, almeno in parte, la sua missione l'ha compiuta.

Adesso Gerusalemme si trova un'altra volta al centro del mondo. Tra il Nord sviluppato e il Sud sottosviluppato: tra Africa e Asia, nella fascia verticale del mondo dove si trovano più miseria e più problemi. Lì, al centro, si trovano assieme le tre religioni del libro. Hanno esse un messaggio da fornire, in teoria e in pratica, a tutta l'umanità del duemila? Se ce l'hanno, allora c'è questo piano di Dio per Gerusalemme. Un piano che finora non è riuscito a realizzarsi pienamente, ma che da Gerusalemme è partito nei millenni passati e ha prodotto già benefici effetti nel mondo.

A un cristiano, seguace di una delle tre religioni del libro, può venir voglia di sfogliarlo il libro, la Bibbia, per vedere se c'è questo piano di Dio. Lo facciamo ora, nella speranza che anche gli ebrei, con quello che noi chiamiamo Antico Testamento, e i musulmani, col Corano, facciano altrettanto. Se tutti e tre si provasse a scoprire nei rispettivi libri sacri questo piano di Dio, invece di farne, tutt'al più, uno strumento per delle rivendicazioni politiche, forse si riuscirebbe a fare un dialogo interessante e si contribuirebbe a cercare più pacificamente il tanto difficile accordo per Gerusalemme.

Gerusalemme nell'Antico Testamento

Le componenti della più antica teologia di Sion/Gerusalemme sono almeno due: una viene dalle antiche tradizioni della città cananea (gebusea), con i suoi miti, e l'altra da quelle del primitivo Israele, soprattutto quella dell'arca "del Signore degli eserciti", che Davide trasportò a Gerusalemme (2Sam 6), quando la conquistò e ne fece la capitale del regno. Salomone compì l'opera, costruendo il tempio, a Nord del palazzo reale, sulla collina. Tempio e arca, attorno ai quali si concentra la vita religiosa di Gerusalemme e dello Stato, sono anche uno strumento politico nelle mani del re. Se da una parte l'arca convoglia nel tempio le antiche tradizioni tipiche d'Israele, dall'altra la monarchia vi raccoglie i temi sacri che esaltano la capitale del regno e il suo re, temi che erano patrimonio comune delle civiltà cananee. Forse non c'era bisogno di andare tanto lontano a cercarli e già Davide li ha trovati nelle istituzioni e usanze della città conquistata. Essi echeggiano ancora in antichi salmi:

Dio è per noi rifugio e forza,
aiuto sempre vicino nelle angosce.
Perciò non temiamo se trema la terra,
se crollano i monti nel fondo del mare.
Fremano, si gonfino le sue acque,
tremino i monti per i suoi flutti.
Un fiume e i suoi ruscelli rallegrano la città di Dio,
la santa dimora dell'Altissimo.
Dio sta in essa, non potrà vacillare;
la soccorrerà Dio prima del mattino.
Fremettero le genti, i regni si scossero;
egli tuonò, si sgretolò la terra (Sal 46,2-7).

Con il passare del tempo questi motivi, che potremmo chiamare mitologici, si accrebbero di riferimenti a fatti storici, antichi o recenti, a battaglie, trionfi o sconfitte militari. Più che nel salmo citato, ciò si può vedere in altri salmi simili, come 48 o 76:

Dio è conosciuto in Giuda,
in Israele è grande il suo nome.
È in Gerusalemme la sua dimora,
la sua abitazione in Sion.
Qui spezzò le saette dell'arco,
lo scudo, la spada, la guerra.
Splendido tu sei, o potente,
sui monti della preda;
furono spogliati i valorosi, furono colti dal sonno,
nessun prode trovava la sua mano.
Dio di Giacobbe, alla tua minaccia
si arrestarono carri e cavalli (Sal 76,2-7).

A volte i motivi mitologici scompaiono e rimangono solo quelli storici, come nel Sal 78, troppo lungo per essere riportato; ma si vedano i versetti finali, 68-72, che esaltano Giuda, Sion, il tempio e i discendenti di Davide.

Di quest'ultimo tipo di salmi val la pena di ricordare e di riassumere il 132, che lascia intravvedere una liturgia particolare, tra i fattori che hanno sviluppato la tradizione di Sion, dell'arca e del re. Vi si rievoca l'episodio del trasporto dell'arca a Gerusalemme, probabilmente nel corso di una processione, il proposito di Davide di costruire un tempio, rifiutato da Dio che, invece, promette a lui un casato stabile: la famosa profezia di Natan. Il salmo conclude:

Il Signore ha scelto Sion,
l'ha voluta per sua dimora:
"questo è il mio riposo per sempre;
qui abiterò perché l'ho desiderato.
Benedirò i suoi raccolti, sazierò di pane i suoi poveri.
Rivestirò di salvezza i suoi sacerdoti,
esulteranno di gioia i suoi fedeli.
Là farò germogliare la potenza di Davide,
preparerò una lampada per il mio unto.
Coprirò di vergogna i suoi nemici,
ma su di lui splenderà la corona (Sal 132,13-18).

Come si vede dagli ultimi due esempi riportati e com'è ovvio dopo quanto abbiamo detto, i due temi, re e città, stanno volentieri insieme. Sono due elementi complementari. Perciò vanno ricordati qui, come canti antichi anche quelli che parlano solo del re, tra cui specialmente i Salmi 18, 110, 72 e probabilmente il Sal 2, quelli che esprimono la cosiddetta ideologia regale, gli ultimi tre dei quali normalmente sono ritenuti messianici e sono tra i più amati dai cristiani. Come pure fanno parte di questo patrimonio ideologico e teologico i più antichi salmi della regalità divina: i Salmi 47, 68, 93 almeno nella forma primitiva, Sal 29 e l'introduzione e la conclusione del Sal 24.

I profeti di corte non si facevano certo pregare per gonfiare questi motivi. Erano pagati apposta! Ma c'erano anche i profeti genuini, come Isaia e Michea e poi Geremia, il cui messaggio si mescolava con quello degli altri, senza che subito fosse chiaro che questi erano diversi. Giacché non c'erano due schieramenti e due divise distinte per separare profeti veri da profeti falsi. Se si legge il primo, Isaia, si ha l'impressione che egli sia il grande poeta della teologia di Sion e ciò corrisponde all'idea tradizionale che si ha di lui. Senonché oggi c'è tra gli studiosi la tendenza a negarlo. Quasi tutti i brani famosi di Isaia che annunciano una salvezza futura sono dichiarati aggiunte posteriori.

Bisogna prima di tutto cercare di capire il perché. Non bisogna negare che il messaggio quantitativamente principale del primo Isaia (Is 1-39) è un messaggio di sventura per Gerusalemme. Questo tono l'abbiamo sentito fin dall'inizio, riportando un brano delle sue minacce. Nel racconto della vocazione (Is 6) le proporzioni tra messaggio di condanna e messaggio di salvezza sono ancora peggiori. La predicazione del profeta accecherà gli uditori:

> Io gli dissi: "Fino a quando, Signore?". Egli rispose: "Finché non siano devastate le città, senza abitanti, le case senza uomini e la campagna resti deserta e desolata". Il Signore scaccerà la gente e grande sarà l'abbandono del paese. Ne rimarrà una decima parte, ma di nuovo sarà preda della distruzione, come una quercia e come un terebinto, di cui alla caduta resta il ceppo. Progenie santa sarà quel ceppo (Is 6,11-13).

Chi tiene presente rigidamente questa prospettiva e i castighi annunciati spesso in Is 1-35, non riesce facilmente ad ammettere che il profeta, accanto a un messaggio di radicale sventura, possa avere anche quello così bello di speranza, che ci è rimasto negli orecchi per le letture annuali in occasione della preparazione e celebrazione del Natale.

Tra i tanti proclami di sventura di Isaia (1,4-9.21-26; 3,16-26; 8,5-8.11-15.18; 10,17b-32; 28,16-19; 31,1-4 e anche gran parte del cap. 7), che si sogliono citare[1] come negazione isaiana del tema salvifico di Sion, scegliamo

[1] Cf. E. Otto, in ThWAT, VI, Stuttgart 1989, 1012-1013.

quello di Ariel (che significa "leone" e anche "città di Dio"), nome simbolico della città; è uno dei più caratteristici.

> Guai ad Ariel, ad Ariel, città dove pose il campo Davide! Aggiungete anno ad anno, si avvicendino i cicli festivi. Io metterò Ariel alle strette, ci saranno gemiti e lamenti. Tu sarai per me un vero Ariel, io mi accamperò come Davide contro di te e ti circonderò di trincee, inizierò contro di te un vallo. Allora prostrata parlerai da terra e dalla polvere saranno fioche le tue parole; sembrerà di un fantasma la tua voce dalla terra, e dalla polvere la tua voce suonerà come un bisbiglio (Is 29,1-4).

Sembra proprio che la tesi della protezione di Dio per la città venga qui negata. Sicché, secondo gli autori che negano l'autenticità isaiana del messaggio salvifico, si dovrebbe piuttosto affermare che Isaia è un negatore e non un sostenitore dell'antica fede di Sion. E allora ci si deve mettere a togliere dai testi originali tutte le meravigliose espressioni di speranza che conosciamo. Sarebbero state messe da redattori esilici o postesilici. Così affermava, per es., G. Fohrer una ventina di anni fa. Ma un'operazione così è assurda e arbitraria. Perché mai questi redattori hanno messo tante belle espressioni di speranza sulla bocca di colui che l'ha negata? Sarebbero proprio dei falsari. Se essi credevano davvero a quel messaggio di speranza e disapprovavano il profeta, potevano inserirlo diversamente, accusando Isaia di averlo negato. Potevano scegliere uno dei tanti falsi profeti scomparsi nell'oblio e farlo portavoce di queste loro idee.

È per questo che oggi i critici sono divenuti più moderati. Non si può infatti negare che anche certi messaggi severi, diretti contro la politica monarchica di alleanza con l'Egitto o miranti a combattere la sfiducia in Dio da parte del re (Acaz) di fronte a minacce nemiche (di Siria e Israele nella guerra siro-efraimita: Is 7), hanno precisamente come base la fede isaiana nella protezione divina speciale per Gerusalemme e i discendenti di Davide. Ciò diventa evidente nel 701 a.C., in occasione dell'invasione dell'imperatore assiro Sennacherib, ricordata all'inizio. Il racconto si trova in Is 36-37 e anche in 2Re 18-19. Ezechia assediato e disperato si rivolge ad Isaia. Il profeta aveva preannunciato lui stesso questo castigo. Eppure ora esclama contro gli assedianti: "Ti disprezza, ti deride la vergine figlia di Sion. Dietro a te scuote il capo la figlia di Gerusalemme. Chi hai insultato e schernito? Contro chi hai alzato la voce e hai elevato superbo gli occhi tuoi? Contro il Santo d'Israele!" (Is 37,22-23 e 2Re 19,21-22).

L'oracolo continua trasformandosi nella proclamazione di un castigo contro l'Assiria, un messaggio che Isaia ha rivolto ad essa anche altre volte (nei capitoli 10, 29, 30, 31). Chi vuol applicare rigidamente una certa logica, alla fine dovrebbe eliminare da Isaia anche questi oracoli contro l'Assiria!

L'ala moderata dei critici non dice più che il messaggio di speranza di Isaia è solo esilico, però dice che è stato aggiunto a quello genuino del profeta quasi un secolo dopo, al tempo di Giosia (640-610 a.C.). È l'ultima epoca di speranza, addirittura di entusiasmo, prima dell'arrivo della catastrofe. Gli assiri vanno indebolendosi e i babilonesi non si sono ancora affermati come i nuovi padroni del mondo. Nel 620 Giosia ha scoperto il libro della Legge (2Re 22) e sulla base di quello lancia il suo programma religioso-politico.

Il racconto dell'invasione e dell'assedio di Gerusalemme da parte del generale di Sennacherib, cui abbiamo accennato, è appunto di un redattore deuteronomistico, che oggi si tende a datare all'epoca di Giosia. Anche l'oracolo, dunque, deducono quei critici moderati, sarebbe una composizione databile in epoca giosiana; giacché Isaia, che annunciava il castigo, non poteva contemporaneamente annunciare la miracolosa liberazione dagli assiri[2].

Ma di questi ipotizzati redattori giosiani si dovrebbe dire quello che abbiamo detto sopra a proposito dei supposti redattori esilici. Non si può far dire a Isaia il contrario di quello che ha detto. Certe operazioni di critica letteraria poi a essere conseguenti finiscono per provocare tali frane nel testo profetico, che di genuino si salva ben poco.

Con tutto questo però non siamo ancora riusciti a capire come si possano mettere insieme in Isaia il messaggio di condanna e quello di salvezza. E quando i due messaggi sono così vicini che, nel testo, sembra facciano parte di uno stesso discorso, pare davvero impossibile che sia il profeta ad averli pronunciati contemporaneamente. Lì dobbiamo ipotizzare dei redattori. Supponiamo che una madre, in un momento di severità, annunci a suo figlio un castigo, e magari glielo dia. Sarebbe ridicolo che, contemporaneamente, ella si manifestasse anche molto tenera con lui e piena di promesse.

Ma qui bisogna ancora dire una cosa. Che per rendere possibile la coesistenza dei due messaggi, di condanna e di salvezza di un profeta, non bisogna sottovalutarli. L'esempio della madre potrebbe trarre in inganno. Il messaggio di sventura dei profeti potrebbe essere interpretato come una semplice minaccia, fatta nell'ipotesi che, in futuro, Israele non ascolti la voce del Signore; o come un castigo passeggero, una "lezione" data da Dio al suo popolo per correggerlo. Ma la caratteristica di molti annunci di sventura non è solo questo: non sono subordinati ad un futuro comportamento indurito del popolo; e non lasciano nessuna speranza. Il profeta sa che non c'è più nulla da fare e dice che la sventura capiterà senz'altro. Il castigo è radicale; non è una semplice

2 Cf. R.E. Clements, *Isaiah and the Deliverance of Jerusalem* (JSOT SS 13), Sheffield 1980.

punizione correttiva. In questo i critici, radicali o moderati, capiscono meglio di altri la radicalità del castigo annunciato.

Nella fine storica di Samaria e nella distruzione storica di Gerusalemme c'è qualcosa di più grave; c'è la manifestazione dell'ira escatologica di Dio, della quale quegli eventi contingenti divengono simbolo o anticipo. Non bisogna perdere questa dimensione profonda del messaggio di condanna dei profeti. Come dice G. von Rad, da questo messaggio viene azzerata tutta la storia della salvezza. È questa l'ira di Dio di cui parla san Paolo in Rm 1-2. In ultima analisi è il nostro inferno che è preannunciato nei castighi radicali a Samaria e Gerusalemme. Ed è significativo che anche nei Vangeli l'annuncio della fine di Gerusalemme e quello della fine del mondo si trovino insieme.

Un tale significato escatologico nell'annuncio profetico dei castighi a Gerusalemme, da una parte, sembra che lo renda ancor più irriconciliabile con l'annuncio parallelo di salvezza. E invece è proprio questa doppia dimensione del castigo che rende possibile unirlo al messaggio di salvezza. Perché la distruzione di Gerusalemme, pur essendo simbolo del castigo escatologico, non è identica ad esso. Tra i gerosolimitani che furono colpiti dal castigo c'è per esempio anche Geremia, che non merita certo l'inferno. Quel Geremia che, più di ogni altro profeta, ha annunciato il castigo radicale, eppure, al momento dell'assedio, è riuscito ad uscire da Gerusalemme per comprare un campo in vista del futuro (Ger 37); che, gettato in fondo ad una cisterna, come in una tomba, ne viene fuori, come Gesù risorto, ricevendo un trattamento di riguardo (37 e 38,11-13). Chi capisce bene il messaggio escatologico dei profeti, capisce anche come essi, accanto alle minacce più radicali, intravvedano la dimensione escatologica: sia quella del castigo sia quella della salvezza.

Queste riflessioni dovrebbero metterci in grado di capire il messaggio salvifico di Isaia, di Michea, di Geremia e degli altri profeti, accanto a quello severo del castigo da loro annunciato. Non c'è bisogno di citare qui tanti, troppi testi, quelli genuini e quelli che, per motivi validi o discutibili, non lo sono. Dovremmo essere in grado di passare, dunque, alla fase successiva, quella esilica e postesilica, nelle quali il problema del messaggio di condanna radicale a Israele non sussiste più, perché la distruzione delle capitali, che ne è simbolo, è ormai alle spalle.

Ma prima, a cavallo tra le due epoche, vogliamo metterci di fronte a quel testo di Isaia e di Michea, che possiamo considerare come la sintesi del messaggio salvifico profetico su Gerusalemme.

Alla fine dei giorni,
il monte del Signore sarà elevato sulla cima dei monti
e sarà più alto dei colli;

ad esso affluiranno tutte le genti.
Verranno molti popoli e diranno:
"venite, saliamo al monte del Signore,
al tempio del Dio di Giacobbe,
perché ci indichi le sue vie
e possiamo camminare nei suoi sentieri".
Poiché da Sion uscirà la legge
e da Gerusalemme la parola del Signore.
Egli sarà giudice tra le genti
e sarà arbitro fra molti popoli.
Forgeranno le loro spade in vomeri e le loro lance in falci;
un popolo non alzerà più la spada contro un altro popolo,
non si eserciteranno più nell'arte della guerra
(Is 2,2-4 e similmente Mi 4,1-3).

Da molti autori questo meraviglioso oracolo è ritenuto tardivo. Per i motivi discussi sopra, pensiamo che lo si possa definire isaiano, per lo meno nelle sue radici. E le brevi considerazioni che ora faremo sulla profezia esilica e postesilica dovrebbero confermarlo. La teologia del monte di Sion, del resto, è addirittura anteriore ad Isaia, come mostrano i salmi che abbiamo esaminato. Tra essi ora ricordiamo il Sal 72. Parla di un dominio universale del re messia e della venuta pacifica di tutti i re alla sua corte, per fargli omaggio, servirlo ed essere benedetti. Per quanto sviluppata e ampliata posteriormente, questa è una rievocazione della visita della regina di Saba a Salomone a Gerusalemme (1Re 10)[3]. L'idea non può essere nata solo dopo l'esilio. "Nei suoi giorni fiorirà la giustizia e abbonderà la pace, finché non si spenga la luna. E dominerà da mare a mare, dal fiume ai confini estremi della terra" (Sal 72,7-8). L'idea che Gerusalemme e il suo re siano il centro di attrazione del mondo non è dunque così tardiva come molti pensano.

Ma non vale la pena limitarci alle considerazioni critico-letterarie. Vogliamo piuttosto arrivare a domandarci cosa significhi oggi Is 2,2-4, per Gerusalemme, dopo tremila anni di storia. Passiamo allora brevemente alle pagine del secondo Isaia. Dopo essersi rivolto agli esuli per annunciare loro il consolante annuncio del ritorno da Babilonia a Gerusalemme, nella seconda parte, a partire dal capitolo 49, il profeta si rivolge direttamente alla città. Lì e poi nel terzo Isaia (Is 60-62) la teologia su Sion raggiunge il culmine. Bisognerebbe riportare pagine e pagine di questi oracoli meravigliosi su Gerusalemme. Prima si dice che Dio non l'ha dimenticata: la sua immagine è disegnata sulle palme di

[3] Si veda il nostro studio: "Salmo 72. Che Messia? Per quali poveri?", *LA* 41 (1991) 41-60.

Dio (49,16). I suoi figli torneranno. Lei non è stata ripudiata per sempre. Dio ha pietà delle sue rovine (51,3). Indossi i suoi abiti più belli, il lutto è finito (52,1). Pian piano, intrecciando questi poemi a quelli del Servo sofferente, la profezia giunge a proclamare, solennemente ed esplicitamente per la prima volta in Isaia, che Gerusalemme è la sposa del Signore in 54,5; ma bisognerebbe rileggere tutto il capitolo!

Is 51,4-8, inoltre, si ricama sul nostro Is 2,2-4: Dio dice al popolo ("ai popoli", secondo le antiche Versioni) che da lui uscirà la legge e il diritto, quel diritto che il Servo sofferente deve proclamare alle nazioni (42,1), quella legge che il popolo ha nel cuore (51,7). Notiamo che in Is 49,22-23 si dice che a riportare i figli esuli da Babilonia a Gerusalemme saranno i popoli stranieri e i loro re. Nel terzo Isaia viene ripreso il tema sponsale. "Sì, come un giovane sposa una vergine, così ti sposerà il tuo Creatore; come gioisce lo sposo per la sposa, così il tuo Dio gioirà per te" (62,5).

Ma soprattutto si riprende l'idea del Sal 72: l'arrivo di popoli e re, con doni e omaggi. Essi cammineranno alla luce di Gerusalemme, dove risplende la gloria del Signore (60,2-3). Ciò che va sottolineato è che ora al posto del re c'è Gerusalemme. È a lei e non al Messia che re e popoli vanno a fare omaggio. Dei due poli della teologia che stiamo esaminando, re e Gerusalemme, è rimasto solo il secondo. Ormai nel quinto e quarto secolo, epoca di queste profezie, non ci sono più discendenti di Davide sul trono di Sion e tutte le speranze sono perciò concentrate sulla città. Ormai le vicende dolorose dei re di Giuda, e specialmente i poemi del Servo sofferente del secondo Isaia, hanno fatto meditare abbastanza sulla missione sofferente e sull'umiliazione (e morte espiatrice) del Messia[4]. Nell'attuale situazione il secondo tempio e la città, ricostruiti, restano come pegno di speranza, in attesa che le antiche profezie di salvezza si compiano, come annuncia Zaccaria:

> Esulta figlia di Sion,
> giubila figlia di Gerusalemme!
> Ecco viene il tuo re.
> Egli è giusto e vittorioso,
> umile, cavalca un asino,
> un puledro figlio d'asina.
> Farà sparire i carri da Efraim
> e i cavalli da Gerusalemme,
> l'arco di guerra sarà spezzato,

[4] Cf. W.H. Schmidt, "Die Ohnmacht des Messias", in U. Struppe (ed.), *Studien zum Messiasbild im Alten Testament* (Stuttgarter biblische Aufsatzbände 6), Stuttgart 1989, 67-88. Si veda inoltre, sopra, il mio "Il 'Servo di JHWH'".

annuncerà la pace alle genti,
il suo dominio sarà da mare a mare
e dal fiume ai confini della terra (Zac 9,9-10).

Gerusalemme nel Nuovo Testamento

Nostra intenzione era di scoprire il senso di Is 2,2-4 oggi. Potremmo dunque fermarci qui, nell'esame della Bibbia, e riflettere sul messaggio che abbiamo raccolto. Ma noi cristiani abbiamo anche il NT ed è giusto darvi uno sguardo, anche se breve, per trovarvi una migliore prospettiva circa il piano di Dio su Gerusalemme.

Nel Nuovo Testamento Gerusalemme rimane il centro della vita spirituale di Gesù, degli apostoli e, per un po' di tempo almeno, della Chiesa primitiva. Gesù è portato al tempio di Gerusalemme a poco più di un mese dalla nascita. È in quella suggestiva scena di Lc 2, a tutti nota, che vien proclamato già il suo straordinario destino, da Simeone e Anna, che poi si mette "a parlare del bambino a tutti coloro che aspettavano la liberazione di Gerusalemme" (v. 38). Al suo primo pellegrinaggio d'obbligo, Gesù dodicenne viene ritrovato dai genitori, tornati allarmati a Gerusalemme; è lì che egli proclama: "Non sapevate che io devo occuparmi delle cose del Padre mio?" (v. 49). La stima di Gesù per Gerusalemme appare nel detto a proposito del non giurare neanche per Gerusalemme, "perché è la città del gran Re" (Mt 5,33-36). Ricordiamo tutti gli altri pellegrinaggi di Gesù, molti dei quali non sono neanche ricordati nei Vangeli, fino a quello dell'ultima sua Pasqua. Luca ha una sezione particolare del Vangelo, che comincia: "Mentre stavano compiendosi i giorni in cui sarebbe stato tolto dal mondo, si diresse decisamente verso Gerusalemme" (9,51). La sezione sembra voler mostrare che tutta la sua missione consiste nell'andare a Gerusalemme per offrirvi il suo sacrificio, come preannuncia tre volte ai discepoli. Ma è la missione del Messia, che a Gerusalemme ha il suo trono. È questo il senso del suo ingresso trionfale, con allusione alla citata profezia di Zaccaria, raccontato dai sinottici (Mt 21 e par.). Ma alla fine i discorsi di Gesù su Gerusalemme sono come quelli dei profeti: ne preannunciano il castigo e la distruzione. Assieme al passo ricordato all'inizio e invece dei testi che leggiamo nel già ricordato discorso escatologico di Gesù (Mt 23,37-39; 24-25; Mc 13; Lc 21,20-24) o di quello delle parole alle pie donne durante la salita al Calvario (Lc 23,28-31), ricordiamo qui le parole che egli pronunciò proprio subito dopo l'ingresso solenne.

"Quando fu vicino alla città pianse su di essa, dicendo: «Se avessi compreso anche tu, in questo giorno, la via della pace! Ma ormai è stata nascosta ai tuoi occhi. Giorni verranno per te in cui i tuoi nemici ti cingeranno di trincee, ti circonderanno e ti stringeranno da ogni parte; abbatteranno te e i tuoi figli dentro di te e non lasceranno in te pietra su pietra, perché non hai riconosciuto il tempo in cui sei stata visitata»" (Lc 19,39-44).

Le lacrime di Gesù manifestano il suo amore. Come per gli antichi profeti, la sua stima di Gerusalemme non è affatto distrutta dalle sue predizioni. Quanto al tempio, basti accennare all'accusa, in fondo meritata quando cacciò i venditori (secondo Gv 2,19), che è poi l'accusa che lo fa condannare a morte (Mt 26 e par.). È proprio durante la sua morte che il velo del tempio si squarcia (Mt 27,51), lugubre anticipo della predetta distruzione. Secondo Luca (non secondo gli altri Vangeli), è a Gerusalemme che Gesù appare risorto ai discepoli. Di là essi devono partire e andare in tutto il mondo, come gli Atti raccontano (1,8), dopo che a Gerusalemme hanno ricevuto lo Spirito. Lo stesso Paolo, che ormai aveva scelto praticamente come centro Antiochia, per compiacere ai cristiani di Gerusalemme, tornò ivi in pellegrinaggio, e vi portò le sue collette. Osteggiato dai giudei e ansioso di portare a tutto il mondo il messaggio cristiano, capisce che deve lasciarla (At 22,18; 28,17-19). E Pietro ricorda ai cristiani che non hanno una città terrena (1Pt 2,11); ormai se n'è andato anche lui da Gerusalemme e forse è già a Roma.

In quegli anni dev'essere successo qualcosa di grave, tra i cristiani stessi, a Gerusalemme. L'amore per la città e il suo ricordo si affievoliscono. La distruzione della città ad opera dei romani ha facilitato il disamore per essa nell'ala dei cristiani che proveniva dal paganesimo e che ebbe il sopravvento su quella dei giudeocristiani, purtroppo estinti entro i primi tre secoli della vita della Chiesa. Ma dell'estinzione di questi sono colpevoli, anche se non solo loro, proprio i cristiani gentili. Essi operano una spiritualizzazione del messaggio biblico su Gerusalemme, che ne fa vedere una dimensione indistruttibile; come città celeste essa risplende più luminosa che mai e ricupera tutto lo splendore che le ha dato l'Antico Testamento (Ap 21) e con questa eccessiva spiritualizzazione si dimentica un aspetto importante e storico del messaggio biblico su Gerusalemme.

La mentalità del cristianesimo ellenistico sottovaluta l'importanza dei cristiani provenienti dal giudaismo. Dopo la distruzione di Adriano, essi erano riusciti a sopravvivere, stabilendosi sul colle occidentale, che chiamarono la Nuova Sion. Dicevano che era l'unica delle sinagoghe di Gerusalemme ad essere sopravvissuta alla catastrofe, per volontà di Dio, che là, pensavano, voleva si adempisse pienamente anche il nostro Is 2,2-4[5].

5 Cf. E. Testa, "La nuova Sion", *LA* 22 (1972) 48-73 e ora in: *La fede della Chiesa madre* (Collana biblica), Roma 1995, specialmente 65-68. Si veda B. Bagatti, *Alle origini della Chiesa*

Che perdita grave, per i cristiani e per gli ebrei, la scomparsa dei giudeocristiani! E che storia dolorosa dev'essere stata! Una storia di cui riusciamo a indovinare alcuni momenti iniziali, specialmente nel concilio di Gerusalemme di At 15 e nelle appassionate pagine di Paolo in Rm 9-11. La Palestina era piena di giudeocristiani, ma in pochi secoli essi scompaiono. Il colpo di grazia lo danno i celebrati bizantini, venendo a instaurare il loro impero a Gerusalemme, dopo Costantino, e ponendo un vescovo al Sepolcro, come contraltare della cattedra giudeo-cristiana della nuova Sion. La Chiesa universale, col pretesto di uniformare la prassi pasquale, impone ai giudeocristiani, i "quartodecimani"!, di non celebrare più la Pasqua assieme ai loro fratelli ebrei, il 14 del mese, ma di celebrarla assieme agli altri cristiani. Così essa li stacca dalla loro matrice e fa loro perdere la propria identità.

Se negli attuali problemi per la ricerca degli accordi tra arabi, ebrei e cristiani, il messaggio biblico su Gerusalemme sembra a molti che non abbia più niente da dire, è perché ormai domina la mentalità ellenistica e i giudeocristiani sono scomparsi.

Anche tra gli studiosi ebrei c'è chi lamenta la scomparsa dei giudeocristiani. La colpa sarebbe della Chiesa che l'ha favorita, appoggiando i matrimoni misti coi cristiani gentili[6]. A parte la parzialità dell'accusa, che dimentica come da parte del giudaismo i giudeocristiani non abbiano ricevuto un trattamento migliore, resta il fatto che col giudeocristianesimo è sparito quell'anello della catena tra ebrei e cristiani, che li terrebbe più uniti e che oggi sarebbe preziosissimo nel dialogo. Se fossero rimasti i giudeocristiani, oggi il diritto israelitico non farebbe tante difficoltà agli ebrei che vogliono essere anche seguaci di Gesù e costoro non sarebbero visti con sospetto dai cristiani. Oggi, per lanciare una proposta che sarà giudicata temeraria, la gestione del Cenacolo, un tempo centro della Nuova Sion e poi prezioso e tormentato possesso dei Francescani, per oltre due secoli fino al 1551, potrebbe essere affidata senza problemi agli uni e agli altri assieme.

Il senso di Is 2,2-4 (e Mi 4,1-3) oggi

Se ci fossero ancora i giudeocristiani, capiremmo più facilmente come il messaggio dell'Antico Testamento su Sion, e in particolare Is 2,2-4, non debbano essere interpretati in senso puramente spirituale. E qui giunge finalmente il momento di rispondere alla questione che ci siamo posti in partenza: il piano di Dio, che il testo isaiano rivela, che dimensione storica ha oggi? Se teniamo

madre di Gerusalemme. I: *Le comunità giudeo-cristiane* (Storia e attualità 5), Città del Vaticano 1981.

6 Cf. M. Wishogrod, "Inkarnation aus Jüdischer Sicht", *EvTh* 55 (1995) 13-28.

presente quanto abbiamo detto all'inizio sulla centralità della posizione geografica di Gerusalemme, ora potremmo anche meglio renderci conto della sua importante centralità politica: essa è veramente "in vertice montium". La città non è solo quel luogo i cui cittadini, ebrei, musulmani e cristiani, devono trovare il modo pacifico di convivere. Gerusalemme può diventare il punto del mondo dove si raggiunge l'accordo tra l'Occidente e l'islam, per il tramite degli ebrei, che, da una parte, si possono considerare la punta di diamante del mondo del progresso e, dall'altra, sono fratelli dei musulmani, anch'essi razza di Abramo.

Il giudaismo, che già ha prodotto il cristianesimo e, con esso, ha avuto una parte considerevole, nel bene e nel male, nella nascita dell'islam, può tornare ad essere l'ago della bilancia per la ricerca di un accordo che, portando al Sud del mondo il dovuto benessere, assieme ai valori della civiltà occidentale, faccia spuntare la pace nella giustizia. L'assalto al mondo occidentale da parte del mondo arabo lo si percepisce come problema angoscioso appena si vede il crescente numero di marocchini o algerini che approdano sulle nostre coste o premono alle frontiere. Il raggiungimento di un accordo di ampie prospettive a Gerusalemme potrebbe essere l'unica soluzione del problema, senza conflitti e guerre. A Gerusalemme così pacificata e fonte di pace, divenuta davvero "città della pace", come dice l'etimologia del suo nome, guarderebbero tutti i popoli. Da essa uscirebbe la vera legge della giustizia per tutto il mondo. Avremmo così il compimento pieno del messaggio, della parola di Dio per l'umanità.

È questo, ci pare, il messaggio di Is 2,2-4 per tutti e tre i popoli del libro. E se i loro discendenti e i loro rappresentanti, destinati a occuparsi oggi della questione di Gerusalemme, ne tenessero conto, metterebbero da parte tante meschine rivendicazioni e starebbero anche più attenti a non esporsi alle sventure che Gerusalemme, nel passato, ha dovuto subire, per non aver saputo adeguarsi al grandioso progetto che Dio ha da millenni su di lei.

GERUSALEMME LUOGO DI PREGHIERA PER TUTTI I POPOLI

3 Non dica lo straniero che ha aderito al Signore:
"Certo mi escluderà il Signore dal suo popolo!".
Non dica l'eunuco: "Ecco, io sono un albero secco!".
4 Poiché così dice il Signore:
"Agli eunuchi, che osservano i miei sabati,
preferiscono le cose di mio gradimento
e restan fermi nella mia alleanza,
5 io concederò nella mia casa
e dentro le mie mura un posto e un nome
più prezioso che figli e figlie;
darò loro un nome eterno che non sarà mai cancellato.
6 Gli stranieri, che hanno aderito al Signore per servirlo
e per amare il nome del Signore, e per essere suoi servi,
quanti si guardano dal profanare il sabato
e restano fermi nella mia alleanza,
7 li condurrò sul mio monte santo
e li colmerò di gioia nella mia casa di preghiera.
I loro olocausti e i loro sacrifici saliranno graditi sul mio altare,
perché il mio tempio si chiamerà casa di preghiera
per tutti i popoli" (Is 56,3-7).

Interpretazioni divergenti

Queste parole si trovano nella terza parte di Isaia. L'opinione generale è che si tratti di un oracolo postesilico, databile, probabilmente, nel secolo V (o IV) a.C. Come si devono interpretare? La profezia si è realizzata? In che senso? Le interpretazioni possibili sono molte e contrastanti. Si pensi agli eventuali, differenti punti di vista ebraico, cristiano e musulmano (nel caso che i musulmani accettassero tale profezia). Si pensi inoltre alle divergenze di interpretazione all'interno delle singole religioni e delle varie scuole esegetiche, anche solo di quelle cristiane. In Palestina, in particolare, sono nate tra i Cristiani correnti esegetiche particolari ed opposte, che meritano di essere ricordate. Da una parte la "Christian Embassy" (protestante Evangelica), che, prendendo alla lettera certe pagine della Bibbia (ignorano però, a quanto pare, i rimproveri profetici e le profezie di condanna e di castigo contro Gerusalemme!), riconosce all'odierno Stato d'Israele non solo il diritto alla terra, ma addirittura il suo diritto esclusivo e totale a tutta la Palestina[1]. Dall'altra parte c'è la "Palestinian Contextual Theology" (con protestanti e cattolici insieme, di matrice araba), una specie di Teologia della Liberazione applicata alla situazione palestinese. Questa difende i diritti dei Palestinesi nell'interpretazione della Bibbia, facendo leva su testi contrari a Israele e favorevoli ai primi o sulla spiritualizzazione del messaggio biblico operata nel NT, secondo il quale Gerusalemme significa ormai la Gerusalemme celeste[2]. Entrambi gli opposti gruppi hanno tenuto la loro Settimana su Gerusalemme, in giugno 1996, per prepararvi il "terzo" o "secondo millennio" rispettivamente! Tra le due interpretazioni bibliche contrapposte ci sono innumerevoli posizioni intermedie, scientifiche, parascientifiche, ecclesiastiche. Tra queste è particolarmente importante la lettera del Patriarca Cattolico Michel Sabbah, "Leggere e vivere la Bibbia oggi, nel paese della Bibbia"[3]. L'opinione prevalente tra gli studiosi è che i fatti politici attuali non costituiscano quel possibile effetto concreto delle promesse bibliche che noi invece proponiamo. Ma, oltre a questo scetticismo, c'è da tener presente quello piuttosto ateo, oggi diffuso, che, sulla base dei fatti tragici e della triste cronaca attuale, si conferma nell'opinione che le promesse bibliche siano semplicemente dei miti, simili a quelli di qualsiasi altra religione antica o nuova. Noi proponiamo la nostra interpretazione del passo di Is 56, ma tenendo conto possibilmente delle altre.

Anche supponendo che si tratti di un mito o di un'illusione, tutti dovrebbero riconoscere che la profezia fa parte del patrimonio religioso storico di Israele, patrimonio che poi è diventato anche cristiano, a prescindere dalle divergenze delle due (opposte?) interpretazioni. Nè si può negare che i musulmani abbiano, a loro modo, fatto di Gerusalemme ed in particolare dell'area del tempio la loro casa di preghiera fin dai primi decenni della loro esistenza. Vediamo allora come si è svolta la storia d'Israele a partire dal sec. V a.C., cioè dal momento cui risale la profezia.

Profezie venute meno

Gli Ebrei erano tornati nella loro terra a poco a poco, dopo che l'imperatore persiano Ciro ha proclamato l'editto di liberazione (nel 538 a.C.: Esd 1 o 2Cr

[1] Si veda per es. il *The Jerusalem Post* del 3.X.1996. Ma questa posizione è stata sconfessata da tutte le Chiese del Medio Oriente fin dagli inizi, prima del 1990. Si veda *MECC Perspectives* 8 (1990) 64ss!

[2] H. Suerman, "Palestinian Contextual Theology", *Al-Liqa' Journal* 5 (1995) 7-26.

[3] Milano, Paoline 1994: con Introduzione di R. Fabris; si leggano i paragrafi 50ss.

36,22-23), dopo aver debellato i Babilonesi. Nella terra di Babilonia, come sappiamo, vivevano appunto quegli esuli. I primi rimpatriati, un gruppo non molto consistente in verità, cominciarono a costruire di nuovo il tempio, come si vede specialmente dal libretto del profeta Aggeo e da Zac 2ss. Poi arriva Neemia, che ricostruisce le mura della città, a metà del sec. V a.C. La vita riprende, ma non con lo splendore annunciato dalle profezie. Soprattutto *manca il re*. Il tentativo di Zorobabele, nominato in Esd 3,2.8; 5,2; 6,7 (e 1Cr 3,19-24) e interpellato ripetutamente e con tanta speranza dai menzionati Aggeo e Zaccaria, se tentativo c'è stato, finisce nel nulla. Già le speranze sulla monarchia si erano affievolite in esilio, a parte, forse, una pallida speranza nel re esiliato Ioiakin (2Re 25,27-30). Ma se leggiamo tutto il secondo Isaia (Is 40-55), non vi troviamo eco o rilancio delle profezie preesiliche sul Messia (per es. di Is 9 e 11 o Ger 23,1-5). Egli aggancia, per così dire, le speranze messianiche (di un "messianismo senza messia", come l'hanno chiamato) piuttosto alla città di Gerusalemme che al suo eventuale re[4].

Dunque già a partire dal primo postesilio dobbiamo registrare il fallimento di una parte delle speranze. Eppure Israele continua a sperare anche nel re, sostenuto, in questo, dalla recita dei Salmi: il 72, appena citato, e altri (soprattutto 2 e 110). Ritorna la domanda: sono illusioni o speranze motivate?

Ma anche *la città di Gerusalemme e il tempio* in essa ricostruito non sono poi risultate speranze consistenti.

C'è chi ha cercato di tenerle deste nei poco entusiasmanti secoli successivi. Leggiamo dal Sal 102:

> 13 Ma tu, Signore, rimani in eterno, il tuo ricordo per ogni generazione.
> 14 Tu sorgerai, avrai pietà di Sion, perché è tempo di usarle misericordia: l'ora è giunta.
> 15 Poiché ai tuoi servi sono care le sue pietre e li muove a pietà la sua rovina.
> 16 I popoli temeranno il nome del Signore
> e tutti i re della terra la tua gloria,
> 17 quando il Signore avrà ricostruito Sion
> e sarà apparso in tutto il suo splendore.
> 18 Egli si volge alla preghiera del misero
> e non disprezza la sua supplica.
> 19 Questo si scriva per la generazione futura
> e un popolo nuovo darà lode al Signore.
> 20 Il Signore si è affacciato dall'alto del suo santuario,
> dal cielo ha guardato la terra,
> 21 per ascoltare il gemito del prigioniero,

4 Si veda, sopra, "Gerusalemme nel piano di Dio dopo tre mila anni".

per liberare i condannati a morte;
22 perché sia annunciato in Sion il nome del Signore
e la sua lode in Gerusalemme,
23 quando si aduneranno insieme i popoli
e i regni per servire il Signore.

E aggiungiamo un testo di un libro che non si trova nella Bibbia ebraica: Tobia 13

9 Io esalto il mio Dio e celebro il re del cielo
ed esulto per la sua grandezza.
10 Tutti ne parlino e diano lode a lui in Gerusalemme.
Gerusalemme, città santa,
ti ha castigata per le opere dei tuoi figli,
e avrà pietà per i figli dei giusti.
11 Dà lode degnamente al Signore
e benedici il re dei secoli;
egli ricostruirà in te il suo tempio con gioia,
12 per allietare in te tutti i deportati,
per far contenti in te tutti gli sventurati,
per tutte le generazioni dei secoli.
13 Come luce splendida brillerai sino ai confini della terra;
nazioni numerose veranno a te da lontano;
gli abitanti di tutti i confini della terra
verranno verso la dimora del tuo santo nome,
porrtando in mano i doni per il re del cielo.
Generazioni e generazioni esprimeranno in te l'esultanza
e il nome della città eletta durerà nei secoli.
14 Maledetti coloro che ti malediranno,
maledetti saranno quanti ti distruggono,
demoliscono le tue mura, rovinano le tue torri
e incendiano le tue abitazioni!
Ma benedetti sempre quelli che ti ricostruiranno.
15 Sorgi ed esulta per i figli dei giusti,
tutti presso di te si raduneranno e benediranno il Signore dei secoli.
Beati coloro che ti amano
beati coloro che gioiscono per la tua pace.
16 Beati coloro che avranno pianto per le tue sventure:
gioiranno per te e vedranno tutta la tua gioia per sempre.
Anima mia, benedici il Signore, il gran re,
17 Gerusalemme sarà ricostruita

come città della sua residenza per sempre.
Beato sarò io, se rimarrà un resto della mia discendenza
per vedere la tua gloria e dar lode al re del cielo.
Le porte di Gerusalemme
saranno ricostruite di zaffiro e di smeraldo
e tutte le sue mura di pietre preziose.
Le torri di Gerusalemme si costruiranno con l'oro
e i loro baluardi con oro finissimo.
Le strade di Gerusalemme saranno lastricate
con turchese e pietra di Ofir.
18 Le porte di Gerusalemme risuoneranno di canti di esultanza,
e in tutte le sue case canteranno: "Alleluia!".
Benedetto il Dio d'Israele
e benedetti coloro che benedicono il suo santo nome
per sempre e nei secoli! (Tb 13,9-18).

Il Salmo 102 invoca la ricostruzione di Gerusalemme. I vv. 17ss sembrano un oracolo-profezia; vi si usava facilmente il verbo passato. Se teniamo anche conto del v. 29 (solo i figli di coloro che lo recitano vivranno nella terra), dovremmo dire che la data è anteriore all'ondata di esuli che rientrano con Neemia (450 a.C.), perché è lui che ricostruirà Gerusalemme. Ma il poema di Tobia, almeno nel contesto redazionale di tutto il libro, non dovrebbe essere anteriore alla prima parte del sec. II a.C.; così viene normalmente datato. Per capire le sue profezie della ricostruzione di Gerusalemme e del tempio (vv. 11 e 17) occorre tenere presente che l'autore finge di essere ai tempi degli Assiri, appena dopo la distruzione di Samaria, avvenuta nel 721 a.C. Per mostrare che le attese rimangono, abbiamo scelto questi due passi caratterizzati anche da una prospettiva universalistica, simile a quella vista in Is 56.

Ma profezie e universalismo vanno incontro ad un ultimo, radicale fallimento agli inizi dell'era cristiana. Nel 70 d.C. Gerusalemme e tempio vengono distrutti dai Romani e nel 135 si dà il colpo di grazia, se ancora ce n'era bisogno. Tutto è stato predetto da Gesù, come un castigo perché Gerusalemme non l'ha voluto accettare come Messia. Tra i passi più eloquenti ricordiamo Lc 19,39-44 e 23,37-38. Quando Gesù muore in croce avviene il lugubre presagio della lacerazione del velo del tempio (Mc 15,38 e par.). Adesso, oltre al re, manca anche la capitale e il culto. Paradossalmente la centralizzazione del culto voluta da Giosia alla fine del sec. VII a.C., attorno al 620, permette ora una più radicale distruzione: distrutto il tempio, è distrutto tutto il culto. Se fossero stati permessi altri templi in altre città, la religione ebraica, con le sue speranze o illusioni avrebbe potuto sopravvivere più facilmente.

Sopravvivenza miracolosa

Eppure gli Ebrei sopravvivono lo stesso e continuano a sperare, ad attendere il Messia e la ricostruzione del tempio e a vivere ancora oggi la loro religione senza l'antico culto. I Rabbini e i Farisei hanno il merito di aver inventato dei buoni surrogati dell'antico culto. Ma una spiegazione soddisfacente di come mai un popolo, disperso in tutto il mondo e senza il suo culto e il suo tempio, abbia potuto sopravvivere, dopo 2.000 anni!, nessuno la può dare. È un miracolo vivente, che prova la verità della Bibbia e del divino progetto di salvezza in essa rivelato. Non lo provano loro da soli. Complementariamente ad essi, i Cristiani sono una prova di questa verità biblica, per la prodigiosa diffusione che hanno avuto nel mondo e i valori di santità e di civiltà che hanno espresso. Insistiamo sulla complementarietà della prova. Da soli, anche i Cristiani non provano molto. Potrebbero essere considerati portatori di una religione qualunque, una religione come un'altra, tanto più che, accanto ai valori positivi che abbiamo indicato, hanno manifestato notevoli pecche in questi 2.000 anni. I Cristiani, col Vangelo in mano, additano la situazione attuale dell'area del tempio di Gerusalemme e la distruzione del precedente culto come un castigo preannunciato da Gesù, perché gli Ebrei lo hanno rifiutato, un castigo che dura da 2000 anni. E, paradossalmente, sono gli Ebrei, da cui essi provengono, a mostrare, con la loro nostalgia per la spianata del tempio, che pure la religione cristiana è vera. Avendo gli Ebrei rifiutato Cristo, condannato a morte dai Romani per il loro rifiuto, Egli ha espiato per tutti, con un'Espiazione senza la quale quella del Kippur ebraico, per di più sprovvisto degli antichi suggestivi riti (si legga Lv 16), è ben poca cosa. Chi fosse stato davanti al Muro del Pianto la sera della conclusione della festa (il 23 settembre 1996), avrebbe avuto l'impressione che l'entusiasmo (nell'anno dell'uccisione di Rabin!) fosse più politico che religioso, come dimostra l'apertura del contestato tunnel sulla Via Dolorosa, operata poche ore dopo. Lasciando da parte le polemiche, comunque, potremmo concludere l'argomento con quel che dice S. Paolo:

> [11] Ora io domando: Forse inciamparono per cadere per sempre? Certamente no. Ma a causa della loro caduta la salvezza è giunta ai pagani, per suscitare la loro gelosia. [12] Se pertanto la loro caduta è stata ricchezza del mondo e il loro fallimento ricchezza dei pagani, che cosa non sarà la loro partecipazione totale! (Rm 11,11-12).

Valore messianico dell'attuale Israele

Se dunque la presenza degli Ebrei e dei Cristiani oggi può essere considerata una grande prova dell'esistenza del progetto divino di salvezza descritto nella Bibbia, perché non considerare il ritorno degli Ebrei alla loro terra, la nascita e lo sviluppo dello Stato d'Israele come una parte della realizzazione del progetto? "Noi condividiamo con il popolo ebraico la certezza biblica che Dio ha dato ad esso il paese di Canaan per un possesso eterno... Sappiamo, d'altra parte, che "i doni e le chiamate di Dio sono irrevocabili" (Rm 11,29). In altre parole, sappiamo che Dio ha donato a Israele la terra, ma non leggiamo da nessuna parte che gliel'abbia tolta per sempre. Possiamo noi cristiani escludere che quello che sta succedendo ai nostri giorni e cioè il ritorno d'Israele nella terra dei suoi padri sia collegato, in qualche modo che non conosciamo ancora, a questo ordine provvidenziale che riguarda il popolo eletto e che si attua anche attraverso gli errori e gli eccessi umani, come avviene, del resto, nella Chiesa stessa?"[5].

Dopo quanto abbiamo detto, una simile domanda va presa sul serio, nonostante il momento attuale, in cui Israele, col nuovo governo di Netaniahu, ha manifestato tanta arroganza e violenza.

Agli inizi della formazione dello Stato d'Israele gli stessi Rabbini e i tradizionalisti Giudei rispondevano negativamente alla domanda. Lo Stato d'Israele è una costruzione umana, piena di difetti; non ha niente a che fare col futuro regno messianico. Ora però cominciano a dire che queste vicende politiche fanno parte dei prodromi della venuta del regno messianico. E i Cristiani che cosa ne pensano?

I Cristiani, per cominciare, hanno tagliato la testa al toro fin dalle origini, preceduti, a loro modo, dai seccessionisti ebrei di Qumran, nella loro relativizzazione (provvisoria) dell'importanza del Tempio[6]. Il culto cristiano, fiore che nasce dalle radici di quello ebraico distrutto 2.000 anni fa, non è legato a un luogo particolare (Gv 4,23-24). Agli inizi, per la verità, coloro che provenivano dal Giudaismo, i Giudeo-Cristiani, volevano considerare il Cenacolo (e il sepolcro di Cristo) la Nuova Sion (si veda il citato "Gerusalemme nel piano di Dio..."). Ma i Giudeo-Cristiani sono scomparsi presto. E gli altri Cristiani, proprio in omaggio alle predizioni di distruzione scritte nei Vangeli, non si sono più preoccupati di sapere se la Gerusalemme storica e geografica restava una realtà in cui si dovevano compiere le promesse bibliche. Tra l'altro, essi erano tagliati fuori dal culto del tempio; per loro c'era solo un atrio esterno, oltre al quale non potevano accedere. Per la loro "cena eucaristica" e gli altri loro riti, sapevano dove incontrarsi, senza bisogno del Tempio. Essi, d'altra parte, avevano imparato a leggere le scritture in un altro senso: "spirituale". Così Gerusalemme diventa "la Gerusalemme celeste" o la Chiesa; il tempio è tutta la comunità (1Pt 2,5).

5 R. Cantalamessa, *Il Mistero del Natale. Un Commento ai Cantici Evangelici del Magnificat del Gloria e del Nunc dimittis*, Milano 1987, 96.

6 G. Bissoli, *Il Tempio nella letteratura giudaica e neotestamentaria* (SBF. Analecta 37), Jerusalem 1994, 34-55.

Nessuno vuol negare questo significato spirituale. Esso rimane il più importante. Ed è la prima, indiscutibile risposta alla domanda che ci eravamo posti all'inizio. Ma, dopo tutto quel che abbiamo detto, qui vogliamo domandarci anche se il testo biblico da cui siamo partiti e gli altri, simili, che abbiamo incontrato, non permettano di vedere negli eventi concreti di oggi una possibile realizzazione del progetto divino di salvezza.

Anche chi, come noi Cristiani, riconosce che la scomparsa del re, della città, del tempio e del culto antico è un castigo per il mancato riconoscimento del Messia, dovrebbe ammettere che il castigo può avere un termine. Tutti dobbiamo ammettere che le promesse sono ancora in vigore anche e soprattutto per gli Ebrei (Rm 9,4ss) e ce lo ha ricordato solennemente il Concilio. La citazione di Is 56 da parte di Gesù, quando caccia i venditori dal tempio (si veda Mc 11,17 e par.; solo lui esprime chiaramente l'universalismo e cita fedelmente Is 56) conserva il futuro: "la mia casa sarà chiamata casa di preghiera per tutti i popoli"; non vi si dice "avrebbe dovuto essere". Ciò indica che il progetto di Is 56 deve realizzarsi ancora in futuro.

Is 56 e gli scontri attuali per l'area del tempio

Con la nostra risposta positiva alla questione, non vogliamo avallare le pretese di riappropriazione dell'area del tempio, contenute nei programmi della attuale politica israeliana vincente. Bisogna rispettare i diritti dei musulmani, che l'hanno occupata 1.200 anni fa e, quasi ininterrottamente (tolta la parentesi dei Crociati), fino ad oggi vi hanno celebrato il loro culto, considerando la moschea Al-Aksa la terza per importanza nel mondo. Questo fu ribadito al Cairo alla fine di luglio, in una grande Conferenza internazionale islamica, con 150 *leaders* di 90 paesi. Tra l'altro, è stata ricordata anche la primitiva Qibla o direzione nella preghiera, come prova del diritto musulmano al culto in Gerusalemme. Inizialmente, infatti, Maometto aveva ordinato che, nel pregare, ogni musulmano si rivolgesse verso Gerusalemme. Esattamente come facevano gli Ebrei (Dn 6,11). Poi, dopo aver preso le distanze dagli Ebrei a Medina, egli decise che bisognava rivolgersi verso la Mecca.

Notiamo che con quest'ultimo argomento, senza volerlo, i musulmani manifestano le loro origini. All'inizio, rivolgendosi a Gerusalemme, riconoscevano implicitamente che il loro culto derivava da quello ebraico e cristiano! In questo senso il loro diritto alla spianata del tempio è ancor più evidente.

Abbiamo già presentati i motivi per cui è lecito pensare che l'odierno Stato d'Israele è un evento che porta le tracce del piano divino di salvezza nella sua fase escatologica finale, nonostante le sue violenze. Ma come interpretare allora le profezie che abbiamo presentato, di fronte all'attuale violento contrapporsi di religioni a Gerusalemme e per l'area del tempio? A noi Cristiani è possibile intravedervi qualcosa di più del significato puramente spirituale, che si suol dare normalmente?

Nei Simposi tenuti dallo Studio Biblico Francescano di Gerusalemme nel 1993 e 1995 è emersa una linea esegetica che, evitando gli estremismi di altre esegesi nate in Palestina e menzionate sopra, difende sia per Israele che per i Palestinesi un diritto ai beni delle promesse bibliche, intese non in senso puramente spirituale e da condividersi fraternamente, in quanto anche i musulmani sono discendenti dei Patriarchi[7].

Effettivamente un'intesa così (religiosamente) concepita tra Ebrei, Arabi e Cristiani porterebbe pace e benessere a gran parte del mondo, mentre l'altra alternativa, quella delle ostinate e tracotanti rivendicazioni, prima o poi porta ad una guerra dalla quale non si salverà nessuno. L'esegesi che fa imboccare la vera strada della pace, applicata alle profezie che abbiamo esaminato, ci fa constatare che, a suo modo, c'è già una realizzazione della promessa divina. Gerusalemme è già luogo di preghiera per tutti i popoli. Tutte le confessioni cristiane vi si sono ammucchiate con le loro chiese. In alcune di esse, pur pestandosi i piedi tra loro, pregano insieme Armeni, Cattolici, Copti e Greci ortodossi, dividendosi spazi e momenti. L'impressione di caos cultuale, che uno sprovveduto ne può ricavare, cambia completamente se uno interpreta Is 56 nel modo indicato. Pure i Musulmani nel corso dei secoli e gli Ebrei specialmente ora hanno riempito la città di moschee e sinagoghe. Sono addirittura uno accanto all'altro nel punto centrale: sopra la spianata del Tempio gli uni, nelle loro due splendide moschee, e al Muro del Pianto gli altri. Anche queste sono preghiere, spesso appassionate e non intaccate dalla violenza e dall'arroganza, che salgono a Dio a Gerusalemme proprio nel posto centrale. Sarebbe meraviglioso se un giorno, rispettando i diritti di ciascun popolo e di ciascuna religione, si potessero coordinare tutte queste preghiere, sopratutto se nel punto geografico centrale, l'area del tempio, si potesse realizzare un'intesa pacifica tra Musulmani ed Ebrei, un'intesa che includa il rispetto dei diritti dei due popoli e la pacifica divisione tra loro della terra. Ecco quale sarebbe la piena realizzazione di Is 56 e di tante altre profezie e promesse bibliche. Potrebbe essere davvero "inizio dell'era messianica".

7 Accanto agli Atti dei Simposi, pubblicati in due voll. a Gerusalemme, nel 1995, dalla Franciscan Printing Press, meritano di essere segnalati alcuni studi che sembrano procedere nella stessa linea. Ricordiamo, per es.: H. Merklein, "Jerusalem - bleibendes Zentrum der Christenheit? Der neutestamentliche Befund", in *Zion Ort der Begegnung* (BBB), Badenheim 1993, 47-61; V. Fusco, "Luke-Acts and the Future of Israel", *NovT* 38 (1996) 1-17. Il terzo Simposio organizzato dallo Studio Biblico Francescano, da tenersi il 17 e 18 del prossimo febbraio, ha appunto per titolo: "Gerusalemme casa di preghiera per tutti i popoli". Si riuscirà a tenerlo e a ricavarne un messaggio di pace e di speranza?

COROLLARIO: ESCATOLOGIA ED ECOLOGIA

Le seguenti considerazioni in appendice ai miei studi sui profeti sono anche il frutto delle ultime letture bibliche settimanali fatte con la mia gente, un gruppo di amici della Bibbia, sul tema: "la lode di Dio per il creato", al termine delle quali è sorto il problema "fine del mondo", tema caratteristico della letteratura profetica. Le considerazioni sono messe a punto attorno alla giornata *per la salvaguardia del creato*, del 1° settembre 2009 e vogliono anche cercare una risposta alla questione: se il mondo deve finire, perché mai tanta cura per la sua salvaguardia?

Il tema della creazione, della natura opera di Dio e della lode al Creatore è tipico dei *salmi*, specialmente degli inni, che conservano ancora qualche eco di quelli mitici della religione cananea circa il trionfo delle divinità sul caos. Nella letteratura *sapienziale*, contrariamente all'opinione comune, esso non appare nelle tappe più antiche, ma dopo l'esilio, anche se vi è svolto nella maniera migliore. Lo abbiamo specialmente alla fine dell'introduzione ai Proverbi (Pr 8), nei discorsi di Dio a Giobbe (Gb 38ss) e alla fine del Siracide (Eccli, da 42,15 a tutto 43), in concomitanza col pieno sviluppo del tema della Sapienza. Non va dimenticato che anche il *Documento Sacerdotale*, al tempo dell'esilio, sente il bisogno di cominciare la sua storia con la monumentale pagina sulla creazione (Gen 1).

Non si può dire invece che questo tema sia molto trattato nella *letteratura profetica*, anche per i frequenti annunci di castighi e distruzioni, nella storia o alla fine di essa, cose che non spingono alla lode di Dio per il creato. Però è opportuno rivedere queste prime impressioni, sia sulle considerazioni profetiche a proposito di Dio creatore e sia sul loro tema della fine del mondo[1].

I

"Tutta la terra è piena della Sua Gloria" (Is 6,3)

Forse le espressioni più poetiche di tutta la Bibbia si trovano nelle dossologie di Amos, su Dio che forma i monti e crea il vento,... rende l'aurora tenebre e cammina sulle alture della terra (Am 4,13), che fa le Pleiadi e Orione, che muta il

[1] Alla luce di S. Paas, *Creation and Judgement. Creation Texts in Some Eight Century Prophets* (OTS 47), Leiden 2003.

mattino in ombra di morte e il giorno nelle tenebre, che chiama le acque del mare e le riversa sulla faccia della terra... (5,8), che tocca la terra e si squaglia..., che costruisce nei cieli le sue scalee e sulla terra ammucchia le nubi (9,5-6) per inondarla (nel castigo). Anche se si trattasse di brani tardivi, dovuti alla redazione, sono dossologie che, a leggerle integralmente, annunciano anch'esse il castigo, soprattutto quello dell'Israele del Nord, del 721 a.C., tema principale di tutto il libro; una maniera ben strana di lodare Dio creatore, se di lode si tratta.

Ma è certamente ammirazione e lode per Dio quella del "trisagio" dei serafini nella visione e vocazione di Isaia (Is 6,3), trisagio seguito dalla frase riportata qui sopra nel sottotitolo, trisagio echeggiato in Ap 4,8 e rimasto nel cuore del culto sia ebraico che cristiano, dove introduce la nostra eucaristia, al *Sanctus*. E forse la ragione per cui nel *Sanctus* sono aggiunti "i cieli" alla terra è per l'influsso di un altro testo isaiano tardivo: "i cieli sono il mio trono e la terra è lo sgabello dei miei piedi" (66,1), testo postesilico che disapprova un culto troppo attaccato a tempio e sacrifici.

Ma già l'invettiva di Geremia contro i falsi profeti contiene l'espressione completa: "forse che i cieli e la terra non li riempio io?" (Ger 23,24) e questa ammirazione è preghiera in 32,17; mentre in 33,25 l'assicurazione sull'incrollabilità del "seme" e del patto con Israele è fondata su quella del creato.

Tale assicurazione, sia essa tardiva o meno, è affine a quella ancor più suggestiva di Ger 31,35ss: vi si introduce l'oracolo, con espressioni simili alle dossologie di Amos, su JHWH che dà il sole per la luce del giorno e la luna e le stelle per quella della notte, solleva il mare e fa mugghiare le sue onde. E l'oracolo assicura sulla perennità del "seme" d'Israele, come quello di 33,25. E si aggiunge (un nuovo oracolo?) che come non sono misurabili il cielo e la terra così il Signore non rigetterà "il seme" d'Israele nonostante tutto.

Se questi testi di Geremia non fossero genuini ma postesilici, a maggior ragione dovrebbero farci interpretare al condizionale (ipotesi dell'irrealtà) quelli esilici del Secondo Isaia, che abbiamo trattato in uno degli studi a proposito del 2° carme del Servo sofferente (Is 51,4-9a) inserito in quella frase spezzata (51,3b+9b), che echeggia il Sal 102,26ss: "anche se i cieli e la terra perissero, Tu rimani" e "il seme d'Israele sarà saldo davanti a Te". Il che ci fa già ridimensionare l'idea della fine del mondo.

Ma prima di arrivare a tale ridimensionamento, occorre completare il tema della considerazione del creato nei profeti. Senza pretendere di completare in poco spazio l'argomento, è necessario almeno uno sguardo al tema della creazione nel Secondo Isaia. La relativa sezione del libro (Is 40-55), cui abbiamo dedicato quello che cronologicamente è l'ultimo studio, è forse quella dove si vede meglio quanto il tema della creazione sia fondamentale nei profeti. Nello studio specifico abbiamo notato fin dalla prima parte il tema di Dio Creatore.

Esso viene ripreso soprattutto in Is 45, dove, a partire dal v. 14, culmina quello dell'universalismo monoteistico e si enfatizza la piena rivelazione di Dio. Non è un caso che 45,18, proprio al centro del discorso universalistico, proclami l'opera della creazione dei cieli e della terra. La salvezza storica degli esiliati e di tutti è inquadrata o incentrata nell'opera della creazione. Anche il frequente annuncio della trasformazione del deserto in terra agevole da percorrersi nel ritorno in patria è semplicemente un dettaglio particolare dell'opera del Creatore.

Vale la pena di citare pure la descrizione dell'epoca messianica di Is 11,6-9, che possiamo cominciare a definire un rinnovamento messianico del creato, tutto pacifico e in ordine; e non una nuova creazione del mondo dopo la distruzione. Cosa che va ripetuta per Is 35, un rinnovamento del creato a favore d'Israele, dopo il castigo di Edom del cap. precedente, e per tanti altri annunci profetici sulla nuova, felice situazione escatologica del futuro popolo d'Israele, dopo gli storici castighi.

In fondo si deve considerare ammirazione del potere divino sul creato, per quanto sbigottita e addolorata, anche quella dei profeti di fronte a Dio che castiga. Sia che si tratti di castighi passeggeri o, come si suol definirli, medicinali e sia che si tratti di quelli che, pur essendo storici, vengono presentati come radicali o escatologici contro il popolo d'Israele o i suoi nemici. Del primo caso ci accontentiamo di citare Ger 4,23-28, dove si descrivono le siccità e le carestie meritate dai figli insensati che non riconoscono Dio, ricorrendo alla classica metafora dei cieli oscurati, dei monti tremanti. Si afferma esplicitamente che non si tratta di una distruzione completa (v. 27). Si veda pure Ger 12,7-12. Quanto ai castighi radicali o escatologici la metafora dei *cieli oscurati e della terra distrutta* è certamente più frequente, ma sempre retorica, coll'intento di incutere spavento. Lo è ad esempio in Is 13,10, nel giudizio contro Babilonia, come già in Am 8,9 o Os 2,20, contro l'Israele del Nord, o in Mi 3,6, specificamente contro i falsi profeti, o nel famoso *dies irae* di Sof 1,14ss, contro lo stesso Giuda, o nelle preghiere di Naum (1,5ss) e di Habacuc (3,6-11). È curiosa la spiegazione di Ezechiele: Ez 32,7 dice semplicemente che l'oscuramento dei cieli è dovuto alle nubi!

Retorica è anche la *distruzione della terra o degli astri* nell'annuncio profetico dei castighi in testi come Is 34,4, per Edom, o quella di Ag 2,6.21 o di Is 24,4-23, anche se si dovessero definire apocalittici. Tra i castighi per Edom (Is 34) e la restaurazione per Israele (Is 35) non c'è una distruzione del mondo e una sua risurrezione! In Is 24 si parla di risurrezione, ma solo per l'uomo; non di una distruzione totale del creato (per farlo poi risorgere?!). Lo stesso va detto delle espressioni di Gl 2,10 sulle invasioni nemiche e, di conseguenza, dovrebbe dirsi anche di quelle analoghe in 3,4, sull'effusione dello Spirito e in 4,15 sulla battaglia finale.

Ammirazione sbigottita e addolorata dell'onnipotenza di Dio possono dunque suscitare i testi citati, ma in nessuno di questi casi, anche se dobbiamo considerarli castighi escatologici, si deve parlare della fine del mondo; semplicemente perché con quei castighi la fine del mondo non è avvenuta! Che non sia dunque annunciata neanche in quelli apocalittici c'è da aspettarselo e lo vedremo meglio dopo.

Si potrebbe dire che la concezione dei profeti circa il potere divino sulla natura è già quella esplicitamente e ampiamente espressa nel libro tardivo della Sapienza, secondo la quale tutti gli elementi del creato sono spesso usati da Dio o per beneficare gli eletti o per castigare i cattivi.

Possiamo osservare che il principio soggiacente a questa concezione è quello della retribuzione terrena, un principio da cui i profeti non potevano certo liberarsi come noi. Però, lungi dal rifiutare in blocco la loro spiegazione dei "castighi", l'uomo moderno farebbe bene ad usare le moderne sventure, come terremoti o maremoti o altri disastri ecologici, in senso non solamente spirituale e non solo quali ammonimenti per i nostri meritati castighi eterni. Giacché i disastri terreni, compresi quelli ecologici, hanno la salutare funzione di mettere a nudo i limiti e le per lo meno incapacità dell'uomo scientifico e tecnologico, che oggi è invece troppo sicuro di sé, di fronte a Dio.

II

La storia della salvezza

Dedichiamo ora molto spazio al tema della storia della salvezza[2], che mi sembra tanto importante quanto trascurato quando si parla di escatologia e di ecologia[3].

La vecchia definizione filosofica del tempo e cioè: "numerus motus secundum prius et posterius" (misurazione del movimento...) non era in disaccordo con la concezione biblica del tempo e della storia. Tale concezione biblica e cristiana, nella misurazione astronomica del tempo, dei giorni e degli anni, si combinava bene col sistema tolemaico, mentre la scienza ha imposto successivamente quello copernicano. Ma le date della storia sono rimaste incentrate su prima e dopo Cristo anche nel nuovo sistema, che quindi non obbligava a rinunciare alla concezione biblica della "storia della salvezza". Oggi quel

[2] Preso da una conferenza che ho fatto a L'Aquila il 6 dicembre 2005.

[3] Trascurato forse perché nel trattare i nostri temi spesso procediamo a compartimenti-stagni. Lo stesso Concilio, nella *Gaudium et spes*, dimentica il tema del regno e della storia della salvezza sia nel cap. III, che tratta dell'escatologia, e sia nei successivi, sulla Chiesa in rapporto al mondo e alla politica.

tempo e quella storia vanno inquadrati anche nella immensa durata della storia della terra (più di quattro miliardi di anni) e degli astri (molti altri miliardi in più) a partire dal *big bang*. Eppure anche questa storia immensa culmina nella comparsa dell'uomo, centinaia di migliaia di anni fa. L'evoluzione del cosmo e del nostro sistema, quella fisica e quella biologica, hanno messo in evidenza un disegno sapientissimo e il "principio antropico" di cui oggi si parla vuole indicare nell'uomo la mèta e il motivo giustificante della storia di tutto[4]. E questa è sempre e più che mai una buona cornice per la storia della salvezza descritta nella Bibbia.

Scetticismi sulla storia della salvezza

Ciò che voleva obbligarci a rinunciarvi sono stati invece quei moderni sistemi teologici (non: astronomici!), che si mostrano riluttanti a vedere riflesse tangibilmente nella realtà e nella storia umana le trasformazioni operate da Dio e da Gesù Cristo per la salvezza dell'umanità. Qualcuno, trent'anni fa, ha lanciato infatti lo slogan teologico: "liquidiamo la storia della salvezza"[5] e molti teologi e biblisti tacitamente l'hanno accolto.

Senza accorgersene, si era già messa in anticipo su questa strada la vecchia teologia, almeno quanto ai due millenni dell'era cristiana. Essa non dava importanza all'escatologia e ai novissimi se non al di là della morte, cioè al di fuori della storia, la si chiamava *escatologia conseguente*. Ancora di più, dopo lo scetticismo dell'esegesi liberale sulla storicità della Bibbia e dopo le vicende dolorose dell'ultima grande guerra, i teologi protestanti che più hanno fatto scuola, Barth e Bultmann, cercando di salvare il salvabile, proseguirono tale cammino, difendendo, ciascuno a suo modo, una *escatologia trascendente*, esistenziale e soggettiva[6]. Nella linea della loro confessione religiosa, hanno parlato di una storicità e di una salvezza che si realizza, sì, nella storia, ma solo interiormente, nel momento "storico" (?) della propria fede.

Non so se i biblisti e i teologi cattolici che seguono questa pista sono ancora la maggioranza, dopo le critiche e le revisioni delle tesi di Barth e Bultmann fatte sin qui anche nel mondo protestante. Se pur inconsciamente e come per contraccolpo, sono molti infatti quelli che oggi rinunciano al metodo storico-

[4] G. Lafont, voce "Storia", in G. Barbaglio - G.P. Bof - S. Dianich (ed.), *Dizionario di Teologia*, Cinisello Balsamo 2002, alle pp. 1575ss.

[5] F. Hesse, *Abschied von der Heilsgeschichte*, Zürich 1971; vedi per es. W. Brueggemann, "Trajectories in Old Testament Literature and the Sociology of Ancient Israel", *JBL* 98 (1979) 161-185.

[6] Si veda la voce "Speranza" nel citato *Dizionario di Teologia*, a p. 1537. Per la terminologia e i vari tipi di escatologia si veda, nel precedente *Nuovo Dizionario di Teologia* (ed. G. Barbaglio e S. Dianich), Alba 1977, dalla p. 402 alla fine; la voce "Escatologia" è di A. Giudici.

critico, che è il tentativo esegetico principale, se non l'unico, di scoprire e apprezzare il messaggio biblico della storia della salvezza. Si potrebbe parlare di una moda, visto il numero e l'importanza degli aderenti e delle funeste scuole da cui molti provengono e che alcuni dirigono.

Pochi, tra essi, si rendono conto che nello stesso mondo protestante c'è un'altra linea, cui possiamo pronosticare la vittoria. Basterebbe guardare la voce "(Geschichtsphilosophie) / Geschichtstheologie" nella nuova edizione della *RGG*[7], che rifiuta decisamente la moda e difende la concezione biblica della storia della salvezza, facendo leva soprattutto su W. Pannenberg. A lui possiamo aggregare, con altra impostazione, O. Cullmann, l'autore de *Il Cristo e il tempo* invitato poi tra gli uditori al Concilio, J. Moltmann, il teologo della speranza, ma anche i cattolici J.B. Metz e P. Theillard de Chardin, come pure tutta la teologia della liberazione e, almeno in parte, lo stesso Concilio Vaticano II e la sua *Gaudium et spes*. Prima di portare avanti questo discorso, però, ci dobbiamo occupare di altri pregiudizi latenti circa i dati biblici sul nostro tema.

L'Ebraismo

A creare confusione contribuisce paradossalmente l'Ebraismo. Infatti, pur partendo anch'esso dall'AT e dalla sua concezione storica e messianica, alla fine frena comprensibilmente di fronte alla nostra fede su Gesù centro della storia. Ne risulta un'interpretazione rabbinica dei testi biblici che evita la nostra interpretazione e le nostre fondamentali conclusioni storiche, quando addirittura non vi si oppone accanitamente, tacciandole a volte di anti-semitismo[8], per il solo fatto che considerano Gesù Cristo il fine in cui sbocca l'AT. Certo nella nostra teologia della storia non dobbiamo più dire che il popolo ebraico ormai non ha più senso; ma possiamo continuare a ritenere ugualmente Gesù centro della storia, alla stregua di Rm 9-11, dove Paolo conserva ai nostri fratelli ebrei un posto fondamentale alla fine di essa. Del resto è significativa l'affermazione di grandi pensatori ebrei come H. Cohen e F. Rosenzweig su un'estraneità dell'ebraismo dalla storia attuale. Nel senso che, riconosciuta l'importanza di Gesù Cristo nella storia dell'umanità e della salvezza, andrebbe pure riconosciuta un'altra finalità, simbolica, all'ebraismo moderno, che vivrebbe già in qualche modo nell'eternità, al di là della storia[9]. Per non par-

[7] Vol. III, Tübingen 2000: le voci sono di H.H. Gander e di T. Rendtorff.

[8] Si veda J.D. Levenson, *The Hebrew Bible, the Old Testament and the Historical Criticism. Jews and Christians in Biblical Studies*, Louisville KY 1993. Per lui la famosa *Teologia dell'Antico Testamento* di G. von Rad sarebbe antisemita (ivi, pp. 15-27).

[9] Si veda P. Fiorato, "Assonanti divergenze. Un confronto tra il messianismo di Cohen e Rosenzweig", *Humanitas* 60/1-2 (2005) 221-245, specialmente da p. 241 in poi.

lare di certi fermenti messianici sorti nel sionismo e anche di diverse recenti convergenze ebraiche verso Gesù, in Israele e nella diaspora, alle quali non dà affatto fastidio il considerarlo centro e chiave della storia.

Messianismo e senso cristiano della storia

Il Messia come centro della storia è già presentato nei salmi messianici, specialmente nel Sal 72. Lì si promette al regno del re la prosperità (vv. 6 e 16), una lunga durata (5 e 17), l'estensione universale (8-11 e 17b), la giustizia e la pace (1ss e 7) del regno, specialmente a vantaggio dei poveri (2, 4 e 12ss). La lunga durata del suo regno sfiora e sfocia nell'eternità (5, 15? e 17) ed è presentato come un regno universale[10].

Il messianismo dei salmi non è un'idea tardiva nella storia d'Israele; nasce già in epoca monarchica e cresce coll'andar del tempo. E quanto più la monarchia davidica va alla deriva fino a sparire dalla scena, tanto più cresce nel popolo l'attesa del messia e del suo regno qui descritto, finché un gruppo di quei credenti ne ravvisa la iniziale realizzazione in Gesù. Questo è appunto il loro "vangelo", poi predicato e accolto dai cristiani non ebrei in tutto il mondo. In Gesù si proclama la conclusione della precedente storia della salvezza. Siccome poi la fine del mondo non si realizza ancora, l'attesa di essa dà inizio a una seconda tappa della storia. I Cristiani però vedono che qualcosa comincia già a realizzarsi. Del resto il cherigma primitivo di Gesù era: "il regno di Dio è tra voi" e gli studi recenti sui vangeli e su Gesù hanno mostrato che questo messaggio fondamentale è escatologico e che non si tratta della vecchia "escatologia conseguente", la quale metteva le realtà annunciate solo nell'al di là. Si è allora cominciato a parlare di "già e non ancora". Il *già* è il traguardo raggiunto con la risurrezione di Gesù; il *non-ancora* è quello che si attende, continuando a scrutare i segni dei tempi della storia. È appunto questo messianismo ciò che dà pieno senso agli eventi storici. Gli stessi ebrei credenti, che sono stati gli iniziatori di questa visuale piena della storia, si discostano per il già, ma scrutano come noi il non-ancora. Quindi siamo autorizzati a tentare di capire il senso cristiano degli eventi del mondo alla luce della storia della salvezza dell'A e del NT.

10 Per la datazione ampiamente preesilica del salmo si veda il lavoro di M. Arneth, *"Sonne der Gerechtigkeit". Studien zur Solarisierung der Jahweh-Religion im Lichte vom Psalm 72* (BZABR 1), Wiesbaden 2000, lavoro discusso in "Il Salmo 72: autorità e dilatazione messianica", mia conferenza al Congresso dell'ABI, Roma, del settembre 2004, in *RicStBi* 2006, 105-115. Per alcuni dati sull'antica strumentalizzazione politica della regalità divina nel mondo assiro si veda anche il mio *La preghiera del Re. Formazione, redazione e teologia dei "Salmi di Davide"*, Bologna 2004, 24.

Filosofia e teologia della storia

Chi non crede, non accetta la visuale che abbiamo brevemente presentato e sceglie una delle tante teorie apparse negli ultimi secoli, da quella agnostica, che nega ogni senso alla storia, a quelle che tentano spiegazioni e teorie umane degli eventi e del progresso, a volte anche in un'ottica religiosa; ma non messianica. Tra le varie forme di tale storicismo[11], ci sono anche dei messianismi non religiosi e atei.

Questi rifiuti sono anche motivati da tanti fanatismi e trionfalismi del passato (e del presente), di coloro, cioè, che hanno preteso di vedere realizzazioni e di essere i realizzatori di tappe e traguardi messianici, anche con la violenza delle guerre, con la tratta dei negri, colle crociate e talvolta con imposizioni e scomuniche. Nei due millenni passati c'è stato ogni tanto qualche *black out* a casa nostra, che dovrebbe renderci più cauti nella nostra visuale cristiana della storia e meno propensi a lanciare anatemi e sillabi contro gli altri.

È anche per questo che, come abbiamo già visto, all'interno della stessa teologia cristiana c'è chi rinuncia a vedere negli eventi dei due ultimi millenni una storia della salvezza, piena com'è di tanti funesti eventi. Ma il messaggio della Chiesa, in continuazione con quello biblico e con quello patristico di Ireneo, Eusebio e Agostino, ci spinge ad un atteggiamento contrario, animando una speranza pur cauta di fronte ad eccessive utopie e trionfalismi. Ricordiamo l'apostrofe di Papa Giovanni all'inizio del Concilio contro i "profeti di sventure". Una visione serena, anche se realistica, è pure il messaggio del Concilio Vaticano II, specialmente della sua *Gaudium et spes*[12].

Senza allungare troppo il discorso su altre teologie della storia, ci concentriamo ora su quella di W. Pannenberg, che sembra il miglior tentativo su cui basare le nostre considerazioni. Già nel suo libro *Rivelazione come storia*, comparso sin dagli anni del Concilio[13], e in tanti altri lavori successivi, egli mostrò che il Dio dell'AT si rivela con parole ma anche con eventi che sono un anticipo del futuro traguardo della storia della salvezza; questo è il significato delle promesse bibliche e poi delle profezie, con le quali gli eventi della storia d'Israele vengono proletticamente illuminati. La risurrezione di Gesù è

[11] Lo descrive G. Vagaggini, nella voce "Storia della salvezza", del già citato *Nuovo Dizionario di Teologia*, alle pp. 1572-1573.

[12] Si vedano soprattutto i §§ 34-39, ma anche la *Lumen gentium* § 48!; anche se la posizione dei teologi scettici, all'interno dello stesso Concilio può averlo in qualche modo offuscato. È interessante vedere chi sono costoro in J. Dorè - A. Melloni, *Volti di fine Concilio. Studi di storia e di teologia sulla conclusione del Vaticano II*, Bologna 2000 e in G. Turbanti, *Un Concilio per il mondo moderno. La redazione della Costituzione pastorale "Gaudium et Spes" del Vaticano II*, Bologna 2004.

[13] Traduzione italiana a Bologna 1967 (con altri studi: di R. Rendtorff, T. Rendtorff e W. Wilkens).

assieme la grande realizzazione del progetto rivelato da secoli e la garanzia dei successivi adempimenti. E alla luce di tale storia viene illuminata anche quella di ogni altro popolo e di ogni essere umano.

Ma ancor più importante e interessante è poi, dello stesso teologo, *Antropologia in prospettiva teologica*[14] specialmente il cap. IX: "Uomo e Storia", dove egli, in dialogo con le recenti filosofie e teologie, combatte il dualismo della vecchia concezione antropologica ellenisticcheggiante (anima e corpo contrapposti) e mostra la storicità della natura umana, opponendosi alla concezione della sua fissità nella filosofia e teologia medievale, che aveva reso difficoltosa la comprensione del messaggio biblico sulla storia della salvezza e su Cristo centro e fine della stessa creazione. Pannenberg richiama qui sapientemente la teologia patristica del vecchio e del nuovo Adamo, da cui si ricava il progetto divino della lenta costruzione di un'umanità definitiva.

In questa cornice e partendo dal presupposto che solo l'uomo, grazie alla sua "eccentricità", è capace di vedere il collegamento degli eventi in una catena logica, Pannenberg cerca il significato della storia, tenendo anche presenti considerazioni e risultati di pensatori che prescindono da Dio, senza il quale però la storia non è pienamente comprensibile. È difficile infatti capire il disegno che ogni uomo scopre nella sua vita e nell'umanità; un disegno che è al di là delle sue stesse forze e capacità. È impossibile che da un miscuglio così caotico di eventi e di forze, di individui e di popoli, di riuscite e di fallimenti, di scontri violenti tra potenze contrarie, anche nucleari, riesca a comporsi una linea storica in progresso, qual è quella che oggi vediamo e di cui beneficiamo, se non c'è un Dio a tirare le fila di tutto. Attraverso tutti questi eventi il singolo e l'umanità si integrano e hanno la possibilità di formarsi, di crescere e progredire, materialmente e spiritualmente. Anche il male, in tale cornice, ha la sua spiegazione.

Ma, come nel crescere di una pianta o del bambino, anche nella storia tutto è già contenuto germinalmente fin dall'inizio, non deterministicamente ma nella forza vitale che è lo Spirito. Se viene superata la vecchia distinzione tra natura e soprannatura, il messaggio biblico sullo spirito, quello infuso in Adamo, quello che aleggia su tutta la creazione e quello ottenutoci dalla morte e risurrezione del nuovo Adamo, si rivela come la forza prodigiosa che fa gemere tutti gli esseri portandoli verso la realizzazione piena del progetto divino. Così inquadrato, tutto Rm 8, incentrato sull'opera dello Spirito e introdotto e concluso in Gesù Cristo, diventa una delle pagine più belle sul significato della storia della salvezza e del progetto divino che la realizza.

Sulla base del discorso di Pannenberg si può contrastare debitamente l'in-

[14] Brescia 1987 (l'originale tedesco è del 1983, quasi vent'anni dopo il Concilio). Il cap. che consideriamo è alle pp. 558-610.

segnamento abbastanza negativo di Löwith, molto in voga anche nel mondo cattolico, sul significato e il fine della storia, insegnamento che ha quelle radici ebraiche, logicamente anti-cristiane, di cui abbiamo parlato prima[15].

Dalla parte di Pannenberg abbiamo già messo Teilhard de Chardin, che permette di inserire questa visuale della storia nella cornice cosmica del progetto divino, cornice anch'essa intravista e presentata nella Bibbia, specialmente nella letteratura sapienziale matura, negli scritti giovannei, a cominciare dal prologo del vangelo, e negli inni cristologici delle lettere paoline. Così la visione del progetto divino salvifico rivelato nella storia dell'umanità viene completata e fusa con quello di tutto il creato, di cui l'uomo (messianico) è al centro (Sal 8).

Teologie e ideologie politiche

Della visione biblica della storia incentrata in Gesù si può vedere qualche realizzazione nel complesso della storia passata. Gli uomini di fede e di scienza, gli ecclesiastici e i laici, i papi e i re e i loro ministri, hanno collaborato alla realizzazione del progetto divino, spesso senza saperlo o volerlo, a volte fraintendendolo o addirittura contrastandolo. Tale visione può e deve sorreggere e ispirare in maniera particolare l'attività politica dei cristiani. Il progetto divino è in atto, anche se l'uomo, credente o miscredente, non lo capisce. La millenaria esperienza passata indica i rischi dei fraintendimenti, dei fanatismi, dei trionfalismi e delle ideologie. Da una parte si deve continuare ad agire nutriti dalla fede nel progetto rivelato di storia della salvezza e dall'altra bisogna continuamente registrare e correggere gli intenti e i progetti politici per evitare quei rischi e non strumentalizzare il messaggio biblico e teologico ai propri interessi, tentazione costante di chi si dedica a tale missione.

Anche i "neo-con" americani sono un esempio attuale che dovrebbe far meditare. Ma vale la pena di ricordarne uno in particolare, che, essendo più lontano nel passato, è una prova chiara degli indiscutibili errori cui ha portato e che sono per noi un importante ammonimento: è la teologia politica di Carl Schmitt, che ha avallato il nazismo[16]. Di fronte a questi errori c'è però all'opposto il rischio già discusso e oggi forse ancor maggiore: quello di rinunciare alla teologia della storia della salvezza come guida ispiratrice della stessa at-

15 Ci limitiamo a citare la voce "Secolarizzazione" di P. Grassi, nel citato *Dizionario di Teologia*, a cura di Barbaglio, Bof e Dianich, alle pp. 1496-1497. Ivi la bibliografia relativa e anche quella sull'analogo pensiero di H. Blumenberg.

16 L'intero volume a cura di G. Filoramo, *Teologie politiche. Modelli a confronto*, Brescia 2005, atti di un colloquio al centro di Alti Studi in scienze religiose (Piacenza), è dedicato a questa problematica, incluse le teologie o ideologie politiche dell'antichità e quelle attuali, musulmana, ebraica e cristiana. Di C. Schmitt parlano soprattutto gli studi di S.C. Mimouni, di F. Fatti e di S. Franchini.

tività politica, alla quale bisogna ridare l'autorevolezza di partecipare a fianco alla Chiesa alla realizzazione del regno di Dio[17].

Ma il Concilio Vaticano II e il recente *Compendio della dottrina sociale della Chiesa*[18] sulla concezione cristiana della politica ci hanno messo sulla nuova strada, specialmente con i §§ 39 e 74 della *Gaudium et spes*. Il loro messaggio, troppo concentrato sull'aspetto etico di ciò che i cristiani a volte devono fare nella sfera politica e sociale, dovrebbe però essere più sviluppato dal punto di vista biblico e cherigmatico e mostrare cosa e come il regno di Dio ha fatto e si è realizzato. Così si eviterebbero anche meglio le solite retoriche sull'azione della Chiesa nel passato, dimenticandone i demeriti e si ricorderebbero debitamente i meriti altrui, quelli della bimillenaria azione dei laici nel mondo, sempre dimenticata e spesso condannata.

La teologia del progresso

Se l'azione sociale e politica dei cristiani si deve considerare una collaborazione e una realizzazione *in fieri* (il "già", in attesa del "non-ancora") all'avvento escatologico del regno di Dio, il progresso, raggiunto nel mondo occidentale anche grazie alle forze politiche, si deve considerare già parte di questa realizzazione. Di fatto è stato ottenuto nei paesi cristiani, che la nuova costituzione europea lo riconosca o no; e l'immensa ondata delle immigrazioni lo evidenzia. Se questo frutto escatologico *in fieri* della regalità di Cristo, invece di essere gestito male per gli egoismi di entrambi i poteri, religioso e civile, fosse stato partecipato davvero a tutto il mondo, la realizzazione escatologica finale oggi sarebbe più evidente e forse più vicina.

III

Cieli nuovi e terra nuova

È sembrato opportuno e forse necessario inserire il tema del regno messianico nelle nostre questioni sull'escatologia e così, seguendo la terminologia del citato A. Giudici, possiamo escludere quella conseguente e quella bultmanniana sovratemporale e optare per quella realizzata e realizzantesi: quella del "già

[17] Nel mio già citato "Il Salmo 72: autorità e dilatazione messianica", alle pp. 114s. Il titolo generale della Settimana era: *Il potere politico: bisogno e rifiuto dell'autorità*.

[18] A cura del *Pontificio Consiglio della Giustizia e della Pace*, Roma 2004. Anche in questo documento si insiste troppo sull'aspetto etico-politico e poco su quello cherigmatico. Bisognerebbe invece, dopo i §§ 49-55, che sembrano una parentesi, continuare anche dopo a ricorrere al tema biblico del regno divino messianico.

e del non ancora" e anche quella che vede una sua graduale realizzazione nel mondo, nei duemila anni dopo Cristo.

Che i testi profetici esaminati non parlino della fine del mondo è una ulteriore precisazione di quanto avevo affermato già nel mio primo studio sul significato di "negli ultimi giorni". L'idea della fine del mondo, come dicevo, va, semmai, attribuita ai LXX.

Può darsi che l'apocalittica l'abbia preceduta. Alla fine del mio studio su Daniele affermo che l'autore sacro percepisce un cambio radicale di cornice attorno agli imminenti eventi: la cornice dell'impero romano. Ormai si è fatta strada anche l'idea di un *al di là* e della risurrezione. Ed è piuttosto lì che si può parlare di fine del mondo: nel senso che finisce la storia attuale dell'umanità e, colla risurrezione e il giudizio universale, ne incomincia una completamente nuova. È in questo senso che si può parlare di fine del mondo e che l'idea si è affermata in qualche modo nel NT e nella Chiesa. Qui l'espressione "fine del mondo" non implica automaticamente che anche il cosmo finisce, muore e risorge. Frasi come quelle di Is 65,17: "Ecco, infatti, io creo nuovi cieli e nuova terra...", e ugualmente 66,22, vanno interpretate diversamente, come quelle della distruzione col fuoco (66,15-16), che indicano dei castighi per i cattivi, senza che una (mal concepita) fine del mondo distrugga anche i buoni.

La risurrezione è riservata solo agli uomini. Nel resto del creato gli altri viventi muoiono e non risorgono. La vita vegetale e animale continua, perché essi la propagano per generazione. L'uomo invece, oltre a propagarsi per generazione come gli altri viventi, è destinato a risorgere, grazie a Gesù Cristo, morto e risorto.

Qui sul carattere fisico della risurrezione va fatta un'ultima precisazione. Non so fino a che punto si possa sostenere la recente spiegazione di esegeti e teologi di una risurrezione che, praticamente, equivale alla sola sopravvivenza dell'anima: sia in merito alla risurrezione di Cristo e sia in quella universale. Certo in tale ipotesi non occorre più affannarsi a vedere dei segnali di trasformazione del mondo nei duemila anni a partire da vita e morte di Gesù. Ma se si conserva un carattere fisico alla risurrezione del Signore, allora si dà una miglior intelligenza biblica del creato e della storia della salvezza e si fa anche una teologia più aderente al dato rivelato e alla realtà.

Perché mai Dio dovrebbe distruggere il mondo quando inizierà l'era dell'immortalità umana? Basta che esso si rinnovi, liberandosi del castigo inflitto dopo il peccato originale in Gen 3, della schiavitù cui l'uomo peccatore l'ha sottomesso (Rm 8,20ss): è quella stessa schiavitù-stoltezza (*matajotês*) con cui gli uomini stravolgevano stoltamente la natura, non intendendola e non usandola nel senso giusto, anche sessualmente (lo stesso verbo c'è, appunto in 1,21!). Collegare a ciò gli inquinamenti dell'attuale situazione ecologica mi sembra legittimo. Nella natura stessa ci sono però delle forze rigeneratrici, che ristabiliscono l'equilibrio ecologico, se non sono ostacolate. Con i mezzi moderni l'uomo è pure in grado di collaborare alla rigenerazione del pianeta, come i recenti documenti pontifici affermano, esortando i responsabili e i competenti[19].

È in questo senso che vanno dunque interpretati i noti testi del NT sulla fine del mondo, di cui passiamo in rassegna i principali:

La distruzione del mondo nel fuoco, di 2Pt 3,7, e la scomparsa e l'incendio dei cieli nel v. 10 sono paragonati al diluvio universale, che è stato solo un castigo grave, ma non la fine del mondo. Oltre a un'allusione a Is 66,15 e al contesto già indicato, questa potrebbe essere un'immagine-shock, dopo l'incendio di Roma ad opera di Nerone!

1Cor 7,31 "passa infatti la figura di questo mondo", non può indicare la distruzione del mondo e la sua rinascita dal nulla ed essere in contrasto con la pagina sulla risurrezione, dove, in 15,23-28 si parte dal momento storico di quella di Cristo per allargare a tutto il creato l'onda di quell'evento e di quel beneficio.

Nel discorso escatologico di Gesù in Mt 24,29 l'oscuramento del sole e della luna e la caduta delle stelle è citazione di Is 13,9-10 e di 34,4, che sopra abbiamo inteso retoricamente ed enfaticamente.

I cieli e la terra che scompaiono (Ap 20,11), i cieli nuovi e la terra nuova (Ap 21,1), sono quindi affermazioni che vanno interpretate come sopra, come un rinnovamento, diversamente da come si fa spesso. Del resto i commenti recenti lo spiegano.

L'enfasi di queste affermazioni del NT vuol mettere in evidenza la novità della vita umana a partire da quando raggiunge definitivamente l'immortalità. E non è detto che il traguardo non si raggiunga anche con l'aiuto della scienza. Come la tecnica può contribuire ecologicamente a liberare il mondo dalla schiavitù, così la medicina potrebbe cooperare alla vittoria definitiva sulla morte, assecondando, anche involontariamente, la spinta alla risurrezione che viene da Cristo.

Possiamo concludere con le suggestive considerazioni del § 39 della *Gaudium et spes*: "Ignoriamo il tempo in cui avranno fine la terra e l'umanità e non sappiamo in che modo sarà trasformato l'universo. Passa certamente l'aspetto di questo mondo, deformato dal peccato. Sappiamo però dalla rivelazione che Dio prepara una nuova abitazione e una terra nuova, in cui abita la giustizia, e la cui felicità sazierà sovrabbondantemente tutti i desideri di pace che salgono

[19] Si leggano i §§ 48-51 dell'ultima enciclica *Caritas in veritate* del 29 giugno 2009.

nel cuore degli uomini. Allora, vinta la morte, i figli degli uomini saranno risuscitati in Cristo…" .

Le prospettive escatologiche ed ecologiche dischiuse dalla *Gaudium et spes* sono meravigliose, se si pensa che furono dischiuse quasi cinquant'anni fa. Spero che in questo libro siano state rispettate e rispettosamente sviluppate.

INDICE DEGLI AUTORI

Arneth M. 72, 227
Bagatti B. 208
von Balthasar H.U. 49
Barbaglio G. 225, 229
Barbiero G. 115
Bartelmus R. 58
Barth K. 48, 225
Baumgärtel F. 28
Baumgartner W. 103
Becker J. 53, 54, 65
Begg C. 105
Ben Zvi E. 127
Berges U. 67, 69, 70, 72, 73, 74
Bernini G. 195
Beuken W.A.M. 66, 67, 73, 108
Bingemer M.C.L. 48
Bissoli G. 11, 16, 195, 217
Blenkinsopp J. 77, 86, 115, 139
Bloom E. 67
Blumenberg H. 229
Boecker H.J. 27
Bof G.P. 225, 229
Bogaert P.-M. 121
Boggio G. 74
Bonnard P.E. 61
Bosshard E. 127
Bovati P. 107, 109
Brekelmans C. 11, 120
Brueggemann W. 225
Bultmann R. 48, 49, 56, 225
Cantalamessa R. 217
Carmignac J. 34, 43
Carroll R.P. 120
Cazelles H. 53, 125, 143, 144

Childs B. 66, 67, 77
Clements R.E. 118, 203
Cohen H. 226
Collado Bertomeu V. 37
Coppens J. 53
Cortese E. 5, 9, 42, 43, 47, 77, 106, 195
Cossmann W. 32, 33, 43, 60
Cullmann O. 48, 49, 226
Dianich S. 15, 225, 229
Dion P.E. 62, 100
Dorè J. 228
Eichrodt W. 38
Elliger K. 70, 78, 86, 100, 105
Fabris R. 16, 71, 79, 212
Fanuli A. 56
Fatti F. 230
Festorazzi F. 61
Filoramo G. 230
Fiorato P. 226
Fohrer G. 20, 21, 28, 33, 34, 35, 36, 37, 43, 44, 45, 47, 60, 116, 118, 202
Franchini S. 230
Fusco V. 219
Gander H.H. 226
Gelin 53, 61
Gelston A. 110
Gese H. 53, 133
Ginsberg H.L. 56
Giovanni Paolo II 51
Girolamo 75
Giudici A. 225, 231
Goldenstein J. 93
Gorg M. 107
Grassi P. 229
Grelot P. 64, 99, 100, 101, 105, 107
Gressman 23
Grønbæk J.H. 38, 46
Gunkel H. 25
Gunneweg A.H.J. 13, 54, 56, 58
Gutierrez G. 38, 45, 49, 50

Haag H. 61, 99
Hermisson H.-J. 70, 71, 78, 79, 80, 84, 85, 86, 87, 89, 91, 100, 103, 105, 110
Herrmann S. 117, 118, 119
Hesse F. 53, 56, 225
Hoffmann H.W. 28, 29, 30
Holladay W.L. 119
Hölscher G. 25
House P.R. 127
Husserl E. 58
Ireneo di Lione 50, 228
Janowski B. 105
Jenni E. 108
Jepsen A. 23
Jeremias J. 65
Jones B.A. 127
Kasper W. 54
Kehnscherper G. 113
Koch K. 20, 21, 27, 28, 29, 108
Koehler L. 103
Köhler L. 26
Kort A. 97
Kratz R.G. 78, 86
Laato A. 54, 138
Lack R. 70
Lafont G. 225
Lalleman-De Winkel H. 119
Lang B. 65, 107
Lau W. 129
Leene H. 108
Levenson J.D. 226
Levinson J.R. 125
Lewis T.L. 96
Libanio J.B. 48, 49
Lindblom J. 26
Lohfink N. 120
Löwith K. 229
Lundbom J.R. 115
Lust J. 11, 65, 120
Maimonide 63

Marconcini B. 14, 74, 80, 150, 195
Matheus F. 80
McCarthy D. 59
McKane W. 119
Melloni A. 228
Merendino R.P. 70
Merklein H. 219
Merlo P. 65
Metz J.B. 49, 50, 226
Michel D. 107
Mimouni S.C. 230
Moltmann J. 38, 45, 48, 49, 50, 226
Momigliano A. 58
Mommsen T. 58
Moran W. 27
Morschauser S. 97
Müller H.P. 38, 53
Munch P.A. 23
Nelson R.D. 59, 120
Neusner J. 57
Niehr H. 107
Nogalski J. 126, 128, 139
Noth M. 14, 57, 59, 82, 118, 120
O'Brien M.A. 120
Odashima T. 118
Oeming M. 58, 65
Ogden G.S. 95
Otto E. 72, 201
Pannenberg W. 49, 226, 228, 229
Paas S. 221
Pautrel R. 32, 34, 43
Person R.F. 122, 123
Petersen D.L. 131, 132, 138
Phillips A. 113
Plöger 130
Pregla A.R. 65
Preuss H.D. 21, 38, 117, 120
von Rad G. 20, 21, 30, 33, 37, 38, 39, 40, 43, 45, 46, 47, 49, 50, 57, 58, 59, 60, 61, 117, 204, 226
Rahner K. 49

Ramlot L. 23, 25, 38, 41, 43, 45
Ratzinger J. 48, 49
Rehm M. 53
Remaud M. 104
Rembaum J 104
Renaud B. 121
Rendtorff R. 27, 28, 228
Rendtorff T. 226, 228
Rigaux B. 53
Rinaldi G. 195
Rofè A. 97
Rosenzweig F. 226
Sacchi P. 149, 195
Sanders J.A. 141
Schaefer K.R. 130
Scharbert J. 107, 111
Schmidt W.H. 30, 42, 53, 57, 117, 206
Schmitt C. 230
Schöpflin K. 65
Schramm B 97
Schreiner J. 38
Schunk K.-D. 34, 36, 43, 54
Sekine S. 102
Sicre-Diaz J.L. 56
Smend R. 41, 45, 60
Smith H. 129, 130
Smith P.A. 94, 95, 96, 97
Stavrakopoulou F. 97
Steck O.H. 78, 86, 93, 94, 103, 127, 128, 129, 130, 131, 134, 139
Stipp H.J. 121
Strauss H. 53, 54, 56
Struppe U. 53, 206
Stulman L. 118
Suerman H. 212
Sweeney M.A. 67, 68, 69
Teilhard de Chardin P. 49, 229
Tengström S. 144
Testa E. 208
Tharekadavil A. 77, 80, 84, 91, 92

Thiel W. 118
Turbanti G. 228
Ulrich E. 139
Vagaggini G. 228
Vanni U. 195
Van Ruiten J. 108
Veijola T. 59
Vermeylen J. 74, 78, 79, 93, 110
Vervenne M. 108
Vigoder G. 143
Vollborn W. 38, 46
Vriezen Th.C. 38
von Waldow H.E. 104
Waschke E.-J. 54, 59
Watts J.W. 127
Weinberg J.P. 139
Weinfeld M. 107, 108
Weippert H. 119
Weippert M. 66
Werlitz J. 100
Westermann C. 25, 26, 27, 42, 60, 65, 70, 108, 116
Wildberger 69
Wilkens W. 228
Williamson H.G.M. 129
Wishogrod M. 209
Wolff H.W. 25, 26, 27, 28, 29, 30, 42
Zedda S. 23, 38, 41
Zenger E. 13, 53, 54, 72

INDICE GENERALE

Prefazione *di G. Claudio Bottini* 5
Sigle e abbreviazioni 7
Bibliografia di Enzo Cortese *a cura di G. Claudio Bottini* 9
A. Libri 9
B. Articoli 9
C. Recensioni 13
Elenco degli articoli ristampati 16
Introduzione 17
Le sventure annunciate dai profeti preesilici e l'escatologia dell'Antico Testamento 23
Prima parte. L'origine del discorso profetico 25
Lo stile ambasciatorio 26
Wolff e Westermann: il discorso di condanna 26
Echi recenti della controversia 28
Seconda parte. Tentativi superati d'interpretare le profezie di sventura 32
L'escatologia di Fohrer e di von Rad 33
Ulteriori considerazioni 38
Escatologia dell'Antico Testamento e teologia della liberazione 41
Capire i castighi profetici 41
Genesi del messaggio profetico 42
Tentativi sospetti 43
L'escatologia di G. Fohrer 43
L'escatologia di G. von Rad 45
La teologia della liberazione e l'escatologia 47
L'escatologia e la storia: Bultmann 48
L'escatologia cristiana: Cullmann e Moltmann 48
Il magistero della Chiesa e l'escatologia 50
Conclusioni 50
Come sbloccare l'attuale esegesi messianica 53
Terminologia, Metodo, Principi 55

Principali problemi esegetici 59
Conclusioni. Lettura cristiana dell'Antico Testamento 62
Isaia oggi. Tappe della ricerca, bilanci e teologia 65
Il primo Isaia (Is 1-39) 66
Il Deuteroisaia (Is 40-55) 70
Il Tritoisaia (Is 56-66) 72
Conclusioni 74
Come leggere il DeuteroIsaia 77
Premesse di critica letteraria e storica 77
Analisi 80
1) 41,1-42,9 80
2) 42,13-44,22 81
3) 44,24-49,12 84
Is 46,1-47,15 85
Is 48 85
4) 49,14-52,12 86
5) Is 54 89
Introduzione e conclusione (Is 40 e 55) 89
Alcune conclusioni teologiche 90
Appendice: Come non leggere il TritoIsaia (TrIs) 93
Descrizione generale 93
La caratteristica polemica cultuale 95
Il 'Servo di JHWH' 99
Critica letteraria 99
Is 42,1-4 99
Is 49,1-6 100
Is 50,4-9a 101
Is 52,13-53,12 102
Analisi e interpretazione 103
La "giustizia" nei canti del Servo e nel DeuteroIsaia 107
Geremia 18: con il vaso, va rimodellata anche l'esegesi 115
I vecchi preconcetti dell'esegesi 116
La redazione deuteronomistica globale e l'uovo di Colombo 117
Le aggiunte nel TM 121
Tornando al problema esegetico iniziale 121

Per una teologia dello Spirito nel tardo profetismo 125
I. I libri profetici postesilici e le loro redazioni 125
I Dodici e la storia della formazione della raccolta 126
Storia parallela dei libri di Isaia e dei Dodici! 127
Posizioni riequilibrate circa la formazione di Isaia 128
II. Zac 9-14 130
Il messia umile 131
La fine del profetismo 133
Il dono dello Spirito di grazia 136
Nuova versione della fine del mondo 139
III. Osservazioni conclusive 141
Fine del profetismo 142
Sintesi profetica sullo Spirito 143
Tra escatologia e apocalittica. Da Gioele a Daniele 147
Introduzione 147
L'escatologia 147
L'apocalittica 149
L'epoca storica 153
Gioele 155
Contenuti e struttura (cc. 1-2) 155
Liturgie profetiche 155
Il giorno di JHWH 158
L'effusione dello Spirito (c. 3) 159
Il giudizio nella valle di Giosafat (c. 4) 162
Prima parte: 4,1-15 162
La valle della decisione: 4,14 164
Seconda parte: 4,16-21 166
Sviluppi postesilici del sionismo 167
Conclusione 169
Daniele 171
Strutture e contenuti 171
La parte aramaica: 2,4-7,28 172
I cc. 3 e 6 173
I cc. 4-5 173
I cc. 2 e 7 174

La parte ebraica: 1,1-2,3 e i cc. 8-12 175
Prima visione: lotte per il potere (c. 8) 175
Seconda visione: le 70 settimane di anni (c. 9) 177
Terza visione: la prospettiva della risurrezione finale (cc. 10-12) 179
La parte greca (deuterocanonica): 3,24-90 e cc. 13-14 183
Susanna e gli anziani corrotti (c. 13) 183
La satira contro gli idoli (c. 14) 184
Dio non abbandona i suoi fedeli (3,24-90) 185
Due temi fondamentali del libro di Daniele 187
Il Figlio dell'uomo (c. 7) 187
I segni dei tempi 191
Conclusioni 194
Bibliografia 196
Gerusalemme nel piano di Dio dopo tre mila anni 197
Il destino di Gerusalemme 197
Il piano di Dio su Gerusalemme 198
Gerusalemme nell'Antico Testamento 199
Gerusalemme nel Nuovo Testamento 207
Il senso di Is 2,2-4 (e Mi 4,1-3) oggi 209
Gerusalemme luogo di preghiera per tutti i popoli 211
Interpretazioni divergenti 211
Profezie venute meno 212
Sopravvivenza pericolosa 216
Valore messianico dell'attuale Israele 216
Is 56 e gli scontri attuali per l'area del tempio 218
Corollario: Escatologia ed ecologia 221
"Tutta la terra è piena della Sua Gloria" (Is 6,3) 221
La storia della salvezza 224
Scetticismi sulla storia della salvezza 225
L'Ebraismo 226
Messianismo e senso cristiano della storia 227
Filosofia e teologia della storia 228
Teologie e ideologie politiche 230
La teologia del progresso 231
Cieli nuovi e terra nuova 231
Indice degli autori 235

Collana Analecta
Studium Biblicum Franciscanum - Jerusalem

75 R. Mazur, La retorica della lettera agli Efesini, Milano, 2010, pp. 586.

74 M. Pazzini, Il Targum di Rut, Milano, 2009, pp. 136.

73 F. Manns, Jérusalem, Antioche, Rome. Jalons pour une theologie de l'Eglise de la circoncision, Milano 2009, pp. 442.

72 M. Pazzini, Il libro dei Dodici profeti. Versione siriaca - vocalizzazione completa, Milano 2009, 138 pp.

71 N. Casalini, Parole alla Chiesa. La tradizione paolina nelle lettere pastorali, Milano 2009, 470 pp.

70 N. Ibrahim, Gesù Cristo Signore dell'universo. La dimensione cristologica della lettera ai Colossesi, Milano 2007, 240 pp.

69 L. D. Chrupcała, The Kingdom of God. A Bibliography of 20th Century Research, Jerusalem 2007, xliv+873 pp.; fully indexed.

68 R. Pierri (a cura di), Grammatica Intellectio Scripturae. Saggi filologici di Greco biblico in onore di Lino Cignelli OFM, Jerusalem 2006, 17x24, 386 pp.

67 N. Casalini, Lettura di Marco. Narrativa, esegetica, teologica, Jerusalem 2005, 381 pp.

66 N. Casalini, Introduzione a Marco, Jerusalem 2005, 303 pp.

65 A. Niccacci - M. Pazzini - R. Tadiello, Il Libro di Giona. Analisi del testo ebraico e del racconto, Jerusalem 2004, 134 pp.

64 M. Pazzini, Lessico Concordanziale del Nuovo Testamento Siriaco. Jerusalem 2004, XIX-469 pp.

63 A. M. Buscemi, Lettera ai Galati. Commentario esegetico, Jerusalem 2004, XXVI-691 pp.

62 F. Manns, L'Évangile de Jean et la Sagesse, Jerusalem 2002, 316 pp.

61 L. Cignelli - R. Pierri, Sintassi di Greco Biblico. Quaderno I,A: Le concordanze, Jerusalem 2003, 108 pp.

60 M. Pazzini, Il Libro di Rut. Analisi del testo siriaco, Jerusalem 2002, 108 pp.

59 R. Pierri, Parole del Profeta Amos. Il libro di Amos secondo i LXX, Jerusalem 2002, 161 pp.

58 N. Casalini, Le Lettere Cattoliche e Apocalisse di Giovanni. Introduzione storica, letteraria e teologica, Jerusalem 2002, 368 pp.

57 N. Casalini, Teologia dei Vangeli, Jerusalem 2002, 402 pp.

56 F. Manns, Le Midrash. Approche et commentaire de l'écriture, Jerusalem 2001, 200 pp.

55 I. Molinaro, Ha parlato nel Figlio. Progettualità di Dio e risposta del Cristo nella lettera agli Ebrei, Jerusalem 2001, 360 pp.

54 N. Casalini, Le lettere di Paolo. Esposizione del loro sistema di teologia, Jerusalem 2001, 304 pp.

53 N. Casalini, Iniziazione al Nuovo Testamento, Jerusalem 2001, 396 pp.

52 A. Niccacci (Ed.), Jerusalem. House of Prayer for All Peoples in the Three Monotheistic Religions, Jerusalem 2001, 193 pp.

51 A. Niccacci - M. Pazzini, Il Rotolo di Rut. Analisi del testo ebraico, Jerusalem 2001, 106 pp. Prima ristampa ETS, Milano 2008.

50 G. C. Bottini, Giacomo e la sua lettera. Una introduzione, Jerusalem 2000, 311 pp.

49 J. C. Naluparayil, The Identity of Jesus in Mark. An Essay on Narrative Christology, Jerusalem 2000, xviii-636 pp.

48 A. M. Buscemi, Gli inni di Paolo. Una sinfonia a Cristo Signore, Jerusalem 2000, 200 pp.

47 E. Cortese, Deuteronomistic Work. English translation by S. Musholt, Jerusalem 1999, 178 pp.

46 M. Pazzini, Grammatica Siriaca, Jerusalem 1999, 188 pp.

45 L. D. Chrupcala, Il Regno opera della Trinità nel Vangelo di Luca. Jerusalem 1998, 276 pp.

44 M. Adinolfi - P. Kaswalder, Entrarono a Cafarnao. Lettura interdisciplinare di Marco. Studi in onore di V. Ravanelli, Jerusalem 1997, 20022, 306 pp.

43 A. M. Buscemi, San Paolo: vita, opera e messaggio, Jerusalem 1996, 335 pp.

Prima ristampa ETS, Milano 2008.

42 F. Manns, L'Israël de Dieu. Essais sur le christianisme primitif, Jerusalem 1996, 340 pp.

41 F. Manns (Ed.), The Sacrifice of Isaac in the Three Monotheistic Religions. Proceedings of a Symposium on the Interpretation of the Scriptures held in Jerusalem. March 16-17 1995, Jerusalem 1995, 203 pp.; ills.

40 A. Niccacci (Ed.), Divine Promises to the Fathers in the Three Monotheistic Religions. Proceedings of a Symposium held in Jerusalem, March 24-25th, 1993, Jerusalem 1995, 220 pp.

39 M. C. Paczkowski, Esegesi, teologia e mistica. Il prologo di Giovanni nelle opere di S. Basilio Magno, Jerusalem 1996, 264 pp.

38 P. Garuti, Alle origini dell'omiletica cristiana. La lettera agli Ebrei. Note di analisi retorica, Jerusalem 1995, 20022, 439 pp.

37 G. Bissoli, Il Tempio nella letteratura giudaica e neotestamentaria. Studio sulla corrispondenza fra tempio celeste e tempio terrestre, Jerusalem 1994, 20022, XIV-239 pp.

36 F. Manns, Le Judaïsme ancien, milieu et mémoire du Nouveau Testament, Jerusalem 2001, 267 pp.

35 G. C. Bottini, Introduzione all'opera di Luca. Aspetti teologici, Jerusalem 1992, 255 pp.

34 N. Casalini, Agli Ebrei. Discorso di esortazione, Jerusalem 1992, 459 pp.

33 F. Manns, L'Évangile de Jean à la lumière du Judaïsme, Jerusalem 1991, 20002, 548 pp.

32 N. Casalini, I misteri della fede. Teologia del Nuovo Testamento, Jerusalem 1991, 722 pp.

31 A. Niccacci, Lettura sintattica della prosa ebraico-biblica. Principi e applicazioni, Jerusalem 1991, XI-264 pp.

30 N. Casalini, Il Vangelo di Matteo come racconto teologico. Analisi delle sequenze narrative, Jerusalem 1990, 114 pp.

29 P. A. Kaswalder, La disputa diplomatica di Iefte (Gdc 11,12-28). La ricerca archeologica in Giordania e il problema della conquista, Jerusalem 1990, 364 pp.

28 N. Casalini, Libro dell'origine di Gesù Cristo. Analisi letteraria e teologica di Matteo 1-2, Jerusalem 1990, 173 pp.

27 A. Niccacci, Un profeta tra oppressori e oppressi. Analisi esegetica del capitolo 2 di Michea nel piano generale del libro, Jerusalem 1989, 211 pp.

26 N. Casalini, Dal simbolo alla realtà: l'espiazione dall'Antica alla Nuova Alleanza secondo Ebr 9,1-14. Una proposta esegetica, Jerusalem 1989, 276 pp.

25 E. Testa, La legge del progresso organico e l'evoluzione. Il problema del monogenismo e il peccato originale, Jerusalem 1987, 458 pp., 74 pls.

24 A. Lancellotti, Grammatica dell'ebraico biblico. A cura di Alviero Niccacci, Jerusalem 1996, VIII-200 pp.

23 A. Niccacci, Sintassi del verbo ebraico nella prosa biblica classica, Jerusalem 1986, 127 pp.

22a F. Manns, Jewish Prayer in the Time of Jesus, Jerusalem 1994, 20022, XI-291 pp.

22 F. Manns, La prière d'Israël à l'heure de Jésus, Jerusalem 1986, 304 pp.

21 F. Manns, Pour lire la Mishna, Jerusalem 1984, 246 pp.

20 V. Cottini, La Vita Futura nel Libro dei Proverbi, Jerusalem 1984, 404 pp.

19 F. Manns, Le symbole eau-Esprit dans le Judaïsme ancien, Jerusalem 1983, 340 pp.

18 A. Vítores, Identidad entre el cuerpo muerto y resucitado en Orígenes según el "De resurrectione" de Metodio de Olimpo, Jerusalem 1981, 259 pp.

17 A. M. Buscemi, L'uso delle preposizioni nella lettera ai Galati, Jerusalem 1987, 119 pp.

16 G. C. Bottini, La preghiera di Elia in Giacomo 5,17-18. Studio della tradizione biblica e giudaica, Jerusalem 1981, 200 pp. 2 pls.

15 L. Cignelli, Studi Basiliani sul rapporto "Padre Figlio", Jerusalem 1982, 128 pp.

14 B. Talatinian, Il Monofisismo nella Chiesa armena. Storia e Dottrina, Jerusalem 1980, 122 pp.

13 F. Manns, Bibliographie du Judéo-Christianisme, Jerusalem 1979, 263 pp. Non disp.

12 F. Manns, Essais sur le Judéo-Christianisme, Jerusalem 1977, 226 pp. Non disp.

11 F. Manns, "La Vérité vous fera libres". Etude exégétique de Jean 8,31-59, Jerusalem 1976, 221 pp.

10 M. F. Olsthoorn, The Jewish Background and the Synoptic Setting of Mt 6,25-33 and Lk 12,22-31, Jerusalem 1975, 88 pp.

9 L. Cignelli - I. Mancini - M. Brlek, Bonaventuriana. Saggi in occasione del VII centenario della morte di S. Bonaventura, Jerusalem 1974, 159 pp.

8 G. Giamberardini, Il culto mariano in Egitto. Vol. III. Secolo XI-XX, Jerusalem 1978, 487 pp.; 24 pls.

7 G. Giamberardini, Il culto mariano in Egitto, Vol. II. Secolo VII-X. Jerusalem 1974, 432 pp.; ills.

6 G. Giamberardini, Il culto mariano in Egitto, Vol. I. Secolo I-VI. Jerusalem 1975, 330 pp.; 24 pls.

5 M. Miguéns, El Pecado que entró en el mundo. Reflexiones sobre Rom. 5,12-14, Jerusalem 1972, 138 pp.

3 E. Testa, Il Peccato di Adamo nella Patristica (Gen. III), Jerusalem 1970, 217 pp.

2 M. Miguéns, El Paráclito (Jn 14-16), Jerusalem 1963, 277 pp.

1 A. Lancellotti, Grammatica della lingua accadica, Jerusalem 1962, 19952, XVI-194 pp.; 43 pp. testi accadici.